Verwaltungs-Ordnung

für das

kirchliche Vermögen in den östlichen Provinzen der preußischen Landeskirche.

Zugleich als Ergänzung zu:

Das

Preußische Kirchenrecht

im Bereiche der evangelischen Landeskirche.

Herausgegeben

mit Kommentar in Anmerkungen

von

H. Trusen,

Konsistorialrath, Justitiar bei dem Königlichen Konsistorium der Provinz Posen.

Berlin und Leipzig.

Verlag von J. Guttentag.

(D. Collin).

1887.

Vorwort.

Die von dem Evangelischen Ober-Kirchenrath erlassene Verwaltungs-Ordnung für die Vermögens-Angelegenheiten der evangelischen Landeskirche in den östlichen Provinzen, deren Erscheinen seit Jahren entgegengesehen worden ist, bietet allen Betheiligten eine dankenswerthe Richtschnur für ihr Verhalten, erleichtert die Beobachtung gleichmäßiger Grundsätze innerhalb des ganzen Verwaltungsgebietes, und wird deshalb auf die Entwickelung einer den thatsächlichen und rechtlichen Verhältnissen überall entsprechenden Geschäftsführung und Verwaltung ihren heilsamen Einfluß sicher nicht verfehlen.

In der vorliegenden Gestalt ist dieselbe dazu bestimmt, in Verbindung mit dem in demselben Verlage erschienenen Werke desselben Verfassers

„**Das Preußische Kirchenrecht**
im Bereiche der evangelischen Landeskirche"

den gegenwärtigen Rechtszustand der Landeskirche zur Darstellung zu bringen.

Wenn in dem vorliegenden Kommentar zur Verwaltungs-Ordnung auch interne kirchliche Beziehungen und Verhältnisse vielfach zur Erörterung gebracht worden sind, so erklärt sich dies dadurch, daß derselbe gleichzeitig eine Ergänzung des erwähnten „Preußischen Kirchenrechts" bildet.

In dem „Anhange" zur Verwaltungs-Ordnung haben u. A. Aufnahme gefunden:

a. Das Kirchengesetz, betr. das im §. 32 Nr. 2 der Kg.Ord. v. 10. September 1873 vorgesehene Pfarrwahlrecht. Vom 15. März 1886.

b. Das Kirchengesetz, betr. die Dienstvergehen der Kirchenbeamten und die unfreiwillige Versetzung derselben in den Ruhestand. Vom 16. Juli 1886.
c. Das Kirchengesetz, betr. das Dienstalter der Geistlichen. Vom 17. April 1886.
d. Das Kirchengesetz, betr. den nachträglichen Anschluß an das Pensionsgesetz v. 26. Januar 1880. Vom 3. März 1886.

Posen, im April 1887.

H. Trusen.

Verwaltungs-Ordnung

für das

kirchliche Vermögen in den östlichen Provinzen der preußischen Landeskirche.

Vom 15. December 1886.

(Kirchl. Ges.- u. Verord.-Bl. 1887 S. 1. ff.)

Anmerkung: Diejenigen in der Verwaltungsordnung angezogenen §§., deren Stelle nicht besonders angegeben ist, bezeichnen Sätze der Verwaltungsordnung selbst.

Für den Geltungsbereich der Kirchengemeinde- und Synodal-Ordnung vom 10. September 1873 und mit Bezug auf Nr. 36 Abs. 2 der revidirten Instruktion zu derselben vom 25. Januar 1882 (K. G.- u. V.-Bl. S. 1 ff.) haben wir nach Anhörung der betheiligten Konsistorien in Gemeinschaft mit dem General-Synodalvorstande nachstehende Ordnung für die Verwaltung des kirchlichen Vermögens aufgestellt und lassen dieselbe hierdurch den kirchlichen Organen zur Richtschnur für ihre Geschäftsführung zugehen.

I. Allgemeines.

§. 1. Der Gemeinde-Kirchenrath vertritt die Kirchengemeinde in vermögensrechtlicher Beziehung, in streitigen, wie in nicht streitigen Rechtssachen (§§. 22 u. 1, 2 K.-G.- u. S.-O., Art. 1 u. 4 Ges. v. 25. Mai 1874 — G.-S. S. 147 —). Er verwaltet das gesammte kirchliche Vermögen einschließlich des Vermögens der kirchlichen Lokalstiftungen,[1] welche nicht fundationsmäßig eigene Vorstände haben, sowie einschließlich des Vermögens der Pfarr-, Küster- und sonstigen kirchlichen Amtsstellen und des Pfarrwitthumsvermögens, soweit die aus dem Nießbrauchsrechte entstehenden Verwaltungsbefugnisse jeweiliger Inhaber nicht entgegenstehen (§. 22 Abs. 1 a. a. O.; §§. 160, 772, 774, 778 ff. A.L.-R. II, 11).

Der Gemeinde-Kirchenrath steht bei dieser Verwaltung unter der Aufsicht des Konsistoriums, in höherer Instanz des Evangelischen

[1]) Kirchliche Lokalstiftungen (z. B. Hospitäler u. dergl.), welche fundationsmäßig keinen besonderen Vorstand haben, vielmehr nach ihrer Stiftungs-Urkunde durch den G.K.R. der Parochie vertreten werden, nehmen als Theil des Kirchenvermögens, wenngleich sie von dem übrigen Kirchenvermögen getrennt verwaltet und rechnungsmäßig in einem besonderen Anhange zu der Kirchenkassenrechnung geführt werden, Theil an den Korporationsbefugnissen der betr. Kirchengemeinde. Daher erübrigt sich für solche Lokalstiftungen die Erlangung besonderer Korporationsrechte.

Oberkirchenraths (§. 22 Abs. 3 K.-G.- u. S.-O.; §§. 113 f., 143 ff., 167 ff. A.L.-R. II, 11; Art. 21 Ges. v. 3. Juni 1876, G.-S. S. 125) und Mitaufsicht der Kreissynode (§. 53 Nr. 3, 5, 6 und §. 55 Nr. 6 K.-G.- u. S.-O.), unbeschadet der den Staatsbehörden nach Art. 23 bis 27 des Gesetzes vom 3. Juni 1876 vorbehaltenen Rechte.

§. 2. Der Gemeinde-Kirchenrath hat hierbei die bestehenden Kirchenordnungen [2]) und allgemeinen Gesetze, wie die örtlichen Rechtsordnungen, die Anordnungen der vorgesetzten Behörden und die auf das örtliche Kirchenvermögen bezüglichen besonderen Stiftungsbestimmungen zu beachten (Nr. 36 revid. Instr.). Er führt seine Geschäfte unter gemeinschaftlicher Verantwortlichkeit seiner Mitglieder. Dieselben haben überall die nach dem Gesetze den Vormündern obliegende Aufmerksamkeit anzuwenden und zu vertreten (§. 623 A.L.-R. II, 11; §§. 127 ff. das. II, 10; §. 32 Vormundsch.-O. v. 5. Juli 1875, G.-S. S. 431).

Soweit einzelne Geschäfte oder Geschäftszweige nach Maßgabe der bestehenden Ordnungen durch besonderen Auftrag bestimmten Deputirten oder Kommissionen (§. 12 K.-G.- u. S.-O.; vgl. Erl. d. Ev. O.-K.-R. v. 4. Dezember 1877, K. G.- u. V.-Bl. 1878 S. 3) oder besonders berufenen Beamten, z. B. dem Rendanten (§. 61), übertragen werden, sind diese besonders Beauftragten in erster Linie verantwortlich. Der Gemeinde-Kirchenrath im Ganzen bleibt aber verpflichtet, die Geschäftsführung der Letzteren dauernd und sorgfältig zu überwachen und die hierbei wahrgenommenen Mängel abzustellen, nöthigenfalls unter Mitwirkung der Aufsichtsbehörde. Der Pfarrer oder dessen Vertreter ist befugt, in den Kommissionen den Vorsitz zu übernehmen.

§. 3. Der Gemeinde-Kirchenrath ist bei seiner Verwaltung in den Fällen des §. 31 der K.-G.- u. S.-O. an die Mitwirkung der Gemeindevertretung gebunden, an deren Stelle in Kirchengemeinden unter 500 Seelen (§. 27 a. a. O.) die Versammlung der wahlberechtigten Gemeindeglieder tritt. Er ist befugt, dieselbe auch in anderen geeigneten Fällen zur Berathung und Beschlußfassung zuzuziehen (§. 22 Abs. 4 u. §. 33 a. a. O.; Nr. 38 f. revid. Instr.).

---

[2]) Vgl. den Allerh. Erlaß v. 28. Febr. 1883, betr. die Genehmigung des Statuts v. 23. Juni 1882 über die Einrichtung des evangelischen Kirchenwesens in der Stadt Stralsund, sowie das gedachte Statut selbst in dem Kirchl. G. u. V.Bl. 1883 S. 33 ff.

Die Gemeindevertretung darf nur in gemeinschaftlichen Sitzungen mit dem Gemeinde-Kirchenrath und nur über solche Gegenstände berathen und beschließen, welche ihr von dem Gemeinde-Kirchenrath zu diesem Zwecke vorgelegt sind (§. 29 Abs. 1 K.-G.- u. S.-O.; vgl. Nr. 40 revid. Instr.). Der Gemeinde-Kirchenrath hat die Berathungen durch Beschaffung alles Materials so weit vorzubereiten, daß die endgültige Beschlußfassung der vereinigten Gemeindekörperschaften thunlichst in der ersten desfallsigen Versammlung erfolgen kann (Nr. 38 Abs. 3 revid. Instr.).

§. 4. In Betreff der Voraussetzungen, unter denen es der Mitwirkung des Patronats[3]) bei der kirchlichen Vermögensverwaltung bedarf, und der Formen, in welchen die zu einzelnen Geschäften erforderliche Zustimmung zu beschaffen ist, sind die Bestimmungen §. 23

[3]) Die Befugniß des Patrons, ein qualifizirtes Gemeindeglied zum (Patronats-) Aeltesten zu ernennen, bez., falls er die erforderlichen Eigenschaften besitzt, selbst in den G.K.R. einzutreten, ist im §. 6 der Kg.O. nicht an die Bedingung geknüpft, daß er Patronatslasten für die kirchlichen Bedürfnisse trage. Hiermit steht auch der §. 23 der Kg.O. im Einklange. Die Theilnahme des Patrons an der Verwaltung des kirchlichen Vermögens durch die Betheiligung am G.K.R. wird dort als eine dem Patron ganz allgemein verbleibende Befugniß bezeichnet, während ebenda sein Recht zur Aufsicht über die Verwaltung der Kirchenkasse und das Recht der Zustimmung zu gewissen Geschäften der Vermögensverwaltung nur in den Fällen anerkannt ist, wo er Patronatslasten für die kirchlichen Bedürfnisse trägt. —

Nach dem R. des Ev. O.K.R. v. 16. Oktbr. 1883, Kirchl. G. u. V.Bl. 1883 S. 133 ist es zwar Recht und Pflicht des G.K.R., für den Fall, daß der Patron in den G.K.R. eintreten zu wollen erklärt, zu prüfen und event. festzustellen, ob die gesetzlich erforderlichen Eigenschaften der Wählbarkeit bei dem Patron vorhanden sind. Aber die in den §§. 39, 40 der Kg.O. gegebenen Vorschriften finden auf ihn keine Anwendung.

R. des Ev. O.K.R. v. 28. Dezbr. 1882, Kirchl. G. u. V.Bl. 1883 S. 1: Wenn ein Kompatron auf Grund einer mit dem Vorbesitzer seines Kompatrons erzielten Einigung seiner Zeit in den G.K.R. eingetreten ist, während mit dem jetzigen Kompatron eine solche Einigung nicht stattgefunden hat, so ist der letztere, da es sich hierbei um eine der Person des Patrons zustehende Befugniß handelt, an die zustimmende Erklärung seines Vorbesitzers nicht gebunden, und daher berechtigt, sich anderweitig über die Ausübung der in Rede stehenden Befugniß zu erklären. Wenn diese Erklärung dahin ausgefallen ist, daß der gegenwärtige Kompatron gegen das Verbleiben des anderen Kompatrons im G.K.R. Widerspruch erhebt, so fehlt es an der gesetzlich erforderlichen Einigung und es muß bis zum Zustandekommen einer solchen die fragliche Befugniß als ruhend angesehen werden.

Ueber die Frage, ob bei der Theilung einer Parochie der Patron der Mutterkirche das Patronatsrecht über die neu errichtete Kirche erwirbt, vgl. den Aufsatz in der Zeitschr. f. K.R. von Dove und Friedberg Bd. XVII S. 352.

der K.-G.- u. S.-O., Art. 8 des Ges. vom 25. Mai 1874 und Nr. 41 bis 44 der revid. Instr. zu beachten. Die in dieser Verwaltungsordnung erwähnten Aufsichts- und Zustimmungs-Rechte des Patronats kommen hiernach überall nur solchen Patronen zu, welche zu Patronatslasten für kirchliche Bedürfnisse der Gemeinde unmittelbar oder aushülfsweise verpflichtet sind. [4])

Wo das Kirchenpatronat mehreren derartigen Patronen zusteht, haben dieselben als Inhaber eines gemeinsamen Rechts (§. 605 A.L.-R. II, 11, §§. 1 ff. das. I, 17) zur Ausübung ihrer Rechte in Betreff der Kirchenverwaltung einen der Mitpatrone oder einen Dritten zu bevollmächtigen, oder gemeinsam nach Mehrheit der Stimmen zu handeln (§§. 12, 37 ff. A.L.-R. I, 17, §§. 344, 352 das. II, 11; Erl. d. Min. d. g. A. v. 31. Januar 1877, K. G.- u. V.-Bl. S. 131). Auch in letzterem Falle ist dahin zu wirken, daß sie Einen der Mitpatrone als denjenigen bezeichnen, welchem der Gemeinde-Kirchenrath mit Wirkung für Alle die erforderlichen Zustellungen zu machen hat.

Als vorgesetzte Aufsichtsbehörde des Patronats im Sinne des §. 23 der K.-G.- und S.-O. ist der Regierungspräsident anzugehen (vgl. Art. 8 Ges. vom 25. Mai 1874; Art. 22 u. 28 Ges. v. 3. Juni 1876; Art. III. Nr. 3 der Verordn. v. 9. September 1876, G.-S. S. 395; Reskr. d. M. d. g. A. vom 29. Januar 1878, K. G.- u. V.-Bl. S. 36).

§. 5. Der Gemeinde-Kirchenrath besitzt die Eigenschaft einer öffentlichen Behörde. [5]) Die von ihm ausgestellten Urkunden haben daher öffentlichen Glauben und bedürfen keiner anderweiten amtlichen Beglaubigung (Nr. 33 revid. Instr., vgl. K. G.- u. V.-Bl. 1882 S. 58 ff.). Mit Rücksicht hierauf ist bei allen Verhandlungen und Ausfertigungen des Gemeinde-Kirchenraths sowohl in formeller als in sachlicher Beziehung die größte Sorgfalt zu beobachten.

---

[4]) Erk. d. Ob.Trib. v. 21. Oktbr. 1867, Entsch. 59 S. 318: Eine Trennung der Rechte eines auf einem Gute ruhenden Patronats von den Lasten desselben ist zulässig, der Art, daß der Besitzer des Gutes bei dessen Verkaufe sich und seiner Familie die Ausübung aller Patronatsrechte vorbehält, die Lasten dagegen bei dem Gute beläßt.

[5]) Vgl. R. des Ev. O.K.R. v. 8. Mai 1882, Kirchl. G. u. V.Bl. 1882 S. 58, betr. die Stellung der G.K.R. als öffentliche Behörden, und Beschluß des Kammergerichts v. 13. Febr. 1882, a. a. O. S. 61. In diesem Beschlusse des Kammergerichts, welches gegenwärtig ausschließlich die letzte Beschwerde-Instanz in Grundbuchsachen bildet (§. 51 des Ausführungsgesetzes zum Gerichtsverfassungsgesetze v. 24. April 1878, G.S. S. 230) wird ausgeführt, daß die von öffentlichen Behörden innerhalb ihrer Kompetenz in gesetzlich vorgeschriebenen Formen aus-

Die nach §. 11 Abs. 4 und §. 30 Abs. 3 der K.-G.- und S.-O. (vgl. §§. 5, 27 Abs. 2 u. 28 a. a. O. u. Nr. 31, 32, 39 u. 40 revid. Instr.) in jedem Falle in das Protokollbuch des Gemeinde-Kirchenraths einzutragenden Beschlüsse der Gemeindekörperschaften, sowie die nach §. 11 Abs. 5 und §. 30 Abs. 1 a. a. O. aus diesem Protokollbuch zu entnehmenden Auszüge müssen alle zur klaren Bezeichnung des Gegenstandes der Beschlüsse, zum Verständniß ihres Inhalts und zur Prüfung ihrer formellen Rechtsgültigkeit erforderlichen Anführungen enthalten.

In den Protokollen sind daher zunächst Ort und Tag der Versammlung und die Anwesenden zu bezeichnen. Dann folgt in der Einleitung die genaue Bezeichnung der Versammlung (ob Gemeinde-Kirchenrath allein, oder mit der Gemeindevertretung), bei außerordentlichen Versammlungen die Angabe, daß alle Mitglieder der betreffenden Körperschaften in ortsüblicher oder in welcher sonst zureichenden Art gehörig eingeladen sind, bei Versammlungen der vereinigten Gemeindekörperschaften die Bescheinigung, daß die Einladung unter Bezeichnung der vom Gemeinde-Kirchenrath vorgelegten, namhaft zu machenden Angelegenheiten, welche den Gegenstand der Verhandlung bilden sollen, geschehen ist, ferner in allen Fällen die Feststellung, daß die Zahl der Erschienenen mehr als die Hälfte der zum Sollbestande der Versammlung nach §. 5 bezw. 28 der K.-G.- u. S.-O. erforderlichen Mitglieder darstellt (§. 11 Abs. 3 K.-G.- u. S.-O., Nr. 32 Abs. 2 rev. Instr., vgl. Gen.-Syn.-Verh. 1885 Nr. 2, S. 983, 254, 386), die Versammlung mithin beschlußfähig ist, bezw. die Bemerkung, daß der Fall des §. 30 Abs. 2 a. a. O. vorliegt.

Ist in letzterem Falle auch bei der zweiten Versammlung der Gemeindevertretung die Mehrheit der Mitglieder nicht erschienen, so ist zu dem Protokoll der Nachweis zu sichern, daß behufs Berathung

---

gestellten Urkunden beweiskräftig sind. Haben Interessenten, welche Urkunden dieser Art ausstellen oder vorlegen, den Ansprüchen des Gesetzes genügt, so kann von ihnen ein weiterer Beweis für die Echtheit der Unterschriften oder des Siegels, welche sich auf den Urkunden finden, nicht gefordert werden; für dieses spricht vielmehr die Präsumtion. Bezüglich des Grundbuchverkehrs besteht keine Ausnahme. Werden ausnahmsweise gegen die Beweiskraft solcher Urkunden Bedenken erhoben, so ist dennoch eine Zurückweisung der auf formell einwandsfreie Urkunden gegründeten Anträge auch in solchen Ausnahmefällen kaum am Platze, vielmehr geboten, durch direkte Korrespondenz mit den betr. Behörden den Verdacht mißbräuchlicher Anmaßung amtlichen Charakters festzustellen oder zu beseitigen. Entsch. des Kammergerichts Bd. 3 S. 96.

desselben Gegenstandes zu beiden Versammlungen ordnungsmäßig eingeladen ist. Im Falle des §. 27 Abs. 2 der K.-G.- u. S.-O. ist die Versammlung der Gemeindeglieder ohne Rücksicht auf die Zahl der Anwesenden beschlußfähig, wenn die Einladungen ordnungsmäßig erfolgt sind (Min.-Erl. v. 11. Dezember 1861 — Aktenst. d. E. O.-K.-R. Bd. V. S. 218).

Die einzelnen Beschlüsse sind in kurzer und klarer Fassung niederzuschreiben, wobei es sich nach Umständen empfiehlt, erkennbar zu machen, ob sie einstimmig oder mit welcher Stimmenmehrheit sie gefaßt sind.

Die Protokolle sind, und zwar in der Regel erst nach vorgängiger Vorlesung vor der beschließenden Versammlung und nach Genehmigung seitens derselben, von dem Vorsitzenden und mindestens einem Aeltesten zu unterschreiben, die Protokollauszüge dagegen vom Vorsitzenden allein unter Beidrückung des Siegels oder Stempels der betreffenden Kirchengemeinde zu beglaubigen (vgl. d. Abs. 2 gen. §§. K.-G.- u. S.-O. u. Instr.).

Zu jeder die Gemeinde verpflichtenden schriftlichen Willenserklärung des Gemeinde-Kirchenraths (z. B. Kauf-, Pacht-, Ablösungs-Verträgen, Vollmachten, Anträgen bei Gericht, Löschungsbewilligungen, Inkurssetzung von Werthpapieren u. dgl.) bedarf es der Unterschrift des Vorsitzenden des Gemeinde-Kirchenraths oder seines Stellvertreters und zweier Aeltesten, sowie der Beidrückung des Kirchen-Siegels oder -Stempels (§. 22 Abs. 2 K.-G.- u. S.-O.; Art. 2 Ges. v. 25. Mai 1874, vgl. u. §. 37).

Berichte und Schreiben des Gemeinde-Kirchenraths an Behörden und Private ergehen unter dessen Namen mit Unterschrift des Vorsitzenden. Beides ist nöthig, um ein Schriftstück als vom Gemeinde-Kirchenrath herrührend zu bezeugen (§. 11 Abs. 5 K.-G. u. S.-O.; vgl. Verf. d. Ev. O.-K.-R. v. 15. September 1879, K. G.- u. V.-Bl. S. 235).

§. 6. Alle Berichte des Gemeinde-Kirchenraths an die Kreissynode und an die vorgesetzten Behörden sind der Regel nach durch Vermittelung des Superintendenten einzureichen. Dieser hat sie, sofern ihm nicht im kirchlichen Interesse weitere sofortige Anordnungen oder Ermittelungen durchaus erforderlich erscheinen, unter Vermerk der Kenntnißnahme oder Beifügung seines Gutachtens thunlichst schleunig weiter zu befördern, die an höhere Instanzen gerichteten, sofern nicht besondere Gründe ein Anderes bedingen, an das Konsistorium.

Postsendungen in Sachen der Ortskirche und Kirchengemeinde sind auf der Adresse als „portopflichtige Dienstsachen" zu bezeichnen und, sofern nicht ausdrückliche Anordnungen ein Anderes vorschreiben, portofrei aufzugeben.[6])

§. 7. Dafür, daß der Gemeinde-Kirchenrath seinen Obliegenheiten rechtzeitig und unter Beobachtung der richtigen Formen nachkomme, auch überall, wo es erforderlich ist, die Zustimmung der Gemeindevertretung und des Patrons, sowie die Genehmigung der vorgesetzten Behörden einhole, hat in erster Linie der Vorsitzende desselben (§. 8 K.-G.- u. S.-O.) Sorge zu tragen. Hierdurch sind die einzelnen Aeltesten nicht von der Verpflichtung entbunden, in allen diesen Beziehungen auch ihrerseits fortdauernd eigene Wachsamkeit zu üben und erforderlichenfalls die zur Wahrung des kirchlichen Interesses dienlichen Anregungen an geeigneter Stelle zu geben. Besondere Aufmerksamkeit und Veranlassung zum Eintreten für dieses Interesse liegt ihnen während einer zeitweiligen Erledigung des Pfarramts ob.

§. 8. Jeder Gemeinde-Kirchenrath hat — soweit erforderlich mit der betreffenden Gemeindevertretung — zunächst nur die Interessen seiner eigenen Kirchengemeinde wahrzunehmen. Auch wo mehrere Kirchengemeinden[7]) zu einer Gesammt-Parochie gehören, bildet die selbständige und getrennte Berathung und Beschlußfassung der Körperschaften jeder einzelnen Kirchengemeinde die Regel. Ein Zu-

---

[6]) Ueber die Verpflichtung des Patrons zur Tragung der Portokosten bei Korrespondenzen mit den kirchlichen Gemeinde-Organen vgl. das R. des Ev. O.K.R. v. 17. Febr. 1885, Kirchl. G. u. V.Bl. 1885 S. 25, und das R. des Min. d. g. A. v. 12. April 1881, a. a. O. S. 27, wonach auch die Regierungen als Patronatsbehörden die bezüglichen Sendungen an die kirchlichen Gemeinde-Organe stets zu frankiren haben.

Nach dem Bundesgeś. v. 5. Juni 1869, B.G.Bl. S. 141 hat mit dem 1. Januar 1870 die früher bestandene Portofreiheit für die dienstliche Korrespondenz überhaupt aufgehört. Seit dem 1. Januar 1870 ist das (in dem Amtsbl. der K. Regierung zu Posen pro 1869 S. 375 ff. abgedruckte) von dem K. Staatsministerium erlassene „Regulativ v. 28. Novbr. 1869 über die geschäftliche Behandlung der Postsendungen in Staats-Dienstangelegenheiten" in Kraft getreten. Zu demselben hat das K. Konsistorium zu Posen die (im Kirchl. Amtsbl. Posen 1869 S. 98 ff. mitgetheilten) Ausführungsbestimmungen v. 29. Dez. 1869 erlassen.

[7]) Das R. des Ev. O.K.R. v. 22. Mai 1882, Kirchl. G. u. V.Bl. 1882 S. 63, erblickt in dem Inhalt des §. 249 L.R. II, 11 keine Vorschrift, welche es verhindert, von Seiten des Staats u. der geistl. Oberen aus überwiegenden, objektiven Gründen eine Filialgemeinde ohne Einwilligung der mater von letzterer zu trennen. Der Min. d. g. A. ist dieser Auffassung beigetreten.

sammentritt derselben zu einer gemeinsamen Körperschaft (§. 2 Abs. 2 bezw. §. 27 Abs. 3 K.-G.- u. S.-O.) erfolgt nur bei gemeinsamen Angelegenheiten und auch hier nur, soweit das gemeinsame Interesse reicht (vgl. u. §. 52).

§. 9. Die zunächst auf den Gemeinde-Kirchenrath bezüglichen Geschäftsanweisungen dieser Verwaltungsordnung finden, soweit es mit den in Betracht kommenden besonderen statutarischen Ordnungen vereinbar ist, sinngemäß auch auf die besonderen Vorstände kirchlicher Lokalstiftungen Anwendung.

§. 10. Die Kreissynode[8]) übt die ihr obliegende Mitaufsicht über die örtliche kirchliche Vermögensverwaltung (§. 1), soweit die betreffenden Geschäfte nicht der Synodalversammlung selbst vorbehalten sind, durch einen bleibenden Rechnungsausschuß, welcher der Regel nach aus dem Superintendenten als Vorsitzenden und mindestens einem geistlichen und einem weltlichen, zu diesem Zwecke von der Kreissynode auf die Dauer der Synodalperiode gewählten Deputirten besteht (Cirk.-Verf. d. Ev. O.-K.-R. v. 21. Mai 1880, K. G.- u. V.-Bl. S. 53; vgl. u. §§. 83 ff.).

Findet sich nicht unter den Mitgliedern der Kreissynode ein mit dem Rechnungs- und Kassenwesen vertrautes und zur Uebernahme der betreffenden Arbeiten für die Synode bereites Mitglied, so ist dem Ausschuß behufs Besorgung dieser Geschäfte ein von der Synode zu wählender sachverständiger und besonders zu verpflichtender Rechnungsbeamter beizugeben (vgl. Buchst. d a. a. O. u. §. 53 Nr. 7 K.-G.- u. S.-O.), dessen Besoldung nach Beschluß der Synode aus der Synodalkasse oder nach Vereinbarung unter den betheiligten Kirchengemeinden durch Gewährung mäßiger Prozentbeträge aus den Einkünften der einzelnen Kirchenkassen beschafft wird.

§. 11. In Betreff des Umfangs und der Art der von den vorgesetzten Behörden[9]) zu führenden Aufsicht verbleibt es, soweit nicht diese Verwaltungsordnung ausdrückliche Festsetzung trifft, bei den bestehenden Bestimmungen.

---

[8]) Ueber die Befugniß der ordinirten Hülfsgeistlichen, mit berathender Stimme an der Kreissynode Theil zu nehmen, vgl. das R. des Ev. O.K.R. v. 9. März 1882, Kirchl. G. u. V.Bl. 1882 S. 46.

Bei der Wahl der Kreissynodaldeputirten durch die kirchlichen Gemeinde-Organe ist nicht die relative, sondern die absolute Stimmenmehrheit als entscheidend anzusehen; vgl. Kirchl. Amtsbl. des Konsistoriums in Breslau 1886 S. 19.

[9]) Unter den „Staatsbehörden“ im Art. 23 des Ges. v. 3. Juni 1876, G.S. S. 125, sind die K. Regierungen (Abthl. für das Kirchen- und Schulwesen) zu verstehen. Dagegen tritt in Angelegenheiten der kirchlichen Verwaltung

Die kirchliche Vermögensverwaltung von Gemeinden, welche zu einer anderen Provinz, als der ihres Pfarrortes gehören, steht unter der Aufsicht des Konsistoriums, in dessen Verwaltungsbezirk der Pfarrort liegt (Cirk.-Erl. d. Ev. O.-K.-R. v. 24. Juli 1880, K. G.- u. V.-Bl. S. 130).

II. Wahrung und Förderung des vorhandenen Vermögens.

1. Im Allgemeinen.

§. 12. Die kirchlichen Körperschaften haben dafür Sorge zu tragen, daß das vorhandene kirchliche Vermögen nicht zersplittert, vermindert, zu fremdartigen Zwecken verwendet, ohne Noth mit Verpflichtungen gegen Dritte belastet oder sonst geschädigt, vielmehr überall sicher gestellt, dauernd und nach seinem ganzen Umfange in gutem Zustande, bei den ihm gebührenden Rechten erhalten und nach Möglichkeit verbessert und vermehrt werde, auch daß die der Kirche und ihren Instituten vom Gesetze gewährten Vorrechte (z. B. Steuer-, Stempel-*), Kosten-Befreiungen, sowie Vorzüge im Konkurse, im Verjährungsrecht, bei Kriegsleistungen und Einquartierungen u. dgl.) vorkommenden Falles gehörig wahrgenommen und Verluste, welche durch deren Nichtbeachtung entstehen können, vermieden werden (vgl. §§. 228 ff. A.L.-R. II, 11). [10])

*) Wegen Verwendung des halben Stempels bei zweiseitigen Verträgen der Kirche vgl. §. 3i u. Schluß Ges. v. 7./3. 22, Kab.-Ord. v. 28./10. 36. u. 23./12. 42. — G.-S. 1822 S. 57, 1836 S. 308, 1843 S. 21.

---

für den Stadtkreis Berlin an die Stelle der Regierungs-Abtheilung für Kirchen- und Schulwesen der Polizei-Präsident. Bezüglich der Verwaltung des landesherrlichen Patronats und des Schulwesens verbleibt es bei den bestehenden Bestimmungen. §. 44 Ges. v. 30. Juli 1883 über die allgemeine Landesverwaltung, G.S. S. 195.

Ueber das Recht der Staatsbehörden und der geistl. Oberen, über die stiftungsmäßige Verwendung des Vermögens der Kirchengemeinden zu wachen, vgl. Erk. des Oberverwaltungsgerichtes v. 16. Dezbr. 1882, Entsch. Bd. 9 S. 106.

[10]) Deklaration v. 27. Juni 1811 §. 4 Nr. 2, G.S. S. 313: Stempelfrei sind alle Angelegenheiten der Kirchen, Armen-Anstalten, Waisenhäuser, milden Stiftungen, Schulen, Universitäten, desgl. der Straf- und Besserungs-Anstalten.

Ges. v. 7. März 1822 wegen der Stempelsteuer, G.S. S. 57, §. 3i: „Die bis jetzt gesetzlich bestehenden Befreiungen des Fiskus, besonderer Anstalten, Gesellschaften und Personen von gewissen Stempelabgaben dauern vorerst noch fort, mit Vorbehalt künftiger Untersuchung und Entscheidung darüber.

Doch sind die gedachten Behörden nicht befugt, diese Befreiung den Privatpersonen, mit welchen sie Verträge eingehen, einzuräumen, wenn diese Personen an sich nach gesetzlicher Vorschrift zur Entrichtung des Stempels verbunden sind. Bei allen zweiseitigen Verträgen der Art, muß jedesmal die Hälfte des Stempels für den Vertrag und für die ausgefertigten Ueberexemplare desselben außerdem noch der gewöhnliche Stempel entrichtet werden“.

R. des Finanzmin. v. 27. Januar 1827 (bei Hoyer, Stempelgesetzgeb., 4. Aufl. S. 71): Des Königs Majestät haben mittelst Kab.Ord. v. 16. Januar 1827 zu entscheiden geruht, daß:

1. die Stempelfreiheit der Kirchen, Armen-Anstalten, Waisenhäuser, milden Stiftungen, Schulen, Universitäten, desgl. der Straf- und Besserungs-Anstalten, wie ihnen solche durch die Deklaration v. 27. Juni 1811 §. 4 eingeräumt worden, sich auf die Zuwendungen, welche solchen Instituten durch Schenkung oder letztwillige Verordnungen anfallen, erstrecke und deshalb nach §. 3 Lit. i des Ges. v. 7. März 1822 noch fortdauere, daß auch
2. von den Vermächtnissen zur Austheilung an Arme eine Stempelsteuer nicht zu erheben sei, und daß
3. die im §. 3 Lit. i des Ges. v. 7. März 1822 besonderen Anstalten und Gesellschaften provisorisch zugesicherte Stempelfreiheit auch solchen im §. 4 der Deklaration v. 27. Juni 1811 benannten Instituten derjenigen neu oder wieder eroberten Provinzen, in welchen diese Deklaration nicht Gesetzeskraft gehabt hat, von jetzt an eingeräumt und die bisher noch nicht eingezogene Stempelsteuer von ihnen nicht erhoben werde. (v. Kamptz' Annal. Bd. 11 S. 384.)

R. des Finanzmin. v. 31. Januar 1832 (bei Hoyer, Stempelgesetzgeb. S. 72): Die Stempelfreiheit der Kirchen nach der Kab.Ord. v. 16. Januar 1827 macht sich auch bei Verträgen geltend, welche über das Pfarrvermögen abgeschlossen werden, kann aber nicht auf Verträge der Pfarrer über die Ausübung ihrer Nutzungsbefugnisse ausgedehnt werden.

Allerh. Patent v. 19. Mai 1800 Nr. III Lit. f (bei Hoyer, Stempelgesetzgeb. S. 72): In Neuvorpommern sind die Geistlichen, insofern sie der Salarirung und Hebungen halber, ferner wegen Bau und Reparation der geistlichen Häuser &c. Prozesse führen, oder auch wegen Pfarr- und Kirchenhufen oder anderer geistlicher Güter auf eine rechtsbeständige Art, der Pommerschen Kirchenordnung gemäß (nach dieser sollen die Pfarrer ihre Pfarräcker in der Regel nicht selbst bewirthschaften, sondern verpachten), Kontrakte schließen und Verschreibungen ausgeben, von der Stempelabgabe frei.

Ein Verzeichniß derjenigen Anstalten, welchen Stempelfreiheit bewilligt ist, siehe bei Hoyer, Stempelgesetzgeb. S. 75 ff.

Nach §. 12 des Stempelges. v. 7. März 1822 muß bei stempelpflichtigen Verhandlungen, welche im Inlande vorgenommen werden, der tarifmäßige Stempel längstens binnen 14 Tagen, vom Tage der Ausfertigung an, gelöst bez. kassirt werden.

R. des Finanzmin. v. 1. Juli 1839 (bei Hoyer, Stempelgesetzgeb. S. 196): Verträge, welche der Genehmigung eines Dritten bedürfen, werden durch diese Genehmigung erst perfekt, und da es eine aus dem Gesetz folgende Regel ist, nur für perfekte Verträge Stempel zu fordern, so läßt sich in Beziehung auf Verträge, denen die Genehmigung versagt ist, kein Anspruch auf Entrichtung des Vertragsstempels begründen.

Stempelges. v. 7. März 1822 §. 21: „Ist das tarifmäßige Stempelpapier nach den Vorschriften des gegenwärtigen Gesetzes nicht gebraucht oder beigebracht worden; so ist dasselbe nicht allein sofort nachzubringen, sondern es tritt auch außerdem die ordentliche Stempelstrafe ein, welche in Entrichtung des vierfachen Betrages des nachzubringenden Stempels besteht" (mindestens aber 1 Thlr. = 3 Mark).

Nach §. 22 a. a. O. ist der eigentliche Kontravenient bei einseitigen Verträgen, Verpflichtungen und Erklärungen der Aussteller. Bei mehrseitigen Verträgen sind es alle Theilnehmer; und jeder derselben ist besonders in die ganze Stempelstrafe verfallen.

Ueber die Behandlung derjenigen Fälle, in welchen Beamte bei ihren amtlichen Verhandlungen die tarifmäßigen Stempel nicht verwenden, bez. der Verträge, welche zwischen unmittelbaren oder mittelbaren Staatsbehörden und einer Privatperson abgeschlossen sind, zu welchen aber der tarifmäßige Stempel nicht verwendet worden, sind zu vergleichen die Kab.Ord. v. 28. Oktbr. 1836, G.S. S. 308, u. v. 23. Dezbr. 1842, G.S. 1843 S. 21.

Ges., betr. die Erbschaftssteuer, v. 30. Mai 1873, G.S. S. 329, Tarif, Befreiungen:

Von der Erbschaftssteuer ist befreit:

2) jeder Anfall, welcher gelangt an:

g) öffentliche Armen-, Kranken-, Arbeits-, Straf- und Besserungsanstalten, ferner Waisenhäuser, vom Staate genehmigte Hospitäler und andere Versorgungsanstalten oder andere milde Stiftungen, welche vom Staate als solche ausdrücklich oder durch Verleihung der Rechte juristischer Personen anerkannt sind,

h) öffentliche Schulen und Universitäten, öffentliche Sammlungen für Kunst oder Wissenschaft,

i) Deutsche Kirchen und andere Deutsche Religionsgesellschaften, denen die Rechte juristischer Personen zustehen.

Erk. des Reichsger. v. 5. Febr. 1881, Min.Bl. d. i. V. 1882 S. 19: Durch die der evangelischen Kirche zustehende Erbschaftsstempelfreiheit (Ziffer 2 Lit. i des Tarifs) wird nicht zugleich die Zuwendung stempelfrei, welche der Kirche mit der Auflage gemacht ist, einen bestimmten jährlichen Zinsenbetrag zu milden oder gemeinnützigen Zwecken zu verwenden. (Vgl. §. 8 Ges. v. 30. Mai 1873.) Unterr.Centr.Bl. 1882 S. 707.

Ueber die Begriffsbestimmung einer milden Stiftung in Bezug auf die Befreiung von der Erbschaftssteuer vgl. das Erk. des Reichsger. v. 22. Novbr. 1881, J.M.Bl. 1882 S. 315.

R. des Min. d. g. A. v. 23. Juli 1880, Kirchl. G. u. V.Bl. 1880 S. 131: Unter Kirchen und öffentlichen Schulen, denen Befreiung von der Stempelsteuer gewährt ist, ist im Sinne der Stempelgesetze das gesammte zu Kirchen-, Kultus- und Schulzwecken dienende Vermögen zu verstehen, ohne Unterschied, ob und in wie weit dasselbe eine pia causa darstellt, oder ob die politischen Gemeinden oder die Kirchengesellschaften und -Gemeinden oder Schulgemeinden und -Verbände seine Träger sind.

Nach dem R. des Finanzmin. v. 28. Juni 1883, III 8487, sind Verträge zwischen Staatsbehörden und Gewerbetreibenden über Lieferungen (auch über die Lieferung von Büreaugegenständen oder Baumaterialien) einem Stempel von höchstens 1 ℳ 50 ₰. unterworfen, welcher wegen der Stempelfreiheit des Fiskus nur in der darstellbaren Hälfte von 1 ℳ zu verwenden ist.

Ferner ist der Werkverdingungsvertrag, auch wenn nach demselben der Uebernehmer die Materialien herzugeben hat, in Bezug auf die Stempelverwendung als ein einheitlicher Vertrag anzusehen und demnach nur dem allgemeinen Vertragsstempel von 1 ℳ 50 ₰. zu unterwerfen (während seither zu solchen Verträgen neben dem allgemeinen Vertragsstempel zu dem Arbeitsvertrage irrthümlich noch der Lieferungsstempel von 1/3 Prozent von dem Werthe der Materialien verwendet zu werden pflegte). Vgl. Kirchl. Amtsbl. der Rheinpr. 1883 S. 72, der Provinz Brandenburg 1883 S. 105.

Nach dem R. des Finanzmin. v. 29. Novbr. 1883, J.M.Bl. 1883 S. 361, findet die Reduktion des Stempels auf 1 ℳ nur bei Kaufverträgen, welche im kaufmännischen Verkehr mit einer Kirche oder einem kirchlichen Institute geschlossen werden, statt, während bei Lieferungsverträgen der gedachten Art der Lieferant den vollen Stempelbetrag bis zum Höchstbetrage von 1 ℳ 50 ₰. ausschließlich zu entrichten verpflichtet ist.

Im Verfolg dieser Reskripte v. 28. Juni u. 29. Novbr. 1883 macht das R. des Finanzmin. v. 28. Juni 1884, Kirchl. Amtsbl. des Konsist. in Posen 1884 S. 35, auf das am 4. Juli 1884 in Kraft getretene Gesetz v. 6. Juni 1884 GS. S. 279, betr. die Stempelsteuer für Kauf- und Lieferungsverträge im kaufmännischen Verkehr und für Werkverdingungsverträge noch besonders aufmerksam. Da durch §. 1 dieses Ges. die Kab.Ord. v. 30. April 1847 und die derselben entsprechenden Vorschriften der Tarife zu den Stempelsteuer-Verordnungen v. 19. Juli 1867 Nr. 29d. u. 7. August 1867 Nr. 28d. aufgehoben sind, so unterliegen Kauf- u. Lieferungsverträge über andere Gegenstände, als Grundstücke oder Grundgerechtigkeiten — insoweit dieselben nicht nach §. 11 des Reichsstempelges. vom 1. Juli 1881, R.G.Bl. S. 185, vom preußischen Stempel befreit sind (vgl. Tarif-Nr. 4a. zum Reichsges. u. §. 9 des letzteren) — in Zukunft dem für Kauf- u. Lieferungsverträge über bewegliche Gegenstände im Allgemeinen vorgeschriebenen Stempel von 1/3 Prozent des Kauf- oder Lieferungspreises auch dann, wenn die von einem Kaufmann vorgenommene Veräußerung eines nach seinem Geschäft zur Veräußerung bestimmten Gegenstandes in Frage steht. Dieser Stempel ist bei Kaufverträgen, welche mit einer vom Stempel befreiten Person (z. B. dem Reichs- oder Preußischen Fiskus) geschlossen sind, nur zur Hälfte, dagegen bei Verträgen über Lieferungen an das Reich, den Staat oder öffentliche Anstalten zum vollen Betrage zu verwenden. Bei Werkverdingungsverträgen, Inhalts deren der Uebernehmer auch das Material für das übernommene Werk ganz oder theilweise anzuschaffen hat, ist nach §. 2 des Ges. v. 6. Juni 1884 zu verfahren. Für Nebenverträge (z. B. Kompromißverträge), welche in Kauf- oder Lieferungsverträgen oder in Werkverdingungsverträgen der im §. 2 Abs. 1 des Ges. bezeichneten Art enthalten sind, ist neben dem Kauf- oder Lieferungsstempel auch noch der allgemeine Vertragsstempel — und zwar, wenn der eine der Vertragschließenden eine vom Stempel befreite Person ist, in der darstellbaren Hälfte v. 1 ℳ — zu verwenden. Dagegen bedarf es bei Werkverdingungsverträgen der im §. 2 Abs. 2 des Ges. bezeichneten Art, falls wegen des darin enthaltenen Arbeitsvertrages der allgemeine Vertragsstempel verwendet ist, eines besonderen Stempels für etwaige Nebenverträge nicht.

In Betreff. der Stempelfreiheit von Beglaubigungen im Hypothekenverkehr vgl. §. 2 Ges. v. 21. März 1882, G.S. S. 129.

Beschluß des Kammergerichts v. 12. Juni 1882:

1. Die Stempelfreiheit von Beglaubigungen nach §. 33 der Grundbuchordnung ist nicht dadurch bedingt, daß die beantragte Ein-

tragung für zulässig befunden wird und wirklich erfolgt, sondern nur an die Voraussetzung gebunden, daß eine die Eintragung bezweckende Urkunde beglaubigt wird.

2. Auch die Beglaubigung von Vollmachten, welche sich auf die Ermächtigung zur Abgabe der behufs einer Eintragung oder Löschung erforderlichen Erklärungen beschränken, ist stempelfrei. Entsch. des Kammerger. Bd. 3 S. 221.

Nach §. 4 des Ges. v. 25. Juni 1868, betr. die Quartierleistung für die bewaffnete Macht während des Friedenszustandes (B.G.Bl. 1868 S. 523) ist (der Bund, jetzt) das Reich berechtigt, gegen Gewährung der ... bestimmten Entschädigung die Beschaffung der Quartierleistungen zu verlangen und dazu alle benutzbaren Baulichkeiten in Anspruch zu nehmen, soweit dadurch der Quartiergeber in der Benutzung der für seine Wohnungs-, Wirthschafts- und Gewerbebetriebs-Bedürfnisse unentbehrlichen Räumlichkeiten nicht behindert wird.

Befreit hiervon sind nur:

5. Kirchen, Kapellen und andere dem öffentlichen Gottesdienste gewidmete Gebäude, sowie die gottesdienstlichen Gebäude der mit Korporationsrechten versehenen Religionsgesellschaften;

6. Armen-, Waisen- und Krankenhäuser, Besserungs-, Aufbewahrungs- und Gefängnißanstalten, sowie Gebäude, welche milden Stiftungen angehören und für deren Zwecke unmittelbar benutzt werden;

7. neu erbaute oder vom Grunde aus wieder aufgebaute Gebäude bis zum Ablauf zweier Kalenderjahre nach dem Kalenderjahre, in welchem sie bewohnbar, beziehungsweise nutzbar geworden sind.

(Die Pfarrhäuser sind unter den von der Einquartierung befreiten Gebäuden nicht aufgeführt.)

Nach §. 10 a. a. O. ist den Quartierträgern gestattet, ihre Verbindlichkeit durch Gestellung anderweitiger, den gesetzlichen Anordnungen entsprechender Quartiere zu erfüllen.

Was die übrigen Naturalleistungen für die bewaffnete Macht im Frieden betrifft, so enthält die näheren Bestimmungen darüber das Ges. v. 13. Febr. 1875 R.G.Bl. S. 52.

Hierher gehören:

1. die Stellung von Vorspann,
2. die Verabreichung von Naturalverpflegung,
3. die Verabreichung von Fourage.

§. 3. Zur Stellung von Vorspann sind alle Besitzer von Zugthieren und Wagen verpflichtet, in erster Linie diejenigen, welche aus dem Betriebe des Fuhrwesens ein Gewerbe machen.

Befreit sind:

4. Seelsorger hinsichtlich der zur Ausübung ihres Dienstes oder Berufes nothwendigen Pferde.

§. 4. Zur Verabreichung der Naturalverpflegung ist der Quartiergeber verpflichtet.

§. 5. Zur Verabreichung der Fourage sind alle Besitzer von Fouragebeständen verpflichtet.

Ueber die Kriegsleistungen vgl. das Ges. v. 13. Juni 1873, R.G.Bl. S. 129.

2. Akten. §. 13. Die für die Vermögensverhältnisse der Kirche wichtigen Verhandlungen, namentlich das Protokollbuch des Gemeinde-Kirchenraths (§. 11 K.-G.- u. S.-O.), und das Tagebuch über ein- und abgehende amtliche Briefe, sowie die außerdem vorhandenen Urkunden, Verzeichnisse, Berichte, behördlichen Verfügungen und dergleichen sind in der Pfarr-Registratur sicher und in gehöriger Ordnung so aufzubewahren, daß sie jederzeit leicht aufgefunden werden können, um Auskunft über die Verhältnisse zu gewähren.

Die Akten sind zu unterscheiden in „allgemeine", welche maßgebende Grundsätze, allgemeine Anordnungen der Behörden u. dergl. betreffen, und in „besondere", welche auf einzelne oder auf mehrere unter sich zusammenhängende Gegenstände Bezug haben. Unter diesen Abtheilungen sind sie mindestens nach den zunächst betheiligten Instituten (Kirche, Pfarre, Küsterei 2c.) zu sondern und nach den wichtigeren Anlässen nummerweise zu ordnen, auch äußerlich gehörig zu bezeichnen und zu heften. Ein Verzeichniß der Akten nach Inhalt und Nummer ist in besonderem Hefte zu führen.

3. Lagerbücher. §. 14. In jeder Kirchengemeinde ist nach Anleitung der von der Aufsichtsbehörde erlassenen Ordnungen ein Lagerbuch [11]) aufzustellen und fortzuführen, welches jederzeit einen klaren und vollständigen Ueberblick über die einzelnen Theile des kirchlichen Vermögens nach dessen jeweiligem thatsächlichen und rechtlichen Bestande darbietet.

Der Gemeinde-Kirchenrath hat in bestimmten, ein- für allemal festzustellenden Fristen, sich der Durchsicht des Lagerbuchs und der Vergleichung des kirchlichen Vermögensbestandes nach demselben zu unterziehen.

Die Durchsicht muß stattfinden nach Einführung der neu gewählten Aeltesten (§. 43 K.-G.- u. S.-O.). Ueber die Vornahme und das allgemeine Ergebniß derselben ist jedesmal im Protokollbuche des Gemeinde-Kirchenraths ein Vermerk aufzunehmen. Jeder neu berufene Kirchenbeamte ist von Amtswegen zur Kenntnißnahme von dem Inhalt des Lagerbuchs zu veranlassen, soweit derselbe auf die

---

[11]) Vgl. das R. des Ev. O.K.R. v. 7. Novbr. 1878, betr. die Aufstellung und Fortführung von Lagerbüchern der Kirchen und kirchlichen Institute, Kirchl. G. u. V.Bl. 1878 S. 155.

Das Nähere über die Einrichtung 2c. der Lagerbücher vgl. in den Kirchl. Amtsbl. der Provinzial-Konsistorien, für Posen in dem Kirchl. Amtsbl. des Konsist. zu Posen 1882 S. 63 ff., für Brandenburg in den amtl. Mittheil. des Konsist. zu Berlin 1882 S. 65 ff.

seinem Nießbrauche unterworfenen Vermögensstücke und auf seine Rechte und Pflichten Bezug hat.

§. 15. In Betreff aller Rechtsverhältnisse, welche der Kirche oder einem kirchlichen Institute mit anderen Rechtssubjekten (Schule, politische Gemeinde, Armenanstalten u. dgl.) gemeinsam [12]) sind, ist für

4. Gemeinschaftliche Verhältnisse der Kirche und anderer Institute.

[12]) In Betreff des Eigenthums der Kirchengemeinden an dem aus älterer Zeit herstammenden sog. kirchlichen Schulvermögen vgl. das Erk. d. Gen. Komm. zu Merseburg v. 25. Febr. 1881, Kirchl. G. u. V.Bl. 1881 S. 17, u. d. Gen.Komm. zu Münster v. 20. April 1883, Kirchl. Amtsbl. f. Westfalen 1883 S. 69, Kirchl. G. u. V.Bl. 1883 S. 120, 1883 S. 5, 6, 1886 S. 62 ff. Damit sind jedoch zu vergleichen die Erk. des Reichsger. v. 16. Febr. 1885, 25. Febr. 1885 u. 27. März 1886, Unterr.Centr.Bl. 1886 S. 803 ff.

Vgl. auch das R. des Ev. O.K.R. v. 31. Januar 1883, Kirchl. G. u. V.Bl. 1883 S. 7, betr. die Verwaltung und Sicherung des kirchlichen Vermögens bei den mit Schulstellen vereinigten kirchlichen Aemtern.

R. des Min. d. g. A. v. 24. Dezbr. 1881, Unterr.Centr.Bl. 1882 S. 425: Wenn das Schulamt mit dem Kirchenamte dauernd verbunden ist, so ist das Diensteinkommen des Inhabers der Stelle lediglich als ein einheitliches Stelleneinkommen aufzufassen und zu behandeln, ohne Rücksicht darauf, aus welchen Quellen dasselbe fließt, und ohne Unterscheidung zwischen demjenigen Betrage desselben, welcher aus dem Ertrage besonderen Schulvermögens oder aus den Beiträgen der gesetzlich Schulunterhaltungspflichtigen geleistet wird, und dem Betrage, welcher aus kirchlichen Mitteln entnommen wird, dergestalt, daß es nicht zulässig ist, den ersteren Betrag als ein besonderes Lehrerdiensteinkommen, den letzteren als ein besonderes Kirchendiensteinkommen anzusprechen.

Denselben Grundsatz wiederholt das R. desselben Ministers v. 14. April 1882, a. a. O. S. 568, mit dem Hinzufügen, daß die mittelst R. v. 31. Mai 1875 (Centr.Bl. 1875 S. 415) in Erinnerung gebrachten Grundsätze gestatten, durch entsprechende höhere Normirung des Stelleneinkommens der bei dauernder Vereinigung von Schul- und Kirchenamt durch die kirchlichen Amtsverrichtungen bedingten Mehrarbeit des Lehrers gebührend Rechnung zu tragen.

Das R. v. 24. Oktbr. 1883, Unterr.Centr.Bl. 1883 S. 676, welches denselben Grundsatz ausspricht, weist darauf hin, daß unter dem bisherigen Einkommen, von welchem ein ohne sein Verschulden dienstunfähig gewordener Lehrer nach §. 26 der Schulordnung für d. Elem. Schulen d. Prov. Preußen v. 11. Dezbr. 1845, G.-S. 1846, S. 1 ein Drittel als Pension erhalten soll, das Gesammteinkommen der vereinigten Lehrer- und Kirchenamtsstellung zu verstehen ist.

Die hiernach zu gewährende Pension im Betrage von einem Drittel des Gesammteinkommens ist nach der Vorschrift des §. 26 a. a. O. aus dem Einkommen der Stelle, d. h. aus den Einkünften des verbundenen Schul- und Kirchenamts zu entnehmen.

Insoweit dadurch das dem Amtsnachfolger zu gewährende Minimaleinkommen für das verbundene Schul- und Kirchenamt geschmälert wird, ist das zur Erreichung dieses Minimaleinkommens Fehlende nach Vorschrift des §. 26 a. a. O. in derselben Weise wie die übrigen zur Unterhaltung der Schule erforderlichen Mittel aufzubringen, d. h. nach Vorschrift der §§. 39, 55, 63 ff. a. a. O. von den Ortsgemeinden und den sonst zur Schule gehörigen Ortschaften. Der Kirchengemeinde liegt eine Verpflichtung, hierzu beizutragen, nicht ob.

genaue Verzeichnung der kirchlichen Rechte in den Akten und Lagerbüchern Sorge zu tragen. Auch ist darauf zu achten, daß bei den Verfügungen über gemeinschaftliche Vermögensstücke das in allen solchen Fällen bestehende selbständige Mit-Verwaltungs- und Vertretungsrecht der kirchlichen Körperschaften zur gehörigen Geltung komme, um Verdunkelungen und Verluste zu vermeiden (vgl. Erlasse d. Ev. O.-K.-R. v. 6. Juli u. 20. Dezember 1882 u. 31. Januar 1883, K. G.- u. V.-Bl. 1883 S. 4 bis 12, u. die Erkenntnisse a. a. O. 1881 S. 117, 1883 S. 120, 1886 S. 62 ff.).

5. Aufbewahrung von Werthsachen und Geldern.

§. 16. Zur Aufbewahrung von Werthsachen, namentlich von Werthpapieren, einstweilen nicht verwendbaren Geldbeständen, besonders werthvollen Inventarienstücken von mäßiger Größe u. dgl., soll bei jeder Kirche ein möglichst feuer- und diebessicheres Behältniß vorhanden sein, welches mit mindestens zweifachem selbständigen Verschlusse versehen ist. Von den verschiedenen Schlüsseln ist einer von dem Vorsitzenden des Gemeinde-Kirchenraths, der zweite von dem Kirchenkassen-Rendanten, und wenn dieses der Vorsitzende selbst ist, von einem durch den Gemeinde-Kirchenrath bezeichneten Aeltesten, ein etwaiger dritter ebenfalls von einem solchen Aeltesten zu führen. Jeder der Genannten ist für sichere Bewahrung des Schlüssels und dafür verantwortlich, daß von demselben nicht ohne seine oder eines bestellten Vertreters persönliche Mitwirkung Gebrauch gemacht werden kann. Der Kirchen-Geldschrank oder -Kasten selbst ist in einem sicheren Raume unterzubringen (§§. 625 f. A.L.-R. II, 11; Nr. 42 Abs. 2 revid. Instr.; vgl. u. §§. 39 u. 65).

Bietet sich die Möglichkeit dar, kirchliche Werthsachen in die sichere amtliche Verwahrung einer öffentlichen Behörde (z. B. der

---

Hierzu vgl. das denselben Gegenstand in demselben Sinne generell erörternde (im Anhange abgedruckte) R. d. M. d. g. A. v. 23. Novbr. 1886, Amtl. Mitthl. d. Konsist. i. Magdeburg 1887 S. 18.

Wenn gewisse kirchliche Dienstleistungen mit dem Schulamte nicht vereinigt, sondern lediglich eine nebenamtliche Beschäftigung des Lehrers sind, so können bei Normirung des Einkommens der Lehrerstelle die Bezüge aus dieser blos nebenamtlichen Beschäftigung desselben nicht in Anrechnung gebracht werden. Unterr.Centr.Bl. 1883 S. 677.

In Betreff der Verpflichtung bez. Vereidigung der Inhaber von kombinirten Kirchen- und Schulämtern, und von Kirchenämtern, welche mit Schulämtern nicht verbunden sind, vgl. das R. des Ev. O.K.R. v. 2. Juli 1874 E. O. 1974, Kirchl. Amtsbl. d. Konsist. in Posen 1874 S. 41.

Vgl. Erk. des Reichsger. v. 15. Oktbr. 1885, betr. das Eigenthumsrecht am vereinigten Küsterei- und Schulvermögen, Kirchl. G. u. V.Bl. 1886 S. 62, 68.

Patronatsbehörde) niederzulegen, so kann hiervon auf Grund Beschlusses der Gemeindekörperschaften mit Genehmigung des Konsistoriums Gebrauch gemacht werden.

§. 17. Von Schenkungen und letztwilligen Zuwendungen, welche einer Kirche oder einem kirchlichen Institute gemacht werden, ist dem Konsistorium Anzeige zu machen mit dem Bemerken, ob der Gemeinde-Kirchenrath zur Annahme derselben bereit ist. Letztere ist zu versagen, wenn die Bestimmungen der Zuwendung dem kirchlichen Interesse zuwiderlaufen. 6. Freigebige Zuwendungen an die Kirche.

Soll dadurch eine neue juristische Person begründet oder eine Verwendung zu bisher für die Kirchengemeinde noch nicht genehmigten Zwecken erreicht werden, oder übersteigt der Kapitalwerth der Gabe (Renten zu 5 % berechnet) den Betrag von 3000 ℳ, so bedarf dieselbe zu ihrer Gültigkeit der landesherrlichen Genehmigung, welche der Gemeinde-Kirchenrath bei Vermeidung erheblicher Strafe spätestens innerhalb vier Wochen nach der Empfangnahme nachzusuchen hat (Ges. v. 23. Februar 1870, G.-S. S. 118; Art. 25 Ges. v. 3. Juni 1876).

In dem dieserhalb zunächst an das Konsistorium zu erstattenden Berichte (vgl. Erl. d. Min. d. g. A. v. 28. März 1878, K. G.- u. V.-Bl. S. 77) ist nach Anleitung der Kabinets-Ordre vom 1. Februar 1834 anzuführen, ob durch die Zuwendung das Vermögen der bedachten Kirchengemeinde oder Anstalt zum Nachtheil des öffentlichen Interesses, oder über das durch ihre Bestimmung begrenzte Bedürfniß hinaus vermehrt wird, ob eine Ueberredung zur Kränkung der Rechte dritter Personen stattgefunden hat, oder ob dadurch hülfsbedürftige Angehörige verletzt sind. Zu letzteren Punkten ist zweckmäßig eine Bescheinigung der Ortsbehörde beizufügen. Durch das Konsistorium gelangt die Sache an den Evangelischen Ober-Kirchenrath, welcher mit der staatlichen Centralbehörde in Verbindung tritt.

§. 18. Zu wesentlichen Veränderungen in der Substanz des kirchlichen Vermögens bedarf es, abgesehen von der Mitwirkung der Gemeindevertretung und des Patrons (§§. 31, 23 K.-G.- u. S.-O.), der Genehmigung der kirchlichen Aufsichtsbehörde. Dahin gehören unter Anderen: Erwerb,[13]) Veräußerung und dingliche Belastung 7. Aenderungen im Bestande oder der Bestimmung des Vermögens.

---

[13]) Häufig handelt es sich bei dem Erwerb von Grund und Boden (z. B. zur Anlegung oder Vergrößerung eines Kirchhofes) nur um den Erwerb einer verhältnißmäßig kleinen Landparzelle, welche von einem eingetragenen Grundstücke abgezweigt werden soll. Dabei ist es mitunter schwierig, zu dieser Abzweigung die erforderlichen Entpfändungserklärungen der Hypothekengläubiger zu erlangen.

von Grundstücken (vgl. u. §§. 28 ff.), Veräußerung und Ablösung von Rechten (vgl. u. §. 42; Ges. v. 27. April 1872, G.-S. S. 417; Ges. v. 17. Januar 1881, G.-S. S. 5), Aufnahme von Anleihen (vgl. §. 50), Verzicht, Vergleich (§§. 662 f. A. L.-R. II, 11), Verwendung des Vermögensstocks zur Deckung laufender Ausgaben u. dgl. Wegen sonstiger außerordentlicher Ausgaben vgl. §§. 67 u. 69 Abs. 2.

Wo kirchliches Vermögen zu anderen, als den bestimmungsmäßigen Zwecken verwendet werden soll, bedarf es, soweit nicht §. 31 Nr. 10 der K.-G.- u. S.-O. Platz greift, der Mitwirkung der Centralbehörden, deren Nachsuchung unter Beifügung des Beschlusses der Gemeindevertretung bei dem Konsistorium zu beantragen ist (Cirk.-Verf. d. Ev. O.-K.-R. v. 9. September 1878, K. G.- u. V.-Bl. S. 141). In Betreff des Erfordernisses staatlicher Genehmigung vgl. Art. 24 Nr. 8 des Gesetzes v. 3. Juni 1876, und hinsichtlich der Statuten kirchlicher Stiftungen Min.-Erl. v. 28. März 1878 u. Erl. d. Ev. O.-K.-R. v. 29. Dezember 1883 (K. G.- u. V.-Bl. 1878 S. 77 u. 1884 S. 11).

8. Grundstücke. a. im Allgemeinen.

§. 19. Der Gemeinde-Kirchenrath hat darüber zu wachen, daß alle kirchlichen Grundstücke, auch diejenigen, welche im Nießbrauche kirchlicher Beamten stehen (§§. 778, 779 A.L.-R. II, 11), oder in Pacht oder Miethe gegeben sind, stets ordentlich verwaltet und wirthschaftlich benutzt, daher überall in ihren durch feste Male zu bezeichnenden Grenzen und in gutem ertragsfähigen, die ordnungsmäßige Nutzung sichernden Zustande erhalten werden.

Ferner hat er Sorge zu tragen, daß der gesammte kirchliche Grundbesitz, einschließlich desjenigen, an welchem kirchlichen Instituten Miteigenthums- oder Nutzungsrechte zustehen (vgl. §. 15), im Grund-

---

Für solche Fälle verordnet der §. 71 der Grundbuchordnung v. 5. Mai 1872: Der Grundbuchrichter hat einzelne Theile oder Zubehörstücke des Grundstücks ohne Einwilligung der Lehns- oder Familienfideikommiß-Berechtigten, der Hypotheken- und Grundschuldgläubiger oder anderer dinglich Berechtigter unbelastet abzuschreiben oder den Umtausch gegen andere Grundstücke zu vermerken, wenn die Unschädlichkeit der Veräußerung oder des Austausches für diese Berechtigten von der zuständigen Auseinandersetzungsbehörde oder bei landschaftlich beliehenen Grundstücken von der Kreditdirektion bezeugt wird (sog. Unschädlichkeitsattest).

Als Erwerbsgrund ist hierbei stets entweder Kauf oder Tausch vorausgesetzt; bei einer schenkungsweise erfolgenden Ueberlassung von Grundstückstheilen ist die Ertheilung von dergl. Unschädlichkeitsattesten ausgeschlossen. Vgl. Ges. v. 3. März 1850, betr. den erleichterten Verkauf kleiner Grundstücke, G.S. S. 145, u. Ges. v. 27. Juni 1860, betr. den erleichterten Austausch einzelner Parzellen von Grundstücken, G.S. S. 384.

buche eingetragen werde[14]) (Cirk.=Erl. d. Ev. O.=K.=R. v. 25. Juni 1880, K. G.= u. V.=Bl. S. 71; vgl. Beschl. des Kammergerichts v. 25. September 1882, a. a. O. S. 83; §§. 1 ff. 12 Ges. v. 5. Mai 1872

---

[14]) Ueber die bei der Herbeiführung der hypothekarischen Eintragung des kirchlichen Grundeigenthums zu beachtenden rechtlichen Gesichtspunkte vgl. die ausführliche Verfügung des Konsistorii zu Königsberg v. 27. Febr. 1883, Amtl. Mitthl. des Konsist. zu Königsberg 1883 S. 17, und über die Eintragung des kirchlichen Grundeigenthums bei den mit Schulstellen verbundenen Küstereien die R. des Ev. O.K.R. v. 6. Juli 1882, 20. Dezbr. 1882 u. 31. Jan. 1883, Kirchl. G. u. V.Bl. 1883 S. 4—12.

Vgl. ferner den Beschluß des Kammerger. v. 25. Septbr. 1882, Entsch. Bd. 3 S. 117, Kirchl. G. u. V.Bl. 1882 S. 83, betr. die Zulässigkeit, die zum Kirchen=, Pfarr= oder Küsterei= u. s. w. Vermögen gehörigen Grundstücke einer Kirchengemeinde im Grundbuche auf den Namen des betr. Instituts als Kirchen=, Pfarr=, oder Küsterei= u. s. w. Vermögen einzutragen.

Vgl. auch die Landgüterordnung für die Provinz Brandenburg v. 10. Juli 1883, G.S. S. 111, u. die Verfügung des Konsist. zu Berlin v. 7. Septbr. 1883, Amtl. Mitthl. des Konsist. in Berlin 1883 S. 99, wo auf S. 101 auch die Landgüterordnung selbst abgedruckt ist.

Für eine Kreissynode kann die Berichtigung des Besitztitels von Grundeigenthum, welches der ganzen Diözese gehören soll (z. B. von einem kreissynodalen Waisenhause oder Hospitale), nicht erfolgen. Während die rite konstituirten evangelischen Kirchengemeinden Korporationsrechte genießen und in Ausübung derselben durch den G.K.R. gemäß §. 22 der Kg.O. vertreten werden, ist den Kreissynoden jener Charakter in den Gesetzen nirgends beigelegt. Sie bilden — als Verband von mehreren Gemeinden betrachtet — nur einen Verwaltungsbezirk (§. 49 Abs. 1 Kg.O.), als Versammlung ihrer Vertreter angesehen, eine berathende und beschließende Körperschaft (§. 50 a. a. O.). Daher wird die Ordnung der Rechtsverhältnisse einer solchen Stiftung (Waisenhaus, Hospital u. s. w.) nur dadurch bewirkt werden können, daß das betr. Waisenhaus, Hospital u. s. w. von den zuständigen Behörden als ein mit den Rechten einer juristischen Person ausgestattetes, selbstständiges Institut ausdrücklich anerkannt wird. Zu diesem Zwecke bedarf es zunächst der Vorlegung eines zur Bestätigung geeigneten, nach der Analogie des in dem Min.Bl. f. d. i. V. von 1876 S. 195 für derartige Institute publizirten Normalstatuts ausgearbeiteten Statuts. In demselben werden die in Betracht kommenden Besonderheiten zu berücksichtigen, und es wird namentlich im Hinblick darauf, daß das betr. Institut den Kirchengemeinden der Diözese gemeinsam zu Statten kommen soll, dem Kreissynodal=Vorstande ein entsprechender Einfluß auf die Verwaltung und Leitung (§. 53 Nr. 5 der Kg.O.) zu sichern sein.

Beschl. des Kammerger. v. 13. Febr. 1882, Entsch. Bd. 3 S. 148:

1. Die Eintragung aus einer Urkunde des G.K.R. darf nicht deshalb abgelehnt werden, weil dieselbe von dem bei der bewilligten Eintragung persönlich betheiligten Vorsitzenden des Kollegiums mit vollzogen ist.
2. Es ist aber auch eine persönliche Betheiligung des Vorsitzenden nicht daraus zu entnehmen, daß derselbe zugleich zeitiger Inhaber des Pfarr=

u. §§. 2, 11, 73 Grundbuchordn. v. 5. Mai 1872, G.-S. S. 433, 446). Im Uebrigen vgl. u. §§. 28 und 30.

b. Waldungen. §. 20. Die Bewirthschaftung der den Kirchen und kirchlichen Instituten gehörigen Holzungen (wegen Pfarrwaldes vgl. §§. 804 ff. A. L.-R. II, 11) hat sich nach den Regeln der Forstordnung zu richten und stets die Nachhaltigkeit der Nutzung ins Auge zu fassen. [15])

---

amtes der Mutterkirche ist, und in der von ihm mit vollzogenen Urkunde der G.K.R. der Filialkirche die Eintragung eines Nießbrauchsrechts für den Pfarrer der Mutterkirche bewilligt hat.

[15]) Vgl. das Feld- und Forstpolizeigesetz v. 1. April 1880, G.S. S. 230 (namentlich §§. 40, 42).

In Betreff der Verwaltung der den Gemeinden gehörigen Holzungen enthält das oben allegirte Ges. v. 14. Aug. 1876 und die Instr. v. 21. Juni 1877 die maßgebenden Bestimmungen. Danach (vgl. namentlich §§. 2, 3, 7, des gedachten Gesetzes) fallen die Kosten der von der staatlichen Aufsichtsbehörde angeordneten Waldkulturen dem Waldeigenthümer, bei Pfarrwaldungen insbesondere der Pfarrgemeinde zur Last. Auch ist der Eigenthümer einer derartigen Holzung (nach §. 7 des citirten Ges.) verpflichtet, für den Schutz und die Bewirthschaftung derselben durch genügend befähigte Personen ausreichende Fürsorge zu treffen. Wenn ein Waldeigenthümer einer ihm nach den §§. 2—7 dieses Ges. obliegenden Verpflichtung trotz geschehener Aufforderung nicht nachkommt, so ist der Regierungs-Präsident befugt, die zur Erfüllung der Verpflichtung erforderlichen Handlungen durch einen Dritten ausführen zu lassen, den Betrag der Kosten vorläufig zu bestimmen und im Wege der Exekution von dem Verpflichteten einzuziehen.

Im Uebrigen ist durch das Ges. v. 14. Aug. 1876 in der Benutzung des von den durch Betriebsplan festgesetzten Abtriebsflächen entfallenden Materials gegen den früheren Zustand nichts geändert worden. Es finden daher auf das Verhältniß des nutzungsberechtigten Pfarrers die §§. 804—813 L.R. II, 11 Anwendung.

Nach diesen Vorschriften regelt sich die Nutzungsbefugniß des Inhabers der Pfarrstelle, nachdem in Gemäßheit des Ges. v. 14. Aug. 1876 der Pfarrwald in bestimmte Schläge eingetheilt und für jedes Jahr der abzuholzende Schlag dem Pfarrer durch die zuständige Behörde bezeichnet worden. Was speziell die Befugniß zur Entnahme von Streu anlangt, so vgl. Nr. 2b der oben citirten Instruktion.

In Betreff des Bezuges der verhängten Geldstrafen und des Ersatzes des Werthes des entwendeten Objekts sind das Feld- und Forstpolizeigesetz v. 1. April 1880, G.S. S. 230 u. das Ges. v. 15. April 1878, betr. den Forstdiebstahl, G.S. S. 222 zu beachten, je nachdem es sich um eine Feld- oder Forstpolizei-Kontravention oder um einen Forstdiebstahl handelt. Danach gehören der Ersatz des Werthes des Entwendeten, bez. die auf Grund der erwähnten Gesetze ausgesprochenen und eingezogenen Geldstrafen dem Beschädigten bez. Bestohlenen. Ist die gerügte Kontravention bez. der ermittelte Forstdiebstahl in demjenigen Theile des Waldes erfolgt, welcher für das betr. Jahr dem Pfarrer durch die zuständige Behörde als der abzuholzende Schlag bezeichnet worden, so ist der Pfarrer, im entgegengesetzten Falle der Waldeigenthümer der Beschädigte bez. der Bestohlene.

Sie unterliegt der besonderen Mitaufsicht des Regierungspräsidenten, welcher gesetzlich berufen ist, für jede Forstfläche, soweit nicht wegen geringer Gesammtgröße einfache Standorts- und Betriebsnachweisungen für ausreichend erachtet werden, Betriebspläne festzustellen, die mindestens alle 10 Jahre der Revision unterliegen, Abweichungen davon, welche durch Rodungen, Holzabtrieb, Ueberschreitung des Abnutzungssatzes erfolgen sollen, zu genehmigen, eventuell die Vorlage und Befolgung jährlicher Fällungs-, Kultur- und Nebennutzungspläne anzuordnen, auch die Aufrechthaltung eines angemessenen Betriebes nöthigenfalls im Zwangswege durchzuführen (Ges. v. 14. August 1876, G.-S. S. 373; Instr. v. 21. Juni 1877, beides abgedruckt K. G.- u. V.-Bl. 1878 S. 78 bis 95).

Der Gemeinde-Kirchenrath hat für den Schutz und die gehörige Bewirthschaftung kirchlicher Holzungen durch dazu befähigte Personen Fürsorge zu treffen, die erforderlichen Betriebspläne unter Zuziehung von Sachverständigen aufzustellen und darauf zu achten, daß dieselben befolgt, namentlich der jährliche Holzeinschlag in den festgestellten Grenzen gehalten, den nachhaltigen Betrieb gefährdende Nebennutzungen verhütet werden, und nach jedem Abtriebe, wie bei unkultivirtem Waldboden, rechtzeitig ordnungsmäßige Wiederanpflanzungen (Aufforstungen) stattfinden.

9. Gebäude. a. Feuerversicherung.

§ 21. Alle der Kirche oder den kirchlichen Instituten gehörigen Gebäude und die darin befindlichen kirchlichen Inventarienstücke sollen bei zuverlässigen Feuerversicherungs-Anstalten nach ihrem vollen Werthe versichert werden, soweit nicht nach staatlicher Anordnung diejenigen Theile auszuschließen sind, in Ansehung derer zunächst dem Fiskus die Pflicht der Unterhaltung und Wiederherstellung obliegt. Die Kosten der Versicherung fallen den Bauverpflichteten zur Last, sind aber, sofern die Verhältnisse nicht andere Einrichtungen bedingen, im Zweifel zuvörderst aus der Kirchenkasse zu entnehmen (§§. 712, 720, 789 ff. A. L.-R. II, 11; Erl. d. Min. d. g. A. u. d. Innern vom 25. Mai 1826, v. Kamptz Ann. Bd. 10 S. 411 — u. Erl. d. Min. d. g. A. v. 29. Oktober 1864, M.-Bl. f. d. i. V. S. 278).

b. Bauliche Unterhaltung und Neubau.

§. 22. Der Gemeinde-Kirchenrath hat über alle kirchlichen Gebäude und deren Zubehör (z. B. Kirch-Uhr, Glocken, Orgel 2c.) genaue Aufsicht zu führen und für ihre Erhaltung in gutem Zustande Sorge zu tragen, wobei er zunächst durch den Rendanten (§. 24 c. K.-G.- u. S.-O.; vgl. u. §. 61) unterstützt wird. Er hat daher zu veranlassen, daß alle kirchlichen Gebäude mindestens einmal jährlich vor Beginn der Bauzeit und möglichst so zeitig, daß die erforderlichen Mittel in dem Etat der Kirchenkasse (§. 66) bereit gestellt werden können, durch Beauftragte aus seiner Mitte sorgfältig nachgesehen, auch alle nöthigen Herstellungen gut und baldigst ausgeführt werden. Letzteres gilt auch soweit zur Unterhaltung der Gebäude nach dem bestehenden Rechte die Stelleninhaber, Miether oder Dritte verpflichtet sind (vgl. §§. 784 ff. A. L.-R. II, 11).

Ueber die Stellung der kirchlichen Gemeindekörperschaften in Bau-Angelegenheiten im Allgemeinen vgl. d. Min.-Erl. v. 6. März 1875 (K. G.- u. V.-Bl. 1876/77 S. 138) und über die Beschaffung der Mittel s. u. §§. 49 ff. u. 67 ff.[16])

§ 23. Vor Ausführung von Neubauten, wozu hier auch neue Anbaue und wesentliche Veränderungen und Erweiterungen an bestehenden Gebäuden zu rechnen sind, sowie bei allen Bauten und Reparaturen, deren Kostenanschlag 150 ℳ. übersteigt, hat der Gemeinde-Kirchenrath die Mitwirkung der Gemeindevertretung, und die Genehmigung des Konsistoriums nachzusuchen. Soweit die Umstände es an einzelnen Orten erforderlich machen, kann ausnahmsweise durch Beschluß der Gemeindevertretung unter Bewilligung des Konsistoriums der Betrag, bis zu welchem der Gemeinde-Kirchenrath über Repa-

---

[16]) Erk. d. Ob.Trib. v. 30. Novbr. 1860, Entsch. Bd. 45 S. 296: Pfarrgrundstücke, welche nicht Gebäude sind, brauchen vom Patron nicht mit unterhalten zu werden; auch liegt dem Pfarrer selbst nicht ob, die Herstellung und Sicherung ihrer Substanz auf eigene Kosten zu bewirken.

Erk. d. Reichsger. v. 12. April 1883, Entsch. Bd. 9 S. 253: Der Fiskus als Patron ist nicht verpflichtet, zu den Kosten einer bis zur Fertigstellung der erforderlichen Pfarrgebäude angeordneten miethweisen Unterbringung des neu kreirten Kompastors und der Beschaffung eines Bauplatzes beizutragen. Der §. 584 L.R. II, 11 drückt lediglich den dem rechtlichen Verhältnisse des Patrons zu Grunde liegenden Grundzug aus. Die Bestimmung der Pflichten desselben im Einzelnen ist durch die §§. 720 ff., 779 ff. erfolgt. Diese Bestimmungen, nicht der allgemeine Grundsatz des §. 584, welcher ihnen nur als Grundlage zu dienen den Zweck hat, begrenzen seine Verpflichtungen. Freilich beschafft der zur Erbauung der Pfarrgebäude Verpflichtete durch den Bau dem Pfarrer Wohnung; es kann aber nicht gefolgert werden, daß ihm vermöge seiner Pflicht, zu bauen, deshalb, weil das Bauen Wohnung schafft, auch Verpflichtungen obliegen, deren Erfüllung zwar ebenfalls Wohnung schafft, welche aber nicht im Bauen bestehen.

In der Baupflicht liegt nur die Pflicht, durch Bauen, aber nicht durch andere Leistungen Wohnung zu schaffen. Ebensowenig kann man den Kaufpreis für den Bauplatz unter die Baukosten begreifen. Diesen zu beschaffen, ist Sache der Kirchengemeinde; vgl §. 164 L.R. II, 11. Die Wohnung gehört mit zum Unterhalte des Pfarrers. Der Mangel einer speziellen Vorschrift darüber, wer die Kosten der Terrain-Anschaffung zu tragen hat, führt gerade zur Verpflichtung der Gemeinde.

raturen selbstständig Bestimmung zu treffen befugt ist, über 150 ℳ., jedoch nicht über 900 ℳ., erweitert werden (§. 31 Nr. 5 K.-G.- u. S.-O.; §§. 701 ff. A. L.-R. II, 11). Dabei ist die Betheiligung des Patronats (§. 4) zu beachten (§. 700 vgl. 687 A. L.-R. II, 11), auch für rechtzeitige Beschaffung der erforderlichen baupolizeilichen Erlaubniß zu sorgen. Außerdem ist bei Errichtung neuer, d. h. bisher noch nicht vorhanden gewesener, für den Gottesdienst, die Geistlichen, oder andere Kirchendiener bestimmter Gebäude durch Vermittelung des Konsistoriums die Genehmigung der zuständigen staatlichen Aufsichtsbehörde[17]) — bei neuen Kirchen des Ministers der geistlichen Angelegenheiten mittels Berichts an den Evangelischen Ober-Kirchenrath — einzuholen (Art. 24 Nr. 5 Ges. v. 3. Juni 1876; Allerh. Verordn. v. 9. September 1876).

§ 24. Bei allen Bauten und Reparaturen, welche Kirchen und kirchliche Gebäude Königlichen Patronats betreffen, oder bei welchen der Staat aus einem andern Grunde zunächst oder aushülfsweise die Kosten zu tragen verpflichtet, oder im Wege der Gnadenunterstützung zu übernehmen bereit ist,[18]) werden die auf die Ausführung

---

[17]) Es fragt sich, ob auch in dem Falle, wo nicht die Kirchengemeinde, sondern ein Anderer, z. B. der Patron oder ein sonstiger Wohlthäter der Kirchengemeinde eine neue Kirche erbaut, wo also Beschlüsse der kirchlichen Gemeinde-Organe über die Errichtung eines neuen gottesdienstlichen Gebäudes nicht vorliegen, eine besondere Staatsgenehmigung erforderlich ist. Diese Frage ist zu bejahen; denn die Errichtung neuer Kirchen kann einerseits die Interessen sowohl der betr. Parochianen, als auch anderer, schon vorhandener Kirchensysteme schädigen, und andrerseits steht sie mit den Parochial-Regulirungen in untrennbarem Zusammenhange. Daher wird durch die Errichtung neuer Kirchen das Staatsinteresse nahe berührt. Hierzu kommt die Erwägung aus §§. 18 u. 174 L.R. II, 11. Insbesondere kann nicht angenommen werden, daß der §. 176 a. a. O. durch Art. 15 der Verfass.Urkunde aufgehoben worden sei. (R. d. Min. d. g. A. v. 22. Juni 1874. G. II. Nr. 1781.)

[18]) R. d. Min. d. g. A. v. 3. Novbr. 1882, Unterr.Centr.Bl. 1883 S. 131: Den Anträgen auf Staatsbeihülfen zu kirchlichen, Pfarr- oder Schulbauten ist stets ein bereits technisch vorgeprüfter Kostenüberschlag mit erläuternder Skizze, ein besonderer Nachweis der erforderlichen Handdienste und Fuhren, sowie des Werthes derselben und eine nach Maßgabe des Cirk.Erl. v. 26. Novbr. 1873 (Trusen, K.R. S. 480) aufgestellte Individual-Repartition mit den vorgeschriebenen Aeußerungen über dieselbe und das Leistungsvermögen der Betheiligten beizufügen.

Das im Einverständniß mit dem Min. d. öffentl. Arbeiten erlassene R. des Min. d. g. Ang. v. 21. Oktbr. 1882, Unterr.Centr.Bl. 1883 S. 132, macht darauf aufmerksam, wie bei der Bestimmung des R. v. 20. Januar 1881 (Trusen, K.R. S. 485) über die Inanspruchnahme der Baubeamten bei Gemeindebauten, welche mit Gnadengeschenken zur Ausführung gelangen, angebezüglichen Geschäfte unbeschadet der ordnungsmäßigen Mitwirkung der Gemeindekörperschaften und der kirchlichen Aufsichtsbehörden durch die Bezirksregierung geleitet. Insbesondere werden auch die dazu erforderlichen Kosten-Ueberschläge und -Anschläge, Zeichnungen, Revisionsverhandlungen, Abnahmebescheinigungen u. dgl. von den Königlichen Baubeamten unentgeltlich angefertigt, soweit dies bei staatlichen Bauten geschieht (Min.-Erl. v. 20. Januar 1881 und 3. März 1883, K. G.- u. V.-Bl. 1881 S. 7 u. 1883 S. 41; vgl. Erl. d. Min. d. öfft. Arb. v. 20. Juni 1880 — M.-Bl. f. d. i. V. S. 177). Den betheiligten Behörden ist, was auch die kirchlichen Organe bei ihrer Geschäftsführung zu beachten haben, aufgegeben, die Vorarbeiten in gewissen Fällen zur Prüfung bei der Ministerialinstanz vorzulegen. Es betrifft dies bei allen Bauten, zu denen der Staat mehr als 30 000 Mark an Geld oder Werth beizutragen hat, die Projekte und Anschläge, ferner aber bei Bauten und Reparaturen von Kirchen und kirchlichen Kunstdenkmälern, sowie bei technisch besonders schwierigen Bau-Unternehmungen, die Projekte, wenn der fiskalische Kostenbeitrag über 5000 ℳ. beträgt, und die Anschläge, wenn dieser Beitrag 10 000 ℳ. übersteigt (Allerh. Erl. v. 31. Mai 1880 — K. G.- u. V.-Bl. S. 129). — Ueber das Verfahren bei Vorbereitung, Ausführung und Verrechnung

---

nommen ist, daß der Staat neben der Geldunterstützung nicht auch noch die weitere Beihülfe einer Kontrole der Bauausführung durch seine Baubeamten übernehme. Es ist vielmehr vorausgesetzt, daß, wie dies bei dem weitaus größten Theile der Gemeinden der Fall ist, diese aus ihren eigenen Mitgliedern die geeigneten Kräfte auswählen oder durch Annahme von Sachverständigen dafür sorgen müssen, daß eine sorgfältige Ueberwachung der Ausführung ihrer Bauten stattfindet. Wie der Staat vor etwaigem Schaden bezüglich seines Beitrages zu bewahren sei, ist bereits in den R. v. 26. Aug. 1843 u. 30. Novbr. 1874 (Trusen, K.R. S. 482) angedeutet worden, indem dort empfohlen wird, die Staatsgelder erst nach der Abnahme des Baues durch den Baubeamten auszahlen zu lassen. Es kann zu dem Zwecke in den Entreprise-Verträgen ausbedungen werden, daß die Unternehmer als Restzahlung auf ihr Guthaben den ratirlichen Betrag des Staatsbeitrages erhalten, dessen Auszahlung erst nach der Abnahme des Baues erfolgen werde. Dies Verfahren wird als allgemeine Regel hinzustellen sein. In besonders dringlichen Ausnahmefällen ist zu erwägen, ob nicht solvente und vertrauenswürdige Gemeindemitglieder oder Beamte der Gemeinde bez. des Kreises vorhanden und in der Lage sind, über den Stand und die Beschaffenheit des Baues eine glaubwürdige Bescheinigung auszustellen, auf Grund deren die Regierung die Höhe der zu gewährenden Theilsumme der Staatsunterstützung abzuschätzen vermöchte. — Die Vorschriften der Anweisung des Min. d. öffentl. Arb. v. 21. Aug. 1884, Kirchl. Amtsbl. des Konsist. zu Posen 1884 S. 54, betr. die Vorkehrungen zur Sicherstellung fiskalischer Gebäude gegen Feuersgefahr, finden auch auf Pfarrhäuser und Kirchen sinngemäße Anwendung.

der aus Staatsmitteln ganz oder theilweise zu errichtenden Hochbauten vgl. Erlaß des Min. f. öfft. Arb. v. 4. August 1885 (M.-Bl. f. d. i. V. S. 261 u. K. G.- u. V.-Bl. 1886 S. 4 ff.).

In allen sonstigen Fällen haben die baupflichtigen Gemeinden die auf ihre Bauten bezüglichen Entwürfe und Anschläge, wie die Leitung der Ausführung und die Abnahmearbeiten durch geeignete Sachverständige auf eigene Kosten zu beschaffen, sofern die Bauten nicht von speziell dazu Verpflichteten auszuführen und diese dazu bereit sind (§. 49 Abs. 1). Es empfiehlt sich, jene Vorarbeiten bei größeren Bauten stets durch Königliche Baubeamte anfertigen zu lassen. Das Konsistorium hat anderenfalls zu ermessen, inwieweit es vor Ertheilung seiner Genehmigung noch des Gutachtens eines solchen Beamten bedarf.

§. 25. Bei den Vorarbeiten für Kirchenbauten ist das durch Ministerial-Erlaß vom 10. Juni 1862 mitgetheilte Regulativ [19]) (Aktenst. d. Ev. O.-K.-R. Bd. V S. 267), hinsichtlich der Orgeln die Instruktion vom 3. Oktober 1876 und der Ministerial-Erlaß vom 2. November 1885 (K. G.- u. V.-Bl. 1877 S. 156 u. 1885 S. 184) zu beachten.

§. 26. Darüber, ob ein Bau im Ganzen oder nach den einzelnen Arbeiten zu verdingen oder auf Rechnung auszuführen ist, und ob in jenem Falle eine öffentliche oder engere Ausschreibung mit Zulassung mündlichen oder schriftlichen Mindergebots oder eine freihändige Vergebung an einen oder mehrere Unternehmer stattfinden soll, hat der Gemeinde-Kirchenrath in jedem Falle unter sorgfältiger Erwägung des kirchlichen Interesses und thunlichst im Einverständniß mit den Bauverpflichteten zu befinden. Bei Ausschreiben von Minder- oder Mehrgeboten (vgl. auch §§. 28 Abs. 2 u. 45) ist in den Bedingungen der Regel nach die Auswahl unter mehreren Bietern vorzubehalten.

Bei Bauten Königlichen Patronats und solchen, wozu der Staat Beiträge zu leisten hat, sind die desfallsigen besonderen Vorschriften zu befolgen (vgl. Erlaß des Min. d. öffentl. Arbeiten, betr. die anderweite Regelung des Verdingungswesens, vom 17. Juli 1885 — M.-Bl. f. d. i. V. S. 144 ff. — u. Erlaß des Min. der geistl. Angelegenh. vom 31. Oktober 1885 — K. G.- u. V.-Bl. 1886 S. 3). Der Inhalt der letzteren wird auch in sonstigen Fällen zur Anleitung dienen. [20])

---

[19]) Dieses Regulativ für evangelischen Kirchenbau siehe bei Trusen K.R. S. 487 ff.

[20]) Vgl. auch das R. des Min. d. öffentl. Arb. v. 4. Aug. 1885, betr. das

§ 27. Ueber die Nothwendigkeit und Art des Baues, sowie über die Aufbringung (Vertheilung) der erforderlichen Kosten haben zunächst die Gemeindekörperschaften zu beschließen. Wenn ein Patron oder sonst speziell Verpflichteter dazu beizutragen hat, ist dessen Erklärung zu erwirken und dabei eine gütliche Verständigung zu erstreben. [21]) Kann dieselbe nicht erzielt werden, so hat der Gemeinde-

---

Verfahren bei der Vorbereitung, Ausführung und Abrechnung der aus Staatsmitteln ganz oder theilweise zu errichtenden Hochbauten, Min.Bl. d. i. V. 1885 S. 161, u. das v. 23. Jan. 1886, betr. das Verfahren bei der Durcharbeitung der Bauzeichnungen, Kirchl. G. u. V.Bl. 1886 S. 29.

[21]) In der Verfügung des Konsistorii zu Berlin v. 22. Juni 1882, Amtl. Mitthl. des Konsist. der Provinz Brandenburg 1882 S. 114, betr. die Beitragspflicht der Kirchenpatrone zu den kirchlichen Bauten in den ehemals sächsischen Ortschaften der Provinz Brandenburg, wird darauf aufmerksam gemacht, daß zwar das ehemalige sächsische Recht, insbesondere die sächsische Kirchenordnung v. 1. Januar 1580 eine patronatliche Bauverpflichtung zu den kirchlichen Bauten nicht kennt, und hierauf hin, vermöge vermeintlichen Provinzialrechts, von Kirchenpatronen eine Freiheit von der patronatlichen Baulast für kirchliche Bauten in Anspruch genommen worden ist. Es geschieht dies indessen ohne rechtliche Begründung. Zufolge des Plenarbeschlusses des ehemaligen K.Ob.Trib. v. 6. Dezbr. 1852 (J.M.Bl. 1853 S. 38, Entsch. Bd. 24 S. 1) ist durch das Patent v. 15. Novbr. 1816 §. 2 (§. 3) jene sächsische Kirchenordnnng mit den sich daran schließenden, die Kirchbaulasten betreffenden, sächsischen Gesetzen und Verordnungen, für die mit Preußen vereinigten sächsischen Landestheile aufgehoben, da dieselben im Sinne der §§. 2, 3 des Patentes sich nicht als ein besonderes (Provinzial-)Recht, sondern als sächsische, allgemeine Landesgesetze charakterisiren, und es sind seit dem 1. März 1817 durch das Patent die Vorschriften des preußischen A.L.R. in Beziehung auf die kirchlichen Baulasten der Kirchenpatrone in diese ehemals sächsischen Ortschaften eingeführt worden.

Es kommen daher hier allenthalben die §§. 711 ff., 720, 731, 740, 789, 790 L.R. II, 11 zur Anwendung. Dies ist später in wiederholten Entsch. d. Ob.Trib. (vgl. Entsch. Bd. 29 S. 197, Bd. 32 S. 457, Bd. 35 S. 139), sowie auch von dem Reichsgericht in dem (in den Amtl. Mitthl. des Konsist. zu Berlin 1882 S. 115 ff. abgedruckten) Erk. v. 27. Juni 1881 anerkannt worden. (Vgl. auch Amtl. Mitthl. a. a. O. 1883 S. 11.)

Erk. d. Reichsger. v. 9. Juli 1885, Kirchl. G. u. V.Bl. 1886 S. 14: Die kirchliche Baulast des Patrons ist zwar eine subsidiäre, aber im Falle ihres Eintritts, wie bei anderen, nur an eine Bedingung geknüpften Verbindlichkeiten, eine solche, welche den Patron zum eigentlichen Schuldner macht und ihm eine eigene Schuld, im Gegensatz zur Haftung für eine fremde Schuld, auferlegt, so daß seine Leistung zu einem Kirchenbau nicht als ein einstweiliger Vorschuß für die zunächst und vor ihm verhaftete Kirchenkasse zu betrachten, und er nicht berechtigt ist, gegen letztere, nachdem er seinen Beitrag geleistet und in einem späteren Zeitpunkte die Vermögenslage der Kirchenkasse sich gebessert hat, einen Erstattungsanspruch geltend zu machen... Der Umfang der Leistungsfähigkeit der Kirchenkasse, sowie der subsidiär eintretenden Beitragspflicht des Patrons richtet

Kirchenrath durch Vermittelung des Konsistoriums zeitig und ehe der Bau begonnen, bezw. eine Zahlung geleistet wird, bei der Regierung die Regulirung des Interimistikums zu beantragen. [22]) Bauanschläge und Erklärungen der Gemeindevertretung, wie sonst Betheiligter sind dabei mit vorzulegen.

Die seitens der Regierung aus diesem Anlaß oder auf Antrag des Konsistoriums über etwaige sonst unter den Betheiligten streitige Punkte ergehende vorläufige Entscheidung, gegen welche, soweit es sich um Nothwendigkeit und Art des Baues handelt, der Rekurs an den Minister offensteht, ist im Verwaltungszwangsverfahren vollstreckbar. Die wegen Aufbringung und Vertheilung der Kosten zu-

---

sich nach dem Zustande der Kirchenkasse in dem Zeitpunkte, in welchem die Baukosten erforderlich werden; dieser Zeitpunkt ist gekommen, wenn die Beiträge resolutorisch festgesetzt und der Kirchenkasse bez. dem Patron aufgelegt sind, und ist jedenfalls abgelaufen, nachdem die Beiträge gezahlt und durch Vollendung des Baues aufgewendet sind.

Erk. des Reichsger. v. 27. Mai 1881, Entsch. Bd. 5 S. 239: Der Patron und die Pfarrgemeinde können im Rechtswege nicht angehalten werden, zum Bau früher nicht vorhandener Pfarrwirthschaftsgebäude beizutragen, ohne daß die Nothwendigkeit derselben von den geistlichen Oberen festgestellt ist. — Ueber die Frage, ob die dem Patron obliegende Kirchenbaulast mit der Verwandelung einer Stadtgemeinde in eine Landgemeinde sich ändert, vgl. das reichsgerichtl. Erk. v. 8. Oktbr. 1883, Entsch. Bd. 10 S. 216: Beruhte die Beitragspflicht des Patrons und deren Umfang lediglich auf dem Gesetz, so hatten sie auch nur unter den gesetzlichen Voraussetzungen Bestand. Demgemäß zahlte der Patron zu den Kosten nach §. 740 L.R. II, 11 nur ein Drittel, weil und so lange der betr. Ort eine Stadt und somit die darin stehende Kirche eine Stadtkirche war. Mit dem Wegfall dieses Grundes und dieser Voraussetzung mußte auch der Betrag des Patronatbeitrages sich ändern und insbesondere nach §. 731 a. a. O. auf zwei Drittel der Kosten sich bemessen, als unter landesherrlicher Genehmigung der betr. Ort die Landgemeindeordnung annahm, folglich die Kirche eine Landkirche wurde. (Kirchl. G. u. V.Bl. 1884 S. 23.)

[22]) Das R. der Min. d. g. A. u. der öffentl. Arb. v. 3. März 1883, Kirchl. G. u. V.Bl. 1883 S. 41, bemerkt, daß es allerdings zweifelhaft sein kann, ob die Regierung verpflichtet ist, die Grundlagen für die Abgabe ihrer interimistischen Entscheidung über die Streitsache wegen der Verpflichtung zur Reparatur einer Kapelle sich selbst zu beschaffen, und durch einen Baubeamten ein Projekt zum Reparaturbau der Kapelle anfertigen zu lassen. Zweckmäßig aber würde dies ohne Zweifel sein, und ist daher die Regierung in dem damals vorliegenden Falle angewiesen worden, diesen Weg zu betreten und demnächst die entstehenden Kosten von dem Bauverpflichteten wieder einzuziehen. Event. würde übrigens das Konsistorium geeigneten Falles als Oberaufsichtsbehörde ohne Zweifel die Erstattung eines Gutachtens über eine verfallende Kapelle verlangen können, und würde die Regierung einer solchen Requisition zu entsprechen haben.

lässige Beschreitung des Rechtsweges hemmt die Vollstreckung nicht (§. 709 A. L.-R. II, 11; §. 3 Nr. 1 Verordn. vom 27. Juni 1845, G.-S. S. 440; Art. 23 Nr. 2 Ges. v. 3. Juni 1876; Art. III Allerh. Verordn. v. 5. September 1877, G.-S. S. 215; vgl. Erl. d. Min. d. g. A. v. 13. Januar 1874, M.-Bl. f. d. i. V. S. 97).

Ueber die Anordnung von Bauten bei öffentlichen Schulen, wie über die öffentlich rechtliche Verpflichtung zur Aufbringung der Baukosten und deren Vertheilung beschließt auch dann, wenn die Schule mit der Küsterei verbunden ist, die Schulaufsichtsbehörde. Gegen deren Festsetzung, wie bei Streitigkeiten unter den Betheiligten über die betreffenden Verbindlichkeiten findet das Verwaltungsstreitverfahren statt (§§. 47, 49 d. Zuständigkeits-Ges. v. 1. August 1883, Ges.-S. S. 237). Der Gemeinde-Kirchenrath hat dabei die kirchlichen Interessen wahrzunehmen und dieserhalb geeignetenfalls die Hülfe des Konsistoriums anzurufen.

10. Erwerbung, Veräußerung und dingliche Belastung kirchlichen Eigenthums.

§. 28. Das verfügbare kirchliche Vermögen ist, soweit es vortheilhaft geschehen kann, in ertragsfähigen Grundstücken anzulegen.

Veräußerungen (einschließlich Tausch) und dingliche Belastungen kirchlichen Grundvermögens sind nur da vorzunehmen, wo es zum Besten der Kirche nothwendig oder von erheblichem Nutzen ist (§. 221 A. L.-R. II, 11). Veräußerungen sollen in der Regel nicht ohne öffentliche Versteigerung stattfinden (§. 222 a. a. O. und Anh. §. 126 das.; vgl. o. §. 26 Abs. 1), wobei durch gehörige Feststellung des zu gestattenden Mindestgebots, Vorbehalt des Zuschlags, Aufstellung sonstiger angemessenen Bedingungen, ausreichende Bekanntmachung u. dgl., das Interesse der Kirche zu wahren ist (vgl. §. 45).

Erwerbungen, Veräußerungen und dingliche Belastungen von kirchlichen Grundstücken und Gerechtigkeiten dürfen nur mit Genehmigung der zuständigen kirchlichen und staatlichen Aufsichtsbehörden erfolgen.[23]) Wird die Einholung derselben versäumt, so ist das

---

[23]) Das R. des Justiz-Min. v. 2. Novbr. 1883, Min.Bl. d. i. V. 1883 S. 254, bestimmt aus Veranlassung des am 1. Novbr. 1883 in Kraft getretenen Gesetzes, betr. die Zwangsvollstreckung in das unbewegliche Vermögen, v. 13. Juli 1883, G.S. S. 131:

1. Sofern die Zwangsvollstreckung in ein Pfarr- oder Schulgebäude oder ein anderes zum öffentlichen Dienst oder Gebrauch bestimmtes Grundstück in Gemäßheit der durch §. 15 Nr. 4 des Einführ.-Ges. zur Civilprozeßordnung v. 30. Januar 1877 aufrecht erhaltenen Vorschriften überhaupt zugelassen wird, ist von derselben die vorgesetzte Dienstbehörde des Schuldners zu benachrichtigen. Die Benachrichtigung ist bei Einleitung der Zwangsversteigerung oder Zwangsverwaltung, sowie bei der Zulassung eines Beitritts zu dem Verfahren von dem

Geschäft nichtig (§§. 193, 194, 220, 223, 227, 648 A. L.=R. II, 11; §§. 83, 84 das. II, 6; Art. 21 u. 24 Nr. 1 Ges. v. 3. Juni 1876). Uebersteigt der Werth des Grundstücks, bezw. die Belastung den Betrag von 10000 ℳ.,[24]) so bedarf es der Genehmigung des Evangelischen Ober=Kirchenraths und des Ministers der geistlichen Angelegenheiten, sonst derjenigen des Konsistoriums und des Regierungspräsidenten (Art. I. Nr. 2 u. III. Nr. 4 Verordn. v. 9. September 1876; Erlasse d. Ev. O.=K.=R. v. 11. Dezember 1880 u. 21. Mai 1883, K. G.= u. V.=Bl. 1880 S. 190, 1883 S. 66). Wird über die näheren Bedingungen des Geschäfts ein schriftlicher oder gerichtlicher Vertrag abgeschlossen, so ist derselbe auch in solchen Fällen, wo die Genehmigung zur Erwerbung, Veräußerung oder Belastung im Allgemeinen nach Vorstehendem von der Centralbehörde ertheilt ist, mit Bezug hierauf noch in Betreff seines sonstigen vermögensrechtlichen Inhalts von dem Konsistorium zu prüfen und zu bestätigen.

Der Gemeinde=Kirchenrath hat den dieserhalb in allen Fällen nur an das Konsistorium zu erstattenden Berichten alle zur Prüfung des Geschäftes erforderlichen Nachweise, bei Erwerbungen und Veräußerungen namentlich auch die nöthigen Auszüge aus der Grundsteuer=Mutterrolle und Gebäudesteuer=Rolle (Kataster), der Flurkarte und dem Grundbuche, eine von vereidigten Sachverständigen aufgestellte oder dorfgerichtliche Taxe und den Beschluß der Gemeindevertretung (§. 31 Nr. 1 K.=G.= u. S.=O.), in dem bei Erwerbungen zugleich die Art der Beschaffung des Kaufpreises klarzustellen ist,

---

Vollstreckungsgericht, bei der Zwangsvollstreckung durch Eintragung in das Grundbuch im Geltungsbereiche des Ges. v. 13. Juli 1883 (§§. 6 ff., 191) von dem das Buch führenden Gerichte zu erlassen.

2. Im Verfahren der Zwangsversteigerung eines Grundstückes nach den Vorschriften d. Ges. v. 13. Juli 1883 ist die Bekanntmachung des Versteigerungstermins denjenigen Kassen und Anstalten mitzutheilen, welchen das Grundstück zu einer der in den §§. 25, 27, 28 d. Ges. bezeichneten Abgaben und Leistungen verpflichtet ist.

3. Die zu 1 u. 2 bezeichneten Mittheilungen sind Angelegenheiten der Justizverwaltung. Die bei denselben entstehenden Postgebühren sind daher nicht als baare Auslagen der Zwangsvollstreckung zu berechnen.

[24]) R. d. Ev. O.K.R. v. 21. Mai 1883, Kirchl G. u. V.Bl. 1883 S. 66: Wenn eine Kirchengemeinde gleichzeitig mehrere Grundstücke erwerben bez. veräußern will, die zwar zusammen den Werth von 10000 ℳ übersteigen, einzeln aber diesen Werth nicht erreichen, so ist im Allgemeinen jedes einzelne Rechtsgeschäft für sich in Betracht zu ziehen, die Zuständigkeit der Central- oder Provinzial=Instanz daher davon abhängig, ob der Werth des den Gegenstand des einzelnen Rechtsgeschäftes bildenden Grundstücks die Summe von 10000 ℳ übersteigt oder nicht.

auch, wo es angemessen erscheint, einen Entwurf des Kaufvertrages beizufügen.

Bei Erwerbungen ist zu beachten, daß das Eigenthum an Grundstücken im Falle freiwilliger Veräußerung nur durch die Auflassung und Eintragung des neuen Eigenthümers im Grundbuch auf letzteren übertragen wird (§§. 1 u. 2 Ges. v. 5. Mai 1872, G.-S. S. 433).

§. 29. Auch wichtigere Kirchengeräthschaften und Inventarienstücke sind nicht ohne Genehmigung des Konsistoriums zu veräußern (§§. 179 ff. A. L.-R. II, 11). Bei Gegenständen, welche einen geschichtlichen, wissenschaftlichen oder Kunstwerth haben, ist durch Vermittelung desselben bezw. des Evangelischen Ober-Kirchenraths überdies die Genehmigung des Ministers der geistlichen Angelegenheiten nachzusuchen (Art. 24 Nr. 2 Ges. v. 3. Juni 1876, Art. I. Nr. 3 Verordn. v. 9. September 1876).

11. Begräbnißplätze.

§. 30. Begräbnißplätze,[25]) welche — wie im Zweifel anzunehmen (§§. 183, 190 A. L.-R. II, 11) — den Kirchen gehören, stehen unter Verwaltung des Gemeinde-Kirchenraths. Derselbe hat für Wahrung ihres kirchlichen Charakters auch bei Erneuerungen und Erweiterungen Sorge zu tragen. Um dies Ziel auch bei Neuanlagen in Gemeinden außerhalb des Kirchorts zu erreichen, empfiehlt sich die Eintragung im Grundbuch auf den Namen der Kirchengemeinde mit ausdrücklichem Vorbehalt der Benutzung und der Unterhaltungspflicht für die örtlich zunächst Betheiligten (§. 761 A.L.R. II, 11).

---

[25]) Das R. des Min. d. g. A. v. 22. Febr. 1870, Aktenst. Heft 20 (6. Bd. 4. Heft) S. 353 hält es für sehr erwünscht, daß bei neuen Begräbnißplätzen der kirchliche Charakter thunlichst gewahrt und deren Beschaffung durch die bürgerlichen Ortsgemeinden auf eine möglichst geringe Zahl von Fällen beschränkt werde. Der Weg, daß das Konsistorium durch Vermittelung der Ortspfarrer und Gemeinde-Kirchenräthe die Kirchengemeinde willig zu machen suche, ihrerseits in vorkommenden Fällen für die Beschaffung neuer Begräbnißplätze zu sorgen und diese Sorge nicht den politischen Gemeinden zu überlassen, erscheint geeignet, aber auch ausreichend, um die kirchlichen Interessen, soweit möglich, sicher zu stellen.

Vgl. die Verf. des Konsistorii zu Stettin v. 17. Januar 1883, betr. die Anlegung von Begräbnißplätzen, Allgem. Kirchenbl. f. d. evang. Deutschl. Stuttgart 1883 S. 341.

Erk. des Kammerger. v. 3. Novbr. 1881, Entsch. Bd. 3 S. 374: Der einer Gemeinde gehörige Kirchhof kann von den Mitgliedern dieser Gemeinde, wenn nicht das Betreten des Kirchhofs von dem Vorstande der Gemeinde oder der betr. Aufsichtsbehörde auf bestimmte Tage oder Tageszeiten beschränkt oder sonst an Bedingungen geknüpft ist, behufs Instandhaltung, Pflege, Ausschmückung der Gräber u. dgl. zu jeder Tageszeit betreten werden. Gemeindemitglieder, welche zu diesem Zwecke den Kirchhof betreten und trotz des Verbotes des Todtengräbers daselbst verweilen, machen sich dadurch allein eines **Hausfriedensbruches** noch **nicht schuldig**.

Erk. des Kammerger. v. 10. Septbr. 1880, a. a. O. Bd. 1 S. 189: Eine von der städtischen Polizeiverwaltung auf Grund des Ges. v. 11. März 1850 erlassene V., welche die **gewerbsmäßige Anfertigung und Pflege von Gräbern** des städtischen Friedhofs ohne Genehmigung des Magistrats und G.K.R. verbietet und mit Strafe bedroht, steht im Widerspruch mit den Vorschriften der §§. 1 u. 7 Abs. 5 der Reichsgewerbeord. und entbehrt daher der gesetzlichen Gültigkeit.

Erk. des Reichsger. v. 4. Dezbr. 1884, Entsch. Bd. 12 S. 280: Dem **Mitgliede einer Kirchengemeinde** steht gegen die letztere **ein klagbares Recht auf** die bestimmungsmäßige **Benutzung** eines im Eigenthume derselben befindlichen **Begräbnißplatzes** zu.

Cirkular-Erlaß des Evangl. Ober-Kirchenraths, betr. das **Verhalten der Geistlichen bei Bestattung von Selbstmördern**, v. 18. Juli 1884, Kirchl. G. u. VBl. 1884 S. 15:

Der Aufmerksamkeit des Königlichen Konsistoriums wird die Thatsache nicht entgangen sein, daß die Zahl der Selbstmorde seit Jahrzehnten in einer stetigen, erschreckenden Steigerung begriffen und die evangelische Bevölkerung an der Steigerung besonders stark betheiligt ist.

Für die Kirche und namentlich für die Geistlichen liegt hierin eine ernste Mahnung, der Glaubenslosigkeit und der Gewissensverwirrung, welche sich in der frevelhaften Gewaltthat an dem eigenen Leben kundgeben, mit dem Wort Gottes entgegenzutreten und in Predigt, Jugendunterricht und Seelsorge die Gewissen zu schärfen. Erschütternde Erfahrungen von solch friedlosem Ende eines in Verzweiflung haltlos gewordenen Menschenherzens geben speziellen Anlaß, die Gemeinden unter Verweisung auf die Barmherzigkeit, wie auf das Gericht Gottes in Vertrauen und Ergebung zu befestigen und vor den unheimlichen Ursachen eigenmächtiger Antastung des von Gott anvertrauten Lebens zu warnen. Wenn auch in manchen Fällen Geistesstörung zu der That geführt hat und diese die Zurechnung ausschließt, so stellen doch zahlreiche Selbstmorde ergreifend vor Augen, daß die Sünde der Leute Verderben ist, und wie zucht- und trostlos schweren Anfechtungen des Leibes und der Seele ein Menschenherz gegenübersteht, welches nicht durch Jesum Christum den Frieden in Gott gefunden hat.

Besondere Schwierigkeiten entstehen für die Geistlichen daraus, daß die christliche Sitte die feierliche, gottesdienstliche Bestattung der Verstorbenen mit den letzten Ehrenbezeugungen und Liebesdiensten seitens der Angehörigen auf das Engste verbunden hat. Der Rückblick auf die Lebensführung und das Lebenswerk der Geschiedenen und der Ausblick auf die den gläubigen Christen verbürgte selige Hoffnung pflegt mit dem zur Ergebung mahnenden Trostwort für die Hinterbliebenen in gottesdienstlicher Handlung Ausdruck zu finden. Bei der Bestattung von Selbstmördern muß die Kirche Bedenken tragen, sich an solcher das Gedächtniß des Verstorbenen ehrenden Feier zu betheiligen.

In dieser Beziehung nun haben wir aus Zeugnissen der im Synodalrath aus den verschiedensten Theilen der Landeskirche versammelten Männer die Gewißheit erhalten, daß bei vielen Geistlichen und auch in den Gemeinden das Urtheil über das von den Organen der Kirche zu beobachtende Verfahren kein klares und sicheres ist, auch erschwert die Nothwendigkeit, unter tief bewegenden Eindrücken, bei dem Gegenüberstehen von Mitleid und Grauen, rasche Entschließungen zu fassen, ein grundsätzliches und gleichmäßiges Handeln und belastet das Gewissen der Geistlichen.

Hiervon nehmen wir Anlaß, über das der evangelischen Kirche durch ihre Grundsätze und die bestehenden Ordnungen vorgezeichnete Verhalten hinsichtlich der Betheiligung bei der Bestattung von Selbstmördern Nachfolgendes in Erinnerung zu bringen, und veranlassen das Königliche Konsistorium, von diesem Erlaß den Geistlichen und Gemeinde-Kirchenräthen Kenntniß zu geben.

Das frühere preußische Staatsgesetz schrieb im §. 803 Tit. 20 Th. II. A. L.-R. vor, daß Selbstmörder zwar nach ihrem Tode nicht beschimpft werden, aber doch alles dessen, womit sonst das Absterben und Andenken anderer Leute von ihrem Stande und Range geehrt zu werden pflegt, verlustig sein sollen. Seitdem das an die Stelle des Tit. 20 getretene Strafgesetzbuch v. 14. April 1851 diesen Gegenstand als zur Strafgesetzgebung nicht gehörig mit Stillschweigen übergangen hat, steht die evangelische Kirche lediglich vor der Frage, ob sie ihrerseits die herkömmliche Ehrenentziehung bei der Beerdigung von Selbstmördern als kirchliche Sitte aufrechterhalten soll. Nur ist durch das Ges. v. 13. Mai 1873 über die Grenzen kirchlicher Straf- und Zuchtmittel jede Art der Beerdigung, welche sich als eine Beschimpfung der Verstorbenen darstellt, also auch die Bestattung außerhalb des Kirchhofes oder an als unehrenhaft bezeichneten Plätzen ausgeschlossen.

Die Kirche hat sich daher darauf beschränkt, ihre Mitwirkung bei der Bestattung von Selbstmördern zu versagen. In Wirklichkeit ist dies nicht allein in weitem Umfange geschehen und Observanz geblieben, sondern während der letzten 30 Jahre haben auch fast sämmtliche Konsistorien von einzelnen Abweichungen Anlaß genommen, die Forderung stillen Begräbnisses als innerhalb der Landeskirche in Kraft stehende Ordnung geltend und den Geistlichen ihre Nachachtung zur Pflicht zu machen. Dahin zielende Verfügungen sind wiederholt, theilweise unter unserer ausdrücklichen Genehmigung, in den Amtsblättern publizirt worden. In der Rheinprovinz und in Westfalen haben die Provinzialsynoden in derselben Richtung Beschlüsse gefaßt, welche durch die von uns ertheilte Bestätigung in Kraft traten.

Ueberall ist bei dieser Aufrechterhaltung der Forderung stillen Begräbnisses von Selbstmördern eine Ausnahme von der Regel bei Fällen notorischer Unzurechnungsfähigkeit als zulässig anerkannt worden, nur hinsichtlich der Entscheidung über das Vorhandensein des die Ausnahme rechtfertigenden Thatbestandes sind von einander abweichende Bestimmungen getroffen. In den beiden westlichen Provinzen, so wie in Ost- und Westpreußen ist diese Entscheidung den Geistlichen abgenommen und den Superintendenten überwiesen, in Schlesien ist sie an ein ärztliches Attest über den Zustand der Unzurechnungsfähigkeit, in dem die Selbstentleibung erfolgte, gebunden.

Während wir die allgemein zu Recht bestehende Ordnung, welche die Begleitung von Leichen zurechnungsfähiger Selbstmörder den Geistlichen untersagt, neu in Erinnerung bringen, tragen wir zwar Bedenken, an den in einzelnen Provinzen erlassenen Verordnungen, betreffend die Entscheidung über das Vorhandensein eines Ausnahmefalles, eine Aenderung herbeizuführen, geben aber der in den übrigen Provinzen bestehenden Ordnung den Vorzug, welche diese Entscheidung der gewissenhaften Erwägung der Geistlichen überläßt, ohne sie an die Einholung einer Weisung der Vorgesetzten zu binden. Auch bedarf es für solche Fälle nicht der Zustimmung des Gemeinde-Kirchenrathes, da nach §. 14 der Kirchengemeinde- und Synodal-Ordnung nur die Versagung einer Amtshandlung an diese Zustimmung gebunden ist, während hier die ausnahmsweise Gewährung einer in der Regel durch die kirchliche Ordnung untersagten Amtshandlung in Frage steht.

Je größer aber die hierdurch dem pastoralen Gewissen der Geistlichen auferlegte Verantwortlichkeit ist, desto weniger können wir es bei der Erinnerung an die zu Recht bestehenden Vorschriften bewenden lassen, sondern sehen uns veranlaßt, den Geistlichen für ein den Grundsätzen der evangelischen Kirche entsprechendes Verhalten Anleitung zu geben. Es kommt dabei nicht allein darauf an, was dieselben in solchen schwierigen Fällen zu unterlassen haben, sondern auch darauf, was ihnen bei der Versagung feierlicher Bestattung ihr Amt als Seelsorger an den Hinterbliebenen zu thun auflegt.

Wenn auch die kirchliche Ordnung, daß zurechnungsfähige Selbstmörder nicht mit den üblichen kirchlichen Ehren bestattet werden sollen, mit disziplinaren Rücksichten auf den Schutz des sittlichen Urtheils in den Gemeinden zusammenhängt, so ist doch die Anwendung derselben im einzelnen Fall nicht als eine Uebung der Kirchenzucht an Verstorbenen aufzufassen, welche menschlichem Gericht entzogen und allein dem Gerichte Gottes unterstellt sind.

Für den Geistlichen entsteht bei Beerdigung solcher, welche mit Bewußtsein gewaltsame Hand an sich selbst gelegt haben, die doppelte Aufgabe, daß er den hart betroffenen und trostbedürftigen Hinterbliebenen und Leidtragenden den Segen des Wortes Gottes und des Gebetes nicht vorenthalten kann, und daß durch Versagung der mit der kirchlichen Bestattung verbundenen Ehrenbezeugungen das sittliche Bewußtsein der Gemeinde über die Verwerflichkeit willkürlicher Selbstentleibung vor Verwirrung geschützt und die Neigung zur Entschuldigung oder gar Rechtfertigung solcher That aus angeblich christlich zulässigen Motiven fern gehalten werden muß.

Es ist bei dem, was den um Selbstmörder Leidtragenden abzulehnen und was zu gewähren ist, im Auge zu behalten, daß einerseits die Angehörigen des Verstorbenen, welche im Gemeingefühl die Schuld mitempfinden, in der Regel weniger der Rüge für diesen Antheil, als der Aufrichtung bedürfen, daß aber andererseits eine selbst aus Motiven seelsorgerischen Zuspruchs veranstaltete öffentliche Trauerfeier die Grenzen seelsorgerischer Einwirkung überschreitet und leicht den Charakter einer Entlastung oder Ehrenrettung für den Selbstmörder gewinnt.

Wo hierfür taktvolles Verständniß obwaltet, müssen die Leidtragenden aus eigenem Antrieb das stille Begräbniß wünschen und sich mit dem Zuspruch des Geistlichen im engsten Kreise der Angehörigen begnügen. Gegen unpassende Zumuthungen, welche die kirchliche Feier benutzen wollen, um die Schuld in den Augen der Welt zu bedecken, schützt den Geistlichen die feste kirchliche Ordnung. Die Versagung feierlicher Bestattung darf nicht als eine in der willkürlichen Entscheidung des einzelnen Geistlichen begründete Maßnahme erscheinen, namentlich auch deshalb, um jeden Unterschied von Reich und Arm, Niedrig und Hoch auszuschließen und jedes Eingreifen in das Urtheil des barmherzigen und heiligen Gottes fern zu halten. Die dem Geistlichen persönlich obliegende und in kurzer Frist zu treffende Entscheidung muß sich auf dem Boden allgemeiner, bindender Vorschriften sicher bewegen und zurechtfinden.

Auch bei Versagung kirchlicher Ehren bleibt dem Geistlichen immer noch mannigfache Gelegenheit, seiner seelsorgerischen Aufgabe an den Hinterbliebenen zu genügen. Aengstlicher Gewissenhaftigkeit oder der Scheu vor schwierigen Amtsgeschäften darf das Verbot nicht zum Vorwand werden, sich von jeder über persönlichen seelsorgerischen Zuspruch an Einzelne hinausgehenden Bethätigung zurückzuhalten.

Für die Verwandten und nächsten Freunde des Verstorbenen wird es oft Bedürfniß sein, daß aus berufenem Munde die niederbeugende Erfahrung in das Licht des Wortes Gottes gestellt wird und Gebet und Flehen die Herzen zu dem Gott alles Trostes richten. Dergleichen gehört aber in die Stille des Trauerhauses oder, wo das etwa aus äußerlichen Gründen nicht ausführbar ist, in den geschlossenen Kreis der nächsten Angehörigen. Auch hat der Geistliche alles zu vermeiden, was der Handlung den Charakter einer solennen Trauerfeier, sei es auch hinter geschlossenen Thüren, geben könnte. Es ist daher solche Familien-Andacht der Regel nach und wo irgend ausführbar von der Stunde der Beerdigung zu trennen. Durch die Gewährung seelsorgerischen Zuspruchs und gemeinsamen Gebetes für die Angehörigen verhindert die Kirche den Eindruck, als wolle sie über den Tod hinaus an dem Schuldigen einen Strafakt ausüben und nicht lediglich den Schutz des sittlichen Urtheils in der Gemeinde gegen Aergerniß sichern. In den Herzen der Hinterbliebenen darf die Ablehnung des Geleites nicht das bittere Gefühl zurücklassen, daß der Pfarrer mit der Sache und der Familie nichts zu thun haben will und die Austheilung göttlichen Wortes verweigert. Wo Empfänglichkeit dafür vorhanden ist, sollen solche Schreckens- und Trauertage mit nachhaltiger Weckung, Klärung und Beruhigung der Gewissen abschließen. Je mehr der Geistliche in solcher Weise seines Hirtenamtes wartet, desto weniger werden die Gemeindeglieder die nothwendige Entziehung kirchlicher Ehren bei der Bestattung als eine Versagung der der Kirche im Dienst des HErrn obliegenden Handreichung empfinden, desto mehr werden die Geistlichen gegen ungebührliche Zumuthungen geschützt bleiben.

In genauere Vorschriften läßt sich die Art, wie solcher Pflicht der Seelsorge ohne Verletzung oder Umgehung der kirchlichen Ordnung zu genügen ist, nicht fassen. Die Verhältnisse der Familie und der Gemeinde, die Umstände, unter denen der Selbstmord stattgefunden, die bereits vorhandenen seelsorgerischen Beziehungen müssen dem Geistlichen in jedem einzelnen Falle sein Verfahren vorschreiben. Niemals ist außer Acht zu lassen, daß die unerläßliche Forderung des stillen Begräbnisses als des Zeugnisses gegen die schwere Schuld des bewußt vollzogenen Selbstmordes mit der Darbietung des göttlichen Wortes für die Hinterbliebenen verbunden werde. Beides zu vereinigen, wird in dem Maße gelingen, als der Geistliche sein Amt auch in diesen Fällen als einen Dienst unseres HErrn und Heilandes in Seinem Namen und in Seinem Geiste ausübt.

In dem kirchl. Amtsbl. der Provinz Westfalen 1882 S. 78 wird von dem Konsistorium zu Münster unter dem 11. Oktbr. 1882 eine Konsistorial-Verfügung v. 5. Januar 1838, betr. das Verbot von Laienreden an der Grabesstätte, unter Bezugnahme auf ein Erk. d. Kammerger. v. 2. März 1882 republizirt, in dessen Gründen Folgendes ausgeführt ist:

Nach evangelischem Kirchenrecht sind regelmäßig die geistlichen Standesrechte an den Besitz und die Ausübung des geistlichen Amtes gebunden. Es geschieht deshalb die Ordination nur mit Beziehung auf ein geistliches Amt, und soll nach

§§. 63, 65 L.R. II, 11 Niemandem ertheilt werden, bevor er ein geistliches Amt zu übernehmen Gelegenheit hat. Andrerseits gehen mit Entsagung des geistlichen Amtes die geistlichen Standesrechte verloren (§§. 102, 106 a. a. O.). Wenn daher ... der Angeklagte aus der evangelischen Landeskirche ausgetreten ist und sein geistliches Amt damit aufgegeben hat, so kann derselbe auf Standesrechte und Charakter eines evangelischen Geistlichen keinen Anspruch machen. Es konstirt nicht, daß der Angeklagte später diesen Charakter wieder erlangt hat, ebensowenig, wie ihm der letztere aus seiner jetzigen Stellung als Prediger oder Sprecher einer freilutherischen Gemeinde beizulegen ist, da die Mitglieder solcher Gemeinden zu den in Preußen gesetzlich anerkannten Kirchen nicht gerechnet werden. Der Angeklagte muß daher als Laie gelten, welchem das öffentliche Reden auf Begräbnißplätzen verboten ist.

Ebenda wird (S. 79) ein R. der Min. des Inn. u. d. g. A. v. 16. Juni 1877 mitgetheilt, in welchem der Ansicht beigetreten wird, daß die Verf. v. 5. Juli 1842, nach welcher Grabreden von Nichtgeistlichen auf den Begräbnißplätzen überhaupt nicht gestattet werden sollen, gegenwärtig nicht mehr zur Anwendung zu bringen ist. Es wird vielmehr den Dissidenten nicht zu untersagen sein, ihren Angehörigen, wenn sie auf Kommunal-Begräbnißplätzen beerdigen lassen, Grabreden zu halten, und ein Verbot in dieser Beziehung nur nach Prüfung der besonderen Verhältnisse im einzelnen Falle behufs Aufrechterhaltung der öffentlichen Sicherheit und Ordnung statthaft sein. Nur in Betreff derjenigen Fälle, in welchen das Begräbniß bei einer vom Staate ausdrücklich aufgenommenen Kirchengesellschaft bestellt und ausgeführt wird, müssen die Kirchen für berechtigt angesehen werden, den von ihnen begehrten Begräbnißakt, mag es ein stilles oder feierliches Begräbniß sein, als einen unter ihrer Leitung stehenden religiösen Akt zu behandeln und die Einmischung dritter Personen fern zu halten.

Verf. des Konsistorii zu Königsberg v. 7. Januar 1882, amtl. Mitthl. des genannten Konsistorii 1882 S. 9: Nichtgeistlichen können zwar Ansprachen im Sterbehause nicht untersagt werden, denselben ist aber durch Polizei-Verordnungen der K. Regierungen (in den Provinzen Ost- und Westpreußen) unter Strafandrohung untersagt, Leichenreden auf Kirchhöfen zu halten. (Die gedachten Polizei-Verordnungen sind a. a. O. S. 9 allegirt.) Etwaigen Zuwiderhandlungen kann demnach mit einem Strafantrage begegnet werden.

Vgl. ferner die Verf. des Konsistorii zu Berlin v. 4. Juli 1883 u. die Polizei-Verordnung der Regierung zu Potsdam v. 15. Juni 1865, amtl. Mitthl. des Konsistorii zu Berlin 1883 S. 75, betr. das Halten von Laienreden bei öffentlichen Beerdigungen.

Urtheil des Kammerger. v. 15. Juni 1882, betr. das Verbot des Haltens von Leichenreden durch Laien: Die von der Regierung zu Kassel am 7. Aug. 1878 erlassene Polizei-Verordnung, wodurch das Halten von Leichenreden durch Laien auf den unter Aufsicht und Verwaltung der Kirche stehenden Todtenhöfen ohne zuvor erhaltene Genehmigung des zuständigen Pfarrers untersagt wird, steht nicht im Widerspruch mit Art. 12 der Verfassungs-Urkunde v. 31. Januar 1850 und der darin gewährleisteten Freiheit des religiösen Bekenntnisses bez. der öffentlichen Religionsübung. Entsch. des Kammerger. Bd. 3 S. 306. Das gedachte Urtheil läßt sich auch darüber näher aus, wer als Laie zu betrachten.

Das Konsist. zu Berlin macht durch Verf. v. 28. April 1882, amtl. Mitthl. des genannten Konsistor. 1882 S. 61, auf den Erlaß des Regierungs-Präsidenten zu

---

Potsdam v. 3. April 1882 (Amtsbl. der Regierung zu Potsdam und der Stadt Berlin 1882 S. 125) bezüglich des Verbotes der Ausstellung von Leichen und der Oeffnung der Särge bei den Begräbnißzeremonien mit dem Bemerken aufmerksam, daß es auch kirchlich nicht für angemessen zu erachten ist, Leichenreden bei offenem Sarge abzuhalten.

Wenn die Hinterlassenen den Verstorbenen in seine ordentliche Parochie nicht haben zurückbringen lassen, so ist ohne Weiteres anzunehmen, daß dieselben von dem ihnen nach §. 455 L.R. II, 11 zustehenden Wahlrechte stillschweigend dahin Gebrauch gemacht haben, bez. stillschweigend damit einverstanden sind, daß der Verstorbene da, wo er gestorben ist, begraben werden soll.

Aus §. 458 L.R. II, 11 folgt, daß in den Fällen der §§. 454, 455 a. a. O. die Beerdigungsgebühren nicht auch dem Pfarrer und der Kirche, denen die Beerdigung eigentlich zukommt, sondern nur dem Pfarrer und der Kirche, wo die Beerdigung geschieht, entrichtet werden müssen. Im Uebrigen sind im §. 458, a. a. O. solche Fälle gedacht, wo Jemand zwar in seiner Parochie gestorben ist, seine Leiche aber auf sein oder der Hinterlassenen Verlangen außerhalb der gehörigen Parochie begraben werden soll.

Verf. des Konsistorii zu Berlin v. 3. Novbr. 1884, amtl. Mitthl. des genannten Konsistorii 1884 S. 142:

1. Die Bestimmung des §. 477 L.R. II, 11, wonach der Pfarrer bei Todesfällen, welche auf gewaltsame Art oder unter verdächtigen Umständen erfolgt sind, die amtliche Pflicht hatte, die gerichtliche Untersuchung herbeizuführen, muß als aufgehoben gelten, da diese Verpflichtung durch die §§. 58, 21 d. Ges. v. 6. Febr. 1875 über die Beurkundung des Personenstandes auf die Standesbeamten übergegangen ist, und außerdem durch §. 157 al. 1 d. Strafproz.Ord. v. 1. Febr. 1877 den politischen Gemeindebehörden auferlegt ist.
2. Da nach dem Ges. v. 6. Febr. 1875 den Standesbeamten nur die Beurkundung der Sterbefälle, keineswegs aber die Anordnung der Beerdigungen obliegt, und daher das Verfügungsrecht über die Begräbnißplätze nach wie vor lediglich den hierzu anderweit gesetzlich berufenen Organen zusteht, so ist bei kirchlichen Begräbnißplätzen auch jetzt noch der Pfarrer, event. die durch einen ordnungsmäßigen Beschluß des Gem. Kirch.raths ein für alle Male mit der Anordnung der Beerdigungen betraute Persönlichkeit (Kirchhofsvorsteher, Küster, Todtengräber) für die Beobachtung der bezüglichen gesetzlichen Bestimmungen verantwortlich, von denen nachstehend die wichtigsten in Erinnerung gebracht sind:
3. Das nach Nr. 2 zuständige kirchliche Organ hat sich, bevor auf die behufs Herbeiführung des Begräbnisses nach Vorschrift der §§. 469—472 L.R. II, 11 zu erstattende Anzeige der Angehörigen die Beerdigungsgenehmigung unter Anweisung der Grabstelle ertheilt wird, durch Erfordern der Sterbeurkunde davon zu überzeugen, daß der Sterbefall in das standesamtliche Register eingetragen worden ist. Hat diese Eintragung aus irgend welchen Gründen nicht stattgefunden, so darf die Beerdigung nur nach Einholung der Genehmigung der Ortspolizeibehörde erfolgen. §. 60 Ges. v. 6. Febr. 1875, §. 367 Nr. 2 Reichsstrafgesetzbuch.
4. Im Falle der gerichtlichen Obduktion oder Sektion einer

Im Falle der Anlegung von Kommunalbegräbnißplätzen hat der Gemeinde-Kirchenrath bei dem Ortsvorstande bezw. den Staatsbehörden für rechtzeitige Sicherstellung des religiösen Interesses in Betreff der Einweihung, der zum Schutze gegen Entheiligung, Unfug bei Beerdigungen, Aergerniß gebende Grabschriften u. dgl. nothwendigen Aufsicht, sowie der sonst erforderlichen Rücksichten auf die Kirchengemeinde und das kirchliche Amt Sorge zu tragen (vgl. Min.-Erl. v. 26. Juli 1864 — M.-Bl. f. d. i. V. S. 154 — u. v. 27. April 1886, K. G.- u. V.-Bl. S. 75), auch weiter über Wahrung dieser Interessen, nöthigenfalls durch Anrufung der Obrigkeit, zu wachen.

Die Anlegung neuer Begräbnißplätze soll nur aus erheblichen Ursachen und nur unter Einwilligung der geistlichen Obern, sowie der Polizeibehörden stattfinden (§. 764 A. L.-R. II, 11).[26]) Dazu ist überdies die Genehmigung des Ministers der geistlichen Angelegenheiten erforderlich (Art. 24 Nr. 6 Ges. v. 3. Juni 1876 u. Art. I. Nr. 5 Verordn. v. 9. September 1876). Der Gemeinde-Kirchenrath berichtet

---

Leiche darf die Vornahme der Beerdigung so lange nicht geschehen, bis die schriftliche Genehmigung des Richters oder der Staatsanwaltschaft ertheilt ist. §. 157 al. 2 R.Strafproz.Ord.

5. Endlich ist bei Anordnung jeder Beerdigung das R. d. Min. d. Inn. v. 2. März 1827, v. Kamptz' Annal. Bd. 11 S. 168 zu beachten, wonach Leichen in der Regel nicht eher als 72 Stunden nach Eintritt des Todes bestattet werden dürfen. §. 367 Nr. 2 Reichsstrafgesetzbuch.

6. Bei nicht kirchlichen Begräbnißplätzen wird die Verantwortung für die Nichtbeobachtung der gesetzlichen Vorschriften bezüglich der Beerdigungen zwar regelmäßig zunächst nur das mit der Verwaltung betraute kommunale Organ treffen, jedoch erscheint die Bestrafung eines Geistlichen auf Grund des citirten §. 367 Nr. 2 d. Reichsstrafgesetzbuchs namentlich in dem Falle nicht ausgeschlossen, wenn derselbe auf einem solchen Begräbnißplatze bei einer ohne polizeiliche Erlaubniß vor Ablauf der gesetzlichen Frist erfolgenden Beerdigung wissentlich amtlich fungirt hat.

[26]) R. der Min. d. g. A u. d. Inn. v. 27. April 1886: Das im §. 764 L.R. II, 11 aufgestellte Erforderniß der Einwilligung der geistl. Oberen kann nur auf kirchliche Begräbnißplätze bezogen werden; deshalb kann an demselben bei der Anlegung von kommunalen Begräbnißplätzen nicht festgehalten werden. Daß bei der Errichtung der letzteren jedoch auf die kirchlichen Interessen gebührend Rücksicht zu nehmen und event. mit den geistlichen Oberen in Verbindung zu treten, ist bereits wiederholt angeordnet; demgemäß ist auch in Zukunft vor der Ertheilung der Genehmigung zu verfahren. . . . Die zur Anlegung von kommunalen und privaten Begräbnißplätzen erforderliche staatliche Genehmigung . . . wird in einigen Bezirken nur von der Ortspolizeibehörde ertheilt. Da bei Ertheilung dieser Genehmigung . . . auch allgemeine Landesinteressen in Betracht zu ziehen sind, so kann für dieselbe auch nur die Landespolizeibehörde für zuständig erachtet werden. Kirchl. G. u. V.Bl. 1886 S. 75.

dieserhalb, sowie bei Erweiterung bestehender Begräbnißplätze, unter Beachtung der Vorschriften über Erwerbung von Grundstücken (§. 28) und unter Miteinreichung einer polizeilichen Bescheinigung über die gesundheitlichen Erfordernisse (nöthigenfalls eines Kreisphysikatsattestes), an das Konsistorium, welches seinerseits im Benehmen mit der Bezirksregierung das Weitere veranlaßt. Auch zur Schließung und veränderten Benutzung von Begräbnißplätzen bedarf es der Genehmigung des Konsistoriums bezw. der Staatsbehörde (Art. 24 Nr. 6 a. a. O.).

12. Kapitalien. a. Belegung im Allgemeinen.

§. 31. Kapitalien, welche zum ursprünglichen Dotationsvermögen (Fundation) der Kirche oder eines kirchlichen Instituts gehören, oder diesem Vermögen hinzutreten, und solche, welche für veräußerte Grundstücke und zur Vermögenssubstanz gehörige Nutzungen (Holzabtriebe, Bergwerkserzeugnisse, Steine, Torf 2c., §§. 30 ff. A. L.-R. I, 21) oder für abgelöste Rechte einkommen, sollen vom Gemeinde-Kirchenrath in erster Linie sichergestellt, gegen jede Verringerung geschützt und, wenn sie zurückgezahlt werden, schleunig wieder vorschriftsmäßig angelegt werden.

Auch sonstige Gelder, welche verfügbar und nicht in naher Zeit zu anderen Ausgaben zu verwenden sind, hat der Gemeinde-Kirchenrath im Interesse der Kirche thunlichst bald zinsbar zu belegen, widrigenfalls er zum Ersatze der entgangenen Nutzung verpflichtet ist (§§. 634 f. A. L.-R. II, 11; §§. 39 Abs. 5 Vormundsch.-Ordn. v. 5. Juli 1875, G.-S. S. 431). Dabei ist die Vermischung verschiedener Fonds möglichst zu vermeiden.

Zu beachten ist, daß kirchliche Darlehne an die Vorgesetzten der kirchlichen Verwaltung überhaupt nicht, an Patrone, Pfarrer, Aelteste und Gemeindevertreter nur mit ausdrücklicher Genehmigung des Konsistoriums und in allen Fällen nur gegen eine solche Sicherheit, wie sie für das Vermögen bevormundeter Personen vorgeschrieben ist (pupillarische Sicherheit), ausgeliehen werden dürfen (§§. 636, 641 ff. A. L.-R. II, 11; §. 39 Vormundsch.-Ordn. v. 5. Juli 1875). Auch eine unter besonderen Umständen, etwa an Stelle der Ausleihung, zweckmäßig erscheinende zeitweilige Ueberlassung von Geldern eines selbständigen kirchlichen Fonds (Instituts) an einen anderen solchen Fonds derselben Kirchengemeinde ist nicht vorzunehmen ohne vorgängige Genehmigung des Patronats und der Aufsichtsbehörde. Letztere wird nur auf Grund eines für Kapital und Zinsen genügende Gewähr leistenden Beschlusses der Gemeindekörperschaften zu ertheilen sein. Anderenfalls finden die Vorschriften wegen stiftungswidriger Verwendung Anwendung (§. 18 Abs. 2).

Die Prüfung der Sicherheit (§. 32) und die Bestimmung über die zinsbare Belegung steht auch bei Kapitalien, welche dem Nießbrauche von Stelleninhabern unterliegen, vorbehaltlich der Vorschriften über die Genehmigung des Patrons und der Aufsichtsbehörde (§. 33), nach Benehmen mit dem Nießbraucher dem Gemeinde-Kirchenrath zu (§§. 101 ff. A. L.-R. I, 21). Wenn derselbe es unterläßt, die Bestimmungen für Anlegung kirchlicher Gelder zu beachten, werden die Mitglieder desselben für den entstehenden Schaden mit ihrem Vermögen haftbar.

Die Vorschriften in Betreff Feststellung der Sicherheit (§. 32), wie in Betreff Genehmigung des Patrons und der Aufsichtsbehörde (§. 33) greifen auch bei etwaigen Anträgen des Schuldners auf Verminderung der dargebotenen Sicherheit durch Pfandentlassung u. dgl. Platz.

b. Zulässige Arten der Belegung.

§. 32. Für die Ausleihung kirchlicher Gelder eignen sich (vgl. §. 39 Vormundsch.-Ordn.):

1. Hypotheken oder Grundschulden, wenn sie bei ländlichen Grundstücken innerhalb der ersten zwei Drittheile der ritterschaftlichen, landschaftlichen, gerichtlichen oder Steuertaxe, bei städtischen innerhalb der ersten Hälfte der Taxe einer öffentlichen Feuerversicherungs-Gesellschaft oder des gerichtlichen Taxwerths, oder wenn sie innerhalb des 15fachen Betrages des Grundsteuerreinertrages der Liegenschaft zu stehen kommen (in der Regel nur zur ersten Stelle);
2. mit staatlicher Genehmigung ausgegebene Pfandbriefe oder Schuldverschreibungen solcher Kreditinstitute, welche, durch Vereinigung von Grundbesitzern gebildet, mit Korporationsrechten versehen sind und nach ihren Statuten die in Nr. 1 gedachten Beleihungsgrenzen beobachten;
3. Schuldverschreibungen, welche von dem Deutschen Reiche oder von einem Deutschen Bundesstaate mit gesetzlicher Ermächtigung ausgestellt oder hinsichtlich der Verzinsung gesetzlich garantirt sind, bezw. Buchschulden des Preußischen Staats (Gess. v. 20. Juli 1883 u. 12. April 1886, betr. das Staatsschuldbuch, G.-S. 1883 S. 120 u. 1886 S. 124; vgl. u. §. 39);
4. Rentenbriefe der zur Vermittelung der Ablösung von Renten in Preußen bestehenden Rentenbanken;
5. Schuldverschreibungen, welche von deutschen kommunalen Korporationen (Provinzen, Kreisen, Gemeinden 2c.) oder von deren Kreditanstalten ausgestellt und entweder seitens der

Inhaber kündbar sind, oder einer regelmäßigen Amortisation unterliegen;

6. die einstweiligen zinsbare Belegung von Geldern bei einer öffentlichen, obrigkeitlich bestätigten Sparkasse, oder bei der Seehandlung [27]) (Min.-Erl. v. 29. April 1882, K. G.- u. V.-Bl. S. 56 f.), welche einzutreten hat, soweit Baarbestände nicht in einer der vorstehenden Arten (Nr. 1—5) angelegt werden können.

c. Mitwirkung von Aufsichts-Instanzen. §. 33. Ausleihungen auf Hypothek oder Grundschuld (§. 32 Nr. 1) dürfen nur mit Zustimmung des Patrons (§. 4) vorgenommen und müssen unter Angabe des Zinsfußes und der Sicherheit dem Superintendenten angezeigt werden (§§. 637, 638 A. L.-R. II, 11).

Sofern das Kapital 150 ℳ übersteigt, ist dazu die Genehmigung des Konsistoriums erforderlich (§. 639 a. a. O.). Um dieselbe zu erlangen, hat der Gemeinde-Kirchenrath dieser Behörde rechtzeitig zu berichten und dabei, unter Angabe des Erforderlichen über die Person des Darlehnssuchers, seinen die Sache betreffenden Beschluß nebst der Erklärung des Patronats, sowie alle zur Prüfung der dinglichen Sicherheit erforderlichen Nachweise miteinzureichen. Zu letzteren gehören auch die den angebotenen Pfandgrundbesitz betreffenden amt-

[27]) Nach dem R. d. Min. d. g. A. v. 29. April 1882 (oben) hat der Finanzminister die General-Direktion der Seehandlungs-Sozietät ermächtigt, disponible Kassenbestände von Kirchen, Schulen, Stiftungen und sonstigen der Verwaltung oder Aufsicht des Staates unterstellten Instituten zur zinsbaren Belegung anzunehmen.

Die Annahme erfolgt unter folgenden Bedingungen:

§. 1. Die Ein- und Rückzahlungen müssen durch 10 theilbar sein, und haben solche in den V.M.Stunden von 9—1 Uhr zu erfolgen.

§. 2. Die Einlagen werden mit $2^1/_2$ % jährlich, den Monat zu 30 Tagen berechnet, verzinst. Die Zahlung der Zinsen erfolgt bei Abschluß des Kontos am Schlusse des Etatsjahres.

§. 3. Rückzahlungen erfolgen bis zu 10000 ℳ mit 8tägiger Kündigung, größere Beträge bedingen eine 4wöchentliche Kündigung. Indessen ist die Seehandlung berechtigt, die Rückzahlung sofort zu leisten, unter Belastung des Zahlungstages.

§. 4. Formulare für den Depositenverkehr, Einzahlungen und Abhebungen betreffend, werden von der Haupt-Seehandlungs-Kasse unentgeltlich verabfolgt.

§. 5. Zur Abhebung von Geldern gegen Quittung sind nur diejenigen berechtigt, welche der K. Seehandlung namhaft gemacht sind. Die Unterschrift der betr. Beamten ist der K. Seehandlung zur Kenntnißnahme einzureichen. Zur Prüfung der Echtheit und Gültigkeit der Quittung ist die K. Seehandlung nicht verpflichtet.

§. 6. Porto oder sonstige Kosten sind von den Conto di tempo-Inhabern zu tragen.

lichen Auszüge aus der Grundsteuer-Mutterrolle und Gebäudesteuer-Rolle, bezw. aus dem Grundbuche, soweit nicht ausreichende Auskunft über den eingetragenen Eigenthümer und die dingliche Belastung in anderer Art, z. B. durch Einsichtnahme u. dgl. zu beschaffen ist, der Feuerversicherungsschein, eine den Bestimmungen des §. 32 Nr. 1 entsprechende Taxe [28]) (wegen dorfgerichtlicher Abschätzung von Grundstücken bis zu 15000 ℳ Werth vgl. noch Ges. v. 4. Mai 1857, G.-S. S. 445), bezw. die anderweit erforderlich scheinenden amtlichen Bescheinigungen über den Werth des Grundbesitzes und eine Sicherheitsberechnung, bei welcher selbstverständlich die Reallasten mit entsprechendem Kapitalbetrage in Abzug zu bringen sind.

Geeignetenfalls ist dafür Sorge zu tragen, daß der Schuldner sich wegen Tilgung von Zinsrückständen und Rückzahlung des gekündigten Kapitals in der gerichtlichen oder notariellen Schuldurkunde sofortiger Zwangsvollstreckung unterwirft (§. 702 Nr. 5 Civ.-Proz.-Ordn. v. 30. Januar 1877; vgl. u. §. 90).

d. Schuldurkunden.

§. 34. Die auf Anlegung kirchlicher Gelder bezüglichen Schuldurkunden sind noch vor Auszahlung der betreffenden Summen sorgfältig zu prüfen, Hypothekendokumente, ob sie mit den getroffenen Verabredungen übereinstimmen und die alle Pfandgrundstücke umfassende Eintragung im Grundbuch nachweisen, Werthpapiere in Bezug auf Art, Betrag, Vorhandensein der Zinsscheine und Erneuerungs-Anweisungen, und ob sie nicht etwa außer Kurs gesetzt sind.

Gehören zu dem hypothekarisch belasteten Grundbesitz Gebäude, so ist, da nach §. 30 des Gesetzes vom 5. Mai 1872 (G.-S. S. 433) dem Gläubiger Feuerversicherungsgelder haften, welche nicht zur Wiederherstellung der Gebäude verwendet werden, sicherzustellen, daß die Eintragung des Darlehns in den Büchern der Feuerversicherungsgesellschaft erfolgt ist, und daß etwaige Unterlassungen der Prämienzahlung und Verminderungen der Versicherungssumme, unter einstweiliger Aufrechthaltung der bisherigen Versicherung im Interesse des Gläubigers, diesem rechtzeitig angezeigt werden sollen.

e. Kündigung.

§. 35. Werden ausgeliehene kirchliche Kapitalien gekündigt, sei

---

[28]) Nach dem Ges. v. 15. Juni 1840, G.S. S. 131, u. v. 4. Mai 1857 (oben) genügt bei Grundstücken, deren Werth nach Inhalt des Hypothekenbuches, der Erwerbsdokumente oder anderer unverdächtiger Angaben den Betrag von 15000 ℳ nicht übersteigt, eine schriftliche, von ein für allemal vereideten Taxatoren aufgenommene, mit der Versicherung der Richtigkeit an Eidesstatt versehene Taxe, selbst wenn der dadurch ermittelte Werth 15000 ℳ übersteigen sollte. Eine solche Taxe muß eine genaue Beschreibung des Grundstückes enthalten, ohne daß es einer in's Einzelne gehenden Veranschlagung bedarf.

es von dem Gemeinde-Kirchenrath oder von dem Schuldner, so ist hiervon noch vor der Einziehung dem Patron (§. 4) Anzeige zu machen (§§. 629 f. A. L.-R. II, 11). In jedem solchen Falle hat der Gemeinde-Kirchenrath demnächst den Schuldner mit bestimmter Anweisung darüber zu versehen, an wen und gegen wessen Quittung er die Rückzahlung leisten bezw. durch einen Dritten bewirken soll (§§. 632 f. a. a. O.).

Die Hauptquittung und Löschungsbewilligung, wie etwaige Erklärungen über Abtretung der Forderung an einen Dritten, sind vom Gemeinde-Kirchenrath in urkundlicher Form auszustellen (§. 5 Abs. 7).[29])

f Aufwendungen zur Wiederbelegung.

§. 36. Die bei Wiederbelegung zurückbezahlter Kapitalien entstehenden Unkosten (Porto, Stempel, Gerichts-, Wechsler-Gebühren u. dgl.) sind, soweit sie nicht im einzelnen Falle einem anderen Verpflichteten zur Last fallen, von Demjenigen zu tragen, welchem der Nießbrauch zusteht (§§. 778 A. L.-R. II, 11; §§. 11, 22, 87 das. I, 21; Verf. d. Ev. O.-K.-R. v. 29. Juni 1880, K. G.- u. V.-Bl. 1882 S. 55).

Müssen Werthpapiere zu einem über den Nennwerth gehenden Preise erworben oder unter dem Erwerbspreise (d. i. bei Kapitalabfindungen in Ablösungssachen der Nennwerth) veräußert werden, so bleibt behufs Verhütung von Kapitalverlusten thunlichst auf sofortigen oder allmählichen Ersatz des Agio bezw. Disagio Bedacht zu nehmen. Ist in solchen Fällen das Interesse eines Stelleninhabers wegen der Zinsennutzung mitbestimmend, so haben die Gemeindekörperschaften ihre Genehmigung zu der Belegung in der Regel nicht eher zu ertheilen, als jener Ersatz gesichert ist. Kann derselbe nicht durch eine Bewilligung aus der Kirchenkasse (§. 31 Nr. 8 K.-G.- u. S.-O.) oder mit Zustimmung des Nießbrauchers durch geordnete mehrjährige Kapitalisirung eines Theils der Zinsen u. dgl. erbracht werden, so ist dem Stelleninhaber die Beschaffung zu überlassen, einstweilen aber die betreffende Veränderung auszusetzen, bezw. die Kapitalanlage in anderer Art zu bewirken (Verf. d. Ev. O.-K.-R. v. 27. Januar 1885, K. G.- u. V.-Bl. S. 25).[30])

---

[29]) Beschluß d. Kammerger. v. 14. Febr. 1881, Entsch. Bd. 2 S. 150: Durch die Quittung wird keine Veräußerung der bezahlten Hypothek beurkundet; es bedarf daher zur Einziehung einer fälligen Hypothekenforderung der Kirchengemeinde und zur Quittungsleistung über dieselbe regelmäßig nicht der Genehmigung der geistlichen Oberen.

[30]) Hiernach regelt sich die Frage, wer im einzelnen Falle die Kursdifferenz bez. die sonstigen geschäftlichen Unkosten zu tragen hat, folgendermaßen:

1. Die Differenz zwischen dem Nominalwerthe eines Inhaberpapiers und

§. 37. Werden kirchliche Gelder durch Ankauf von Werthpapieren belegt, welche auf den Inhaber lauten, so müssen die letzteren, sobald sie endgültig angenommen sind, vom Gemeinde-Kirchenrath durch einen kurzen, auf der Rückseite anzubringenden Vermerk außer Kurs gesetzt werden. Derselbe ist im Falle späterer Wiederveräußerung durch einen entsprechenden Inkurssetzungsvermerk wieder aufzuheben (vgl. §. 5 Abs. 7). Als Kirchensiegel ist hier ein Schwarzstempel beizudrucken (Erl. d. Ev. O.-K.-R. v. 11. Dezember 1880, K. G.- u. V.-Bl. S. 187). 13. Behandlung der Werthpapiere. a. Außer- und Inkurssetzung.

§. 38. Ueber die im Besitze einer Kirche befindlichen Werthpapiere, einschließlich derjenigen, welche zu dem Vermögen kirchlicher Stellen und zu den der Kirche gestellten Kautionen (§. 63) gehören, ist neben dem Lagerbuch noch ein stets laufend zu erhaltendes Verzeichniß zu führen, welches die Werthpapiere nach Nennwerth, Buchstaben und Nummern, Zinsfuß und Zinsverfalltag, sowie die Auslosungstermine nachweist. Dasselbe bleibt in der Hand des Kirchenkassen-Rendanten. b. Auslosung und Kündigung.

Der Rendant hat unter persönlicher Verantwortung die Auslosung und sonstige Aufrufung der Werthpapiere zu kontrolliren und eintretendenfalls beim Gemeinde-Kirchenrath wegen der Einziehung und Wiederanlage des Kapitals Anträge zu stellen. Auf sein Verlangen

---

dem jeweiligen Börsenkurse desselben — mag der letztere unter oder über pari sich befinden — betrifft stets die Substanz des kirchlichen Stellenvermögens und deren zinsbare Anlegung, und ist bei einem Ankauf oder Verkauf daher an und für sich aus diesem Substanzvermögen zu decken bez. tritt dem letzteren hinzu.

2. Die geschäftlichen Unkosten, als Porto, Spesen, Provision, Stempel u. s. w., hat der Nießbraucher als nothwendige Verwaltungskosten des seinem Nießbrauche unterstellten Vermögensfonds selbst zu tragen.

Da für den Ankauf und Verkauf von Effekten für ein dem Nießbrauche des Stelleninhabers unterworfenes kirchliches Stellenvermögen die Willensübereinstimmung des Nießbrauchers, des Gem.Kirch.raths, des Patrons und bez. die Genehmigung der kirchlichen Aufsichtsbehörde erforderlich ist, so können die vorstehenden Rechtsgrundsätze durch Verständigung für den einzelnen Fall eine Aenderung erfahren. Eine solche wird von dem Interesse abhängen, welches der einzelne Faktor — der Nießbraucher oder die Vertreter der Substanz — an einer an und für sich nicht nothwendigen Umlegung hat. Ist dies — wie gewöhnlich — der Nießbraucher, so wird dieser unter Umständen höhere Verpflichtungen, als vorstehend angegeben, insbesondere im einzelnen Falle auch eine Amortisation etwaiger Kapitalsverluste bei dem Verkaufe unter pari befindlicher oder bei dem Ankaufe über pari stehender, zum Nominalwerthe rückzahlbarer Effekten übernehmen müssen, wenn er anders die Zustimmung der übrigen betheiligten Faktoren zur Kapitalsumlegung nicht erhalten kann. Vgl. §§. 11, 99, 101 ff., 106 L.R. I, 21, sowie kirchl. Amtsbl. d. Konsist. zu Berlin 1886 S. 1 u. 2.

hat, wenn das Regierungs-Amtsblatt nicht ausreicht, der Gemeinde-Kirchenrath ein zuverlässiges Verloosungsblatt zu halten.

Der Gemeinde-Kirchenrath kann, wenn es die Umstände erfordern, statt des Rendanten ein anderes seiner Mitglieder (Pfarrer oder Aelteste) mit dieser Kontrolle besonders beauftragen und hat sich von Zeit zu Zeit durch geeignete Proben von der pflichtmäßigen Erfüllung des Kontrollgeschäfts zu überzeugen (§. 2 Abs. 2). Auch ist den Stelleninhabern jederzeit die Durchsicht des Verloosungsblatts der Kirche in Betreff der ihrem Nießbrauche unterliegenden Werthpapiere zu gestatten, da sie allein für die Wahrnehmung ihres persönlichen Interesses daran einzustehen haben.

c. Aufbewahrung. §. 39. Bei Aufbewahrung der Werthpapiere (vgl. §. 16) ist mit besonderer Vorsicht zu verfahren. Die Schuldurkunden sind von den Zinsscheinen nebst den Erneuerungs-Anweisungen (Talons) getrennt und falls thunlich in verschiedenen sicheren Behältnissen und Räumen niederzulegen. Die Zinsscheine der zum Nießbrauch kirchlicher Stelleninhaber gehörigen Papiere werden den letzteren rechtzeitig zur Einziehung ausgehändigt.

Das Vorhandensein sämmtlicher Werthpapiere ist durch den Gemeinde-Kirchenrath oder durch bestimmte von demselben beauftragte Aelteste mindestens einmal im Jahre bei der Schluß-Kassenrevision genau festzustellen (§§. 76, 77). Der betreffende amtliche Vermerk, welcher zum Protokollbuch des Gemeinde-Kirchenraths zu übergeben und bei den Akten aufzubewahren ist, muß ergeben, daß jedes einzelne Werthpapier nachgesehen und mit den Zinsscheinen und den Erneuerungs-Anweisungen wirklich vorgefunden ist.

Ist die genügend sichere Aufbewahrung der Werthpapiere innerhalb der Parochie nicht möglich, so hat der Gemeinde-Kirchenrath deren offene Niederlegung bei der Reichsbank [31]) in Berlin in Er-

---

[31]) Das Komptoir der Reichshauptbank für Werthpapiere in Berlin (W. Jägerstraße Nr. 34/36) übernimmt auch jetzt noch Werthpapiere der Kirchen ꝛc. nebst Koupons zur Verwahrung und Verwaltung.

Die näheren Bestimmungen über die Behandlung der Werthpapiere, welche der Reichshauptbank in Verwahrung bez. zur Verwaltung übergeben werden, sowie die zur Uebersendung der Werthpapiere nöthigen Deklarationsformulare sind unentgeltlich von dem genannten Komptoir zu beziehen.

Die Reichshauptbank realisirt auf Wunsch die Koupons bei der Fälligkeit und leistet für die sichere Aufbewahrung der ihr übergebenen Werthpapiere, sowie für die beantragte Kontrole der Ausloosung die volle Gewähr.

Außer einer Gebühr von 10 Pfennig pro Jahr, welche für die Kontrole der Ausloosung bez. der Bekanntmachungen über Kündigung und Konvertirung der Werthpapiere, und zwar für jedes deponirte Stück zu entrichten ist, berechnet die

wägung zu ziehen, welche unter den bei jeder Reichsbankstelle zu erkundenden Bedingungen die gesammte Verwaltung von Werthpapieren, auf Antrag auch die Ueberwachung der Auslosung, unter voller Gewährleistung übernimmt.

Ebenso bietet eine völlige Sicherung für alle Bestände an 4 und $3\frac{1}{2}$ prozentiger preußischer konsolidirter Anleihe die Umwandlung derselben in eine Buchschuld des Staats auf den Namen des berechtigten Instituts (§. 32 Nr. 3); durch die Eintragung in das bei der Hauptverwaltung der Staatsschulden geführte Schuldbuch [32]) tritt an die Stelle der eingelieferten Schuldverschreibungen bis dahin, daß solche in gleichem Nennwerth zurückgefordert werden, eine eingetragene und vollgewährleistete Forderung an die Staatskasse, die aller Gefährdung durch Diebstahl, Feuer u. dgl. entzogen ist (Geff. vgl. oben §. 32 Nr. 3; Ausführungsbestimmungen des Finanzministers vom 22. Juni 1884, M.-Bl. f. d. i. V. S. 153, auch abgedruckt in den Regierungs-Amtsblättern).

§. 40. Zur Errichtung von Stolgebührentaxen, [33]) sowie zu jeder 14 Gebührentaxen.

Reichshauptbank für die mit den anderen Leistungen verbundene Mühwaltung und Gefahr pro Jahr eine Provision von nur $^{3}/_{10}$ pro mille, also 30 Pfennig für je 1000 ℳ des Nominalbetrages der deponirten Papiere. Das Jahr wird von dem 1. des Monats, in welchem die Deposition stattfindet, bis zum 1. des entsprechenden Monats im nächsten Jahre gerechnet.

Gegen eine gleichfalls mäßige Gebühr besorgt die Reichshauptbank auch den Ankauf und Verkauf von Werthpapieren.

Die Deposition der Werthpapiere selbst darf zwar nur bei der Reichshauptbank zu Berlin erfolgen, die Zinsen aber können kostenfrei bei den Reichsbankstellen in den Provinzen erhoben werden, falls nicht die Uebersendung durch die Post vorgezogen wird.

Vgl. auch das R. d. Min. d. Inn. v. 2. April 1884, betr. die Ausleihung disponibler Gelder öffentlicher Sparkassen an Provinzen . . ., Kirchengemeinden . . ., kirchl. G. u. V.Bl. 1884 S. 21.

[32]) Vgl. kirchl. Amtsbl. d. Konsistor. in Posen 1884 S. 46, 47 u. kirchl. G. u. V.Bl. 1884 S. 36.

[33]) Stolgebühren können nur im Wege des Civilprozesses, nicht im Verwaltungszwangsverfahren eingezogen werden, weil dieselben nicht ständige, öffentliche Abgaben sind. Auch wird durch den Umstand, daß die Stolgebühren in manchen Gemeinden zur Kirchenkasse fließen, hieran nichts geändert.

In dem Erk. d. Gerichtshofes zur Entsch. der Kompetenz-Konfl. v. 10. April 1886 ist der Rechtsweg gegen die von dem Min. d. geistl. A. u. dem Finanzminister getroffenen Festsetzungen über die Höhe der einem Geistlichen oder Kirchenbeamten zustehenden Stolgebührenausfalls-Entschädigung für unzulässig erachtet worden.

Für die Frage, ob die Trauungsgebühren nach den Vermögensverhältnissen des Bräutigams oder der Braut zu berechnen sind, ist

Veränderung derselben bedarf es außer der Mitwirkung der Gemeindevertretung (§. 31 Nr. 7 K.-G.- u. S.-O.) der Genehmigung der kirchlichen und staatlichen Centralbehörden (§. 425 A. L.-R. II, 11; §. 5 Nr. 2 Ressort-Regl. v. 29. Juni 1850; Art. 24 Nr. 4 Ges. v. 3. Juni 1876 und Art. I. Nr. 7 Verordn. v. 9. September 1876), welche das Konsistorium nachsucht, nachdem ihm von dem Gemeinde-Kirchenrath ein das Bedürfniß der Erneuerung oder Veränderung der Taxe begründender Bericht nebst dem Beschluß der Gemeindekörperschaften und einer vom Gemeinde-Kirchenrath urkundlich vollzogenen Ausfertigung der neuen oder veränderten Taxe eingereicht ist.

Taxen, welche nur Gebührenfestsetzungen für den Gebrauch kirchlicher Gegenstände, als Inventarienstücke, Kirchstühle, Grabstellen, einschließlich der Anlegung von Grab-Denkmälern u. dgl., oder für mechanische Leistungen, als Anfertigung und Versorgung von Gräbern, Glockengeläute u. dgl. enthalten, sind unter Vorlage des Beschlusses der Gemeindevertretung (§. 31 Nr. 7 K.-G.- u. S.-O.) der Genehmigung des Konsistoriums und durch dessen Vermittelung derjenigen des Regierungspräsidenten zu unterbreiten (§. 1 d. Verordn. v. 27. Juni 1845, Ges.-S. S. 440; Art. 24 Nr. 4 Ges. vom 3. Juni 1876; Art. III. Nr. 4 Verordn. v. 9. September 1876).

15. Regelung der Kirchensitze.

§. 41. Die Regelung der Kirchensitze ist, soweit nicht etwaige (jedesmal besonders zu erweisende) Privatrechte in Frage sind, unter Beachtung der bestehenden allgemeinen Bestimmungen (§§. 676 bis 685 A. L.-R. II, 11) und örtlichen Rechtsordnungen von dem Gemeinde-Kirchenrath und der kirchlichen Aufsichtsbehörde im Verwaltungswege nach Gesichtspunkten des öffentlichen Interesses vorzunehmen. Die Entscheidungen derselben sind bis zum Nachweis entgegenstehender Privatansprüche im Rechtswege nicht anzufechten und nöthigenfalls polizeilich zu schützen (Entsch. des Komp.-Gerichtshofs

---

in erster Linie die Stoltaxe der betr. Parochie maßgebend. Enthält dieselbe eine darauf bezügliche Bestimmung, so ist danach als nach einer lex specialis zu verfahren. Ist dies aber nicht der Fall, so sind mit Rücksicht darauf, daß für den liquidirenden Pfarrer bez. für die betr. Kirchenkasse actio nata erst mit der vollendeten Trauung (vgl. §. 424 L.R. II, 11) vorhanden ist, die Trauungsgebühren gemäß §§. 184 ff. L.R. II, 1 nach den Vermögensverhältnissen des Bräutigams zu berechnen. (Vgl. hierzu die bei Vogt, Kirchenr. I S. 331 abgedruckte, für Schlesien am 8. Aug. 1750 erlassene taxa stolae: „secundum conditionem sponsi").

Unter sich tragen beide Eheleute die Kosten des Aufgebots, der Trauung und der Hochzeit gemeinschaftlich, wenn nicht ein Anderes ausdrücklich verabredet, oder an dem Orte, wo die Braut wohnt, unter der Klasse, zu welcher sie gehört, hergebracht ist. §. 171 L.R. II, 1.

v. 18. März 1865, Just.-M.-Bl. S. 134, u. v. 14. April 1883, K. G.- u. V.-Bl. S. 70, u. des Oberverwaltungsgerichts v. 10. Dezember 1884, das. 1885 S. 29).

Ist eine allgemeine Neuvertheilung nothwendig, so trifft der Gemeinde-Kirchenrath zunächst über die Grundsätze Vereinbarung, nach Befinden unter Zuziehung der Gemeindevertreter (§. 33 K.-G.- u. S.-O.), entwirft danach eine vollständige Sitzordnung im Anschluß an eine Handzeichnung und reicht dieselbe, nachdem sie behufs Erklärung aller Betheiligten innerhalb bestimmter Frist öffentlich ausgelegen hat und unter Berücksichtigung berechtigter Wünsche eine allseitige gütliche Erledigung der erhobenen Einwendungen erstrebt ist, mit seinem Gutachten und allen Verhandlungen dem Konsistorium zur Genehmigung oder Entscheidung ein.

Wird in Fällen, wo die Sitze nach örtlichen Standesklassen geordnet sind, ein solcher durch Zersplitterung eines Hofes zum Aufrücken von Angehörigen niederer Klassen verfügbar, oder sind sonstige geringe Einzelregelungen erforderlich, so bedarf es der Anrufung der Aufsichtsbehörde nicht, so lange unter den Betheiligten Einverständniß herrscht.

§. 42. Wenn innerhalb des Kirchspiels Grundstücke getheilt werden, liegt dem Gemeinde-Kirchenrath ob, gemäß §§. 2 f. u. 7 ff. des Gesetzes vom 25. August 1876 (G.-S. S. 405) die darauf haftenden, aus dem Kirchen- und Pfarrverbande entspringenden Lasten, einschließlich der Patronatslasten, auf die Besitzer der Trennstücke zu vertheilen. 16. Reallasten.

Zu diesem Zwecke wird ihm vom Katasterkontroleur durch Vermittelung des Kreislandraths bezw. des Gemeindevorstandes der Rentenvertheilungsplan oder Auszug aus den Grundsteuerfortschreibungsprotokollen zugestellt, welche die erforderlichen Anhaltspunkte für die Vertheilung darbieten.

Gegen die urkundlich auszufertigende Feststellung des Gemeinde-Kirchenraths, welche, falls Patronatslasten zu vertheilen sind, auch der Regierung als Patronatsaufsichtsbehörde zuzustellen ist, steht den Betheiligten innerhalb zwei Wochen (§. 51 Ges. v. 30 Juli 1883, Ges.-S. S. 195) die Klage im Verwaltungsstreitverfahren offen.

Streitigkeiten über das Bestehen, den Umfang und die rechtliche Natur der Abgaben verbleiben der richterlichen Entscheidung. Der Kreisausschuß, in Stadtkreisen der Bezirksausschuß, kann jedoch über die Vertheilung eine vorläufige Festsetzung treffen (§§. 9 bis 11 Ges. v. 25. August 1876).

Bei einer Zerstückelung von Grundstücken sind die Berechtigten zu fordern befugt, daß ihre darauf haftenden Geld- und Roggenrenten, welche nach der Vertheilung unter 12 Mark bezw. 2 Neuscheffel Roggen betragen, durch Erlegung des 25fachen Baarbetrages abgelöst werden (§. 9 Ges. v. 27. April 1872, G.-S. S. 417).[34])

Wegen sonstiger Ablösung von Reallasten,[35]) welche zu Gunsten der Kirche auf Grundstücken haften, vgl. §. 18 und wegen der kirchen-

---

[34]) Das K. Oberlandeskulturgericht zu Berlin hat in seinen in der Berufungsinstanz erlassenen Endurtheilen den Grundsatz angenommen, daß die Geltendmachung des den Berechtigten im §. 9 d Ges. v. 27. April 1872 eingeräumten Rechtes an die Dauer der Abgabenregulirung gebunden ist, daß dasselbe mit dem definitiven Abschluß der diesfälligen Regulirungsverhandlungen, bez. mit der Vollstreckbarkeit des Vertheilungsplanes erlischt, und daß dem im §. 9 gebrauchten Ausdrucke „nach der Vertheilung" nur die Bedeutung „in Gemäßheit der Vertheilung" beigelegt werden kann.

Da nach §. 67 d. Ges., betr. das Verfahren in Auseinandersetzungssachen, v. 18. Febr. 1880, G.-S. S. 59, gegen diese in der Berufungsinstanz erlassenen Endurtheile die Revision nicht stattfindet, so ist der angenommene Grundsatz für die Zulässigkeit eines gemäß §. 9 d. Ges. v. 27. April 1872 anzubringenden Ablösungsantrages künftig maßgebend.

Nach §. 7 d. Ges. v. 25. Aug. 1876 werden die aus dem Kirchen- und Pfarrverbande entspringenden Lasten in evangelischen Gemeinden durch den G.K.R. vertheilt. Die Gem.Kirch.räthe sind daher in der Lage, gleich bei Aufstellung des Vertheilungsplanes und ehe derselbe den Betheiligten zugestellt wird, sich die ihnen im §. 9 d. Ges. v. 27. April 1872 eingeräumte Befugniß dadurch zu wahren, daß sie in den Vertheilungsplan selbst den Vorbehalt aufnehmen: daß diejenigen Geld- und Roggenrenten, welche nach dem Plane unter 12 ℳ bez. 2 Neuscheffel Roggen betragen, durch Erlegung des 25fachen Baarbetrages abgelöst werden müssen. Vgl. die amtl. Mitthl. d. Konsistorii zu Königsberg 1881 S. 63.

[35]) Erk. d. Oberlandeskulturger. v. 13. Novbr. 1885, kirchl. Amtsbl. des Konsistor. i. Königsberg 1886 S. 13: Handelt es sich um ein Holzdeputat, welches der Staat zu Gunsten eines Hospitals, wenn auch mit Rücksicht auf seinen Forstbesitz, welcher ihm die Gewährung ermöglichte und erleichterte, bewilligt und übernommen hat, so ist dies eine persönliche Leistung, keine Reallast im Sinne des §. 6 d. Ablös.ges. v. 2. März 1850, und unterliegt deshalb nicht der Ablösung nach den Bestimmungen dieses Gesetzes und des Ges. v. 27. April 1872.

R. der Min. d. g. A. u. für Landw. v. 25. Jan. 1881, kirchl. G. u V.Bl. 1881 S. 13: Das Recht und die Pflicht des Patrons zur Prüfung bez. urkundlichen Genehmigung von Rezessen über Ablösung von Reaberechtigungen evangelisch-kirchlicher Institute hat da, wo derselbe Patronatslasten für die kirchlichen Bedürfnisse trägt, durch die Kg.O. v. 10. Septbr. 1873 bez. das Ges. v. 25. Mai 1874 eine Abänderung nicht erfahren. Eine solche ist demnach in Ostpreußen (Zus. 197 des Ostpreuß. Prov.rechts) nicht eingetreten. Die Regierungen haben daher in ihrer Eigenschaft als fiskalische Patronatsbehörden auch fernerweit sich der Prüfung bez. urkundlichen Genehmigung der betr. Rezesse zu unterziehen.

aufsichtlichen Genehmigung von Rezessen die Entscheidung des Oberlandeskulturgerichts vom 25. September 1883 (K. G.= u. V.=Bl. S. 136).

§. 43. Die Wahrung des Einkommens kirchlicher Amtsstellen und des Pfründenvermögens legt dem Gemeinde=Kirchenrath neben seinen allgemeinen Obliegenheiten gegenüber dem kirchlichen Vermögen noch besondere Pflichten auf (vgl. auch §§. 44 Abs. 2 u. 48). 17. Stellen=vermögen.

So kommt ihm, außer der Verzeichnung des Rechtsbestands (§. 14) für Fälle von Neubesetzungen, Gehaltsregelungen, Emeritirungen u. dgl., die pflichtmäßige Feststellung und Veranschlagung der durchschnittlichen Jahresergebnisse zu. Die betreffenden Nachweisungen und Bescheinigungen hat er bei eigener Verantwortung nur nach gewissenhafter Einzelprüfung aller Einnahme= und Ausgabe=Posten auszustellen (vgl. Nr. 19 Abs. 2, Nr. 8, 16, 18 Abs. 1 der Instr. zur Pens.=Ord., K. G.= u. V.=Bl. 1880 S. 153).

Der Gemeinde=Kirchenrath hat ferner darüber zu wachen, daß das zum Nießbrauch übergebene Vermögen, einschließlich der den Stellen gehörigen Inventarienstücke, nach dem Lagerbuche und den sonst vorhandenen Verzeichnissen bei Abgang des Stelleninhabers ungeschmälert an einen von ihm Beauftragten zurückgegeben oder, wenn sogleich der Amtsnachfolger eintritt, an diesen überliefert werde. Wegen dieser Rückgewähr sowie wegen des Ersatzes etwaiger Verbesserungen oder Verringerungen gelten die allgemeinen Bestimmungen über den Nießbrauch (§§. 823 ff. A. L.=R. II, 11 und §§. 111 ff., 124 ff., 132 ff. das. I, 21). Danach haben namentlich der Nießbraucher und seine Erben einen Anspruch auf Vergütung wegen Verbesserungen nur insofern, als dieselben mit ausdrücklicher Genehmigung des Gemeinde=Kirchenraths, des Patrons und der geistlichen Obern gemacht sind. Außer diesem Falle steht, wenn nicht eine gütliche Einigung erfolgt, dem Nießbraucher oder seinen Erben nur das Recht zu, die Verbesserung zurückzunehmen. Die Sache muß von ihnen aber, wenn hiervon Gebrauch gemacht wird, auf eigene Kosten wieder in denjenigen Stand gesetzt werden, in welchem sie sich vor der Verbesserung befunden hat. Leistet der Amtsnachfolger dem Vorgänger Ersatz für Verbesserungen, so tritt er dadurch hinsichtlich etwaiger Vergütung aus dem Stellen= und sonstigen Kirchenvermögen und hinsichtlich des Anspruchs auf Zurücknahme der Verbesserung nur in die Rechte desselben ein. Abweichungen von diesen Regeln bedürfen der Genehmigung des Konsistoriums (§§. 825 bis 830 A. L.=R. II, 11).

Dem letzteren sind die Auseinandersetzungs-Verhandlungen zur Prüfung vorzulegen. [36])

III. Nutzung des Vermögens und Bezug anderer Einkünfte.

1. Im Allgemeinen.

§. 44. Der Gemeinde-Kirchenrath hat, soweit dadurch nicht die Rechte eines Stelleninhabers oder sonst Berechtigten verletzt werden, dafür Sorge zu tragen, daß von dem kirchlichen Vermögen, unter sorgfältiger Wahrung des Vermögensbestandes (vgl. §§. 12 ff.), ein möglichst hoher und nachhaltiger Nutzungsertrag erzielt wird. Er hat daher verfügbare Gebäude in thunlichst vortheilhafter Weise zu vermiethen, Feldgrundstücke zu verpachten oder auf Rechnung bewirthschaften zu lassen (vgl. §§. 45 ff.), schlagbare Holzbestände zu verkaufen (vgl. §. 20), für geeignete Ausbeutung von Bergwerken, Steinbrüchen, Torfländereien u. dgl. Sorge zu tragen (vgl. §. 31 Abs. 1), Kirchensitze (§§. 676 ff. A. L.-R. II, 11) und Grabstellen (§. 762 a. a. O.) in hergebrachter Weise nutzbar zu machen (vgl. §§. 40 Abs. 2, 41 u. 30), Naturalhebungen in Geld umzusetzen, Kapitalien zinsbar zu belegen, Geldhebungen und andere Einkünfte rechtzeitig einzuziehen (§. 664 A. L.-R. II, 11) und Nutzungsausfälle überall nach Kräften zu verhüten. [37])

---

[36]) Das Ges. v. 10. Mai 1855 verordnet in Betreff der Pfarrauseinandersetzungen in den vormals Kgl. Sächsischen Landestheilen, in welchen das Allg. Landr. durch das Publikationspatent v. 15. Novbr. 1816 eingeführt worden ist (G.S. 1855 S. 267), was folgt:

Bei Auseinandersetzungen zwischen den abgehenden evangelischen Pfarrern oder deren Erben und den neu anziehenden Pfarrern findet hinsichtlich der Nutzungen der Pfarrländereien in den Landestheilen, in welchen das A.L.R. durch das Patent v. 15. Novbr. 1816, (G.S. S. 233) eingeführt worden, der §. 199 L.R. I, 7 keine Anwendung, vielmehr gilt für diese Auseinandersetzungen statt des dort bezeichneten Wirthschaftsjahres das nach der bisherigen allgemeinen Observanz vom 1. Oktbr. bis 30. Septbr. zu berechnende Deservitenjahr. Eine Ausnahme hiervon ist kraft besonderer Observanzen zulässig. Auch in Ansehung des Einkommens von Kapitalien und Gerechtigkeiten, namentlich der Geld- und Naturalgefälle, sowie in Ansehung der den Pfarrern zustehenden Naturaldeputate bewendet es, unter Ausschließung des §. 171 L.R. I, 21, bei der bisherigen Observanz.

Diese Grundsätze finden auch bei fundirten evangelischen Diakonats- und sonstigen Pfarramtsgehülfen-Stellen .... in den vorgedachten Landestheilen Anwendung.

(Die Landestheile, in welche das A.L.R. durch Patent v. 15. Novbr. 1816 eingeführt worden ist, sind die ehemals Sächsischen Provinzen und Distrikte, welche durch den Friedensvertrag v. 18. Mai 1815, G.S. S. 53 ff. an Preußen kamen. In der Provinz Posen ist das A.L.R. erst durch Patent v. 9. Novbr. 1816, G.S. S. 225 wieder eingeführt worden.)

Bezüglich der Anwendbarkeit der Bestimmungen in den §§. 833 ff., L.R. II, 11 über das Sterbequartal von dem Amtseinkommen der Geistlichen auf die Oberlausitz vgl. das R. d. Ev. Ob.K.raths v. 4. März 1858, Aktenst. Heft 10 (2. Bd. 4. Heft) S. 259 ff.

[37]) Erk. d. Reichsger. v. 25. Novbr. 1880, amtl. Mittheil. des Konsistor. zu

So lange ein Kirchenamt erledigt ist und nicht den Hinterbliebenen [38]) des letzten Stelleninhabers der Genuß der Stelleneinkünfte zusteht, hat der Gemeinde-Kirchenrath sich der Einziehung und Verwaltung der letzteren unter Mitwirkung des Kirchenkassen-Rendanten ebenso zu unterziehen, wie bei sonstigen kirchlichen Fonds. Aus den Einkünften der Vakanzkasse [39]) sind zunächst die von der Stelle zu entrichtenden Abgaben (z. B. Pfarrbeiträge und Pfründenabgaben zum Pensionsfonds u. dgl.) und die Kosten der Amtsver-

---

Königsberg 1881 S. 25: Die von einem Grundstücke zu entrichtende Kalende fällt nicht dadurch fort, daß das Grundstück unter Beseitigung der Feuerstelle mit einem nicht kalendepflichtigen Grundstück (in casu mit der Königl. Forst) vereinigt wird.

[38]) Ueber die kirchlichen Einrichtungen in der evangelischen Landeskirche der älteren Preußischen Provinzen zur Versorgung von Wittwen und Waisen der Geistlichen vgl. die ausführliche Zusammenstellung im kirchl. G. u. V.Bl. 1883 S. 144—154.

Vgl. das Erk. des Oberverwalt ger. v. 27. März 1886, betr. das Recht der Aufsichtsbehörden zu Feststellungen über das Maaß des von den Kirchengemeinden nach Ostpreußischem Provinzialrecht zu zahlenden Pfarrwittwengehaltes. Kirchl. G. u. V.Bl. 1886 S. 76.

[39]) Zur vorschriftsmäßigen Verwaltung der Pfarrvakanzkassen hat das Konsistorium zu Posen eine ausführliche Instruktion v. 18. Febr. 1882, kirchl. Amtsbl. Posen 1882 S. 23 erlassen.

In ähnlicher Weise, wie die Pfarrvakanzkassen sind auch die Kassen anderer vakanten kirchlichen Institute, z. B. der vakanten Kantorate, einzurichten und zu behandeln.

Vgl. die Verf. des Konsistorii zu Breslau v. 14. Juni 1882, betr. die Verwaltung der Pfarrvakanzkassen, Allgem. Kirchenbl. für d. evangelische Deutschl. 1883 S. 14.

Das R. der Min. f. Landw. und der geistl. Ang. v. 9. Oktbr. 1883, kirchl. Amtsbl. des Konsistor. zu Königsberg 1883 S. 150, bezeichnet in Uebereinstimmung mit mehrfachen gerichtlichen Entscheidungen die auf den Bestimmungen des Kirchenvisitationsrezesses de confirm. 29. Juni 1639 Thl. II Nr. 3 und der Forstordnung für Ostpreußen und Litthauen v. 3. Dezbr. 1775 beruhenden festen Deputatholzabgaben an die Pfarrer aus fiskalischen Forsten nicht als einen der Person des jeweiligen Pfarrers zugesicherten Bedürfnißzuschuß, sondern als einen Dotationszuschuß der Pfarrstelle, auf welchen der §. 852 L.R. II, 11 und der Zusatz §. 209 des Ostpreuß. Provinz.rechtes Anwendung finden. Diese Deputatholzabgaben sind daher auch während der Vakanz den Pfarrstellen unverkürzt fortzuentrichten. In gleicher Weise sind alle übrigen an Pfarrer und sonstige Kirchendiener beider Konfessionen zu entrichtenden festen Deputatholzabgaben zu behandeln, ohne Unterschied, ob sie auf Herkommen, Verjährung oder besonderer Verleihung beruhen, und ob sie als ablösbare Reallasten anzusehen sind oder nicht, es sei denn, daß in einer Verleihungsurkunde das Gegentheil ausdrücklich bestimmt ist. Dagegen sind die nach §. 45 Nr. 5 der Schulordnung für die Provinz Preußen v. 11. Dezbr. 1845 an die Schulstelle zu entrichtenden, in diesem Gesetze nur nach ihrem Maximalsatze beschränkten Brennholzabgaben als Bedürfnißzuschüsse anzusehen.

waltung zu bestreiten, welche von der Aufsichtsbehörde festgestellt werden; der etwaige Ueberschuß ist, wenn nicht anderweite Rechtsansprüche im Wege stehen, für die Stelle als Kapital anzusammeln. Nach Abschluß der Vakanzkasse ist die Rechnung dem Konsistorium zur Prüfung und Entlastung einzureichen (§§. 395 ff., 852 ff. A. L.-R. II, 11, Min.-Erlasse vom 22. März 1847 und 1. Oktober 1847 I, 16 u. 17, M.-Bl. f. d. i. V. S. 250 u. 278; desgl. vom 6. September 1858, Aktenst.d. Ev. O.-K.-R. Bd. II. S. 264).

2. Verpachtung (Vermiethung) von Grundstücken.

a. Ausbietung; Mitwirkung anderer Instanzen.

§. 45. Die Verpachtung (Vermiethung) kirchlicher Grundstücke, welche nicht einem Nießbraucher überwiesen sind, ist, wenn nicht wesentliche Gründe ein Anderes ausnahmsweise bedingen, unter Anwendung des öffentlichen Meistgebots vorzunehmen (§§. 668 f. A. L.-R. II, 11; vgl. o. §. 26 Abs. 1). Zu diesem Zwecke ist zeitig vor Ablauf des Wirthschaftsjahres bezw. des bestehenden Pachtvertrags vor einem Beauftragten des Gemeinde-Kirchenraths ein Bietungstermin anzuberaumen und mit Hinweis auf die zur allgemeinen Kenntnißnahme auszulegenden Bedingungen (vgl. §. 46) in ortsüblicher Weise bekannt zu machen, um in demselben die höchstbietenden und in sonstiger Beziehung besten Bewerber zu ermitteln. Die abgegebenen Gebote sind zu Protokoll zu nehmen und von den Bietern zu unterschreiben. Der Gemeinde-Kirchenrath beschließt über Ertheilung des Zuschlags.

Zu der Verpachtung (Vermiethung) bedarf es der Zustimmung des Patrons (§. 4) und in denjenigen Fällen, wo ein Grundstück bisher an Pachtzins über 150 Mark ertragen hat, oder an den Patron oder auf mehr als sechs Jahre verpachtet werden soll, der Genehmigung des Konsistoriums, endlich, wenn die Verpachtung auf länger als zehn Jahre stattfinden soll, auch der Mitwirkung der Gemeindevertretung (§§. 670 ff. A. L.-R. II, 11; §. 31 Nr. 1 K.-G.- u. S.-O., vgl. u. §. 48).

b. Vertrag.

§. 46. Ist das Einverständniß mit diesen Betheiligten erreicht, so wird der Pachtvertrag schriftlich mit beiderseitiger Unterschrift nach Maßgabe der der Ausbietung (§. 45) zu Grunde gelegten Bedingungen abgeschlossen. Dabei ist darauf zu halten, daß das Grundstück nach Art, Größe und Grenzen, die Höhe und Verfall-Zeit des Pachtzinses, Anfangs- und Endtermin des Wirthschaftsjahrs, für

---

Ueber die vertretungsweise Verwaltung von Schulstellen, welche mit Kirchenämtern verbunden sind, sowie über die Verwaltung der Vakanzkassen bei solchen Stellen vgl. die Cirkul.Verf. der K. Regierung zu Potsdam v. 9. Oktbr. 1883, amtl. Mitthl. des Konsistor. zu Berlin 1884 S. 27.

welches der letztere verrechnet werden soll, sowie die Pachtdauer nebst etwaigen Kündigungsbestimmungen genau bezeichnet, die Leistung etwaiger Kautionen geregelt, auch wegen gehöriger Düngung, Tragung der Lasten, Behandlung des Inventars und etwaiger Meliorationen, Ausschließung von Pachtermäßigungen, Verfahren im Todesfall des Pächters u. dgl., genügende Festsetzungen getroffen werden.

Bei größeren Pachtungen, besonders solchen, welche sich auf ganze Landgüter beziehen und ein jährliches Pachtgeld von 600 ℳ. oder mehr festsetzen (§§. 401 bis 407 A. L.=R. I, 21), oder wo sonst (z. B. wegen verwickelten Pachtvertrages) zur Sicherung der Kirche eine öffentliche Beglaubigung der Unterschrift des Pächters rathsam erscheint, sowie in allen Fällen, wo sich etwa der Pächter für Fälle der Säumigkeit in Erfüllung seiner Obliegenheiten sofortiger Zwangsvollstreckung unterwerfen soll (§. 702 Nr. 5 Civ.=Proz.=Ordn.; vgl. u. §. 90), ist der Pachtvertrag notariell oder gerichtlich abzuschließen.

§. 47. Kann ein Kirchengut nicht verpachtet werden, so muß die Bewirthschaftung desselben auf Rechnung der Kirchenkasse, nöthigenfalls mit Hülfe der Kirchengemeinde geschehen (§. 675 A. L.=R. II, 11). c. Fälle, in welchen die Verpachtung unmöglich ist.

§. 48. Inhaber kirchlicher Stellen können ihre Dienstgrundstücke auf die Dauer ihrer Dienstzeit, vorbehaltlich der Aufsicht des Gemeinde=Kirchenraths über die Substanz (§. 19), nach Belieben selbst bewirthschaften oder verpachten. Verträge oder zureichende Notizen darüber sind, so lange das Interesse der Stelle reicht, bei den Akten aufzubewahren. Soll an einen Pachtvertrag der Amtsnachfolger gebunden sein, so ist dazu die Zustimmung der Gemeindekörperschaften, des Patronats (§. 4) und des Konsistoriums erforderlich (§. 778 ff. 800 bis 803 A. L.=R. II, 11; §. 31 Nr. 1 K.=G.= u. S.=O.). d. Stellengrundstücke

Dienstwohnungen kann ein Stelleninhaber nur mit Einwilligung des Patrons (§. 4) und des Gemeinde=Kirchenraths vermiethen. Soll dies über seine Dienstzeit hinaus geschehen, so ist die Mitwirkung der Gemeindevertretung erforderlich (§. 782 A. L.=R. II, 11; §. 31 Nr. 1 K.=G.= u. S.=O.).

§. 49. Wenn zur Deckung nothwendiger kirchlicher Bedürfnisse Geldmittel erforderlich werden, so sind zu deren Hergabe in erster Linie Diejenigen anzuhalten, welchen nach den bestehenden Gesetzen oder nach örtlichem Rechte eine besondere, d. h. nicht durch die Parochialangehörigkeit als solche bedingte, persönliche oder dingliche Verpflichtung zu den betreffenden Leistungen (z. B. Bauten, Fuhren u. dgl.) obliegt.[40] 3. Beschaffung der Mittel zu kirchlichen Bedürfnissen. a. Speziell Verpflichtete.

---

[40]) R. des Min. d. g. A. v. 17. Juli 1886, kirchl. G. u. V.Bl. 1886 S. 96:

Fehlt es an solchen zunächst Verpflichteten, so sind die erforderlichen Mittel unter Wahrung der gesetzlichen Vorschriften wegen Zustimmung des Patrons (§. 4) und der Aufsichtsbehörde (vgl. §§. 23 f. und 69) aus den verfügbaren Beständen des Kirchenvermögens (vgl. §§. 712 ff. A. L.-R. II, 11) zu entnehmen.

Reichen diese nicht aus, so ist auf die nach Gesetz oder örtlicher Verfassung aushülfsweise Verpflichteten zurückzugehen, wie insbesondere in Baufällen auf den Patron und die etwa sonst subsidiär Haftbaren. Grund, Art und Maß der Leistung richtet sich in solchen Fällen lediglich nach dem bestehenden Rechte. Aus letzterem ist namentlich auch zu entnehmen, ob und inwieweit die Verpflichtung der neben dem Patron haftbaren Personen auf ihrer persönlichen Zugehörigkeit zur Kirchengemeinde oder auf einem anderen Rechtsgrunde beruht, z. B. mit dem Besitze verpflichteter Grundstücke zusammenhängt, ob daher auch Personen, welche nicht Mitglieder der Kirchengemeinde sind, wie außerhalb Wohnende (Forensen), einer anderen religiösen Bekenntnißgemeinschaft Angehörige (Katholiken, Juden, Dissidenten ꝛc.), juristische Personen u. dgl., mitheranzuziehen sind.

Die kirchlichen Gemeindekörperschaften sind dafür verantwortlich, daß ohne erhebliche Gründe und ohne diejenigen Voraussetzungen, welche bei stiftungswidriger Verwendung kirchlichen Vermögens zu erfüllen sind (§. 18), Verpflichtete der vorgedachten Art von ihren Obliegenheiten im Allgemeinen und im einzelnen Falle nicht zum Nachtheil des kirchlichen Vermögens entbunden werden.

b. Leistung der Gemeindeglieder, Anleihe, Fonds-Ansammlung.

§. 50. Soweit die erforderlichen Geldmittel in vorstehender Weise nicht beschafft werden können, auch nicht ausnahmsweise zu ihrer Deckung eine Anleihe (etwa zu planmäßiger Tilgung) aufgenommen werden soll (§§. 227, 645 f. A. L.-R. II, 11; §. 31 Nr. 3 K.-G.- u. S.-O.; Art. 24 Nr. 1 u. 3 Ges. v. 3. Juni 1876, vgl. o. §. 18), sind dieselben unmittelbar von den Mitgliedern der Kirchengemeinde aufzubringen.

Ist ein solches Bedürfniß längere Zeit vorauszusehen, z. B. bei Bauten, so haben die Gemeindekörperschaften vorsorglich für die allmähliche Ansammlung des nöthigen Geldbetrages, nöthigenfalls durch Erhebung angemessener Beisteuern von den Gemeindegliedern und

---

Die allgemeine gesetzliche Verbindlichkeit der spanndienstpflichtigen Parochianen zur Leistung der **Kirchenfuhren**, wie solche z. B. im Gebiete des A.L.R. auf Grund des §. 715 II, 11 für die Kirchenbaulast besteht, gehört nicht zu den „**speziellen Verpflichtungen**“ im Sinne des §. 31 Nr. 6 der Kg.Ord.

für die abgesonderte Verwaltung des betreffenden, nur zur Erfüllung der fraglichen Verpflichtungen der Gemeindeglieder verwendbaren Fonds Sorge zu tragen.

Andernfalls ist der Bedarf durch nachträgliche einmalige oder mehrmalige Vertheilung, doch jedenfalls so zeitig aufzubringen, daß die Verbindlichkeiten pünktlich erfüllt werden können.

§. 51. Handelt es sich dabei um althergebrachte Zwecke, z. B. Bauten, Fuhren, Pfarrbesoldung, regelmäßige Aufbringung des c. Vertheilungsfuß.[41])

---

[41]) Nach dem Reskr. des Min. d. g. A. v. 31. Mai 1882 Nr. G. I, 477. G. II hat das K. Staatsministerium am 13. Febr. 1882 beschlossen, daß als Vertheilungsmaaßstab für kirchliche Lasten die staatliche Grund- und Gebäudesteuer ungeeignet sei, und daß in der Staatsverwaltung bei der Bestätigung von Beschlüssen über Vertheilung kirchlicher Lasten daran festgehalten werden müsse, die Vertheilung nur auf die dem Einkommen bez. der Leistungsfähigkeit entsprechenden Steuern zu radiziren.

R. des Ministers der geistl. Ang., betr. den Vertheilungsmaßstab für kirchliche Umlagen, v. 28. Nov. 1883, kirchl. G. u. V.Bl. 1884 S. 54, kirchl. Amtsbl. Posen 1883 S. 59:

Die Berichte über die Ausführung des Staatsministerial-Beschlusses vom 13. Februar 1882, betr. den Vertheilungsmaßstab kirchlicher Umlagen, haben ergeben, daß der von dem K. Staatsministerium angenommene Grundsatz bei der Bestätigung von Umlagebeschlüssen kirchlicher Organe nicht überall gleichmäßig aufgefaßt und gehandhabt ist. Zugleich sind Unzuträglichkeiten, welche bei Doppelbesteuerungen kirchlicher Gemeindeglieder sich herausgestellt haben, zur Sprache gebracht worden.

Deswegen bestimme ich hierdurch Folgendes:

1. Bei der Vertheilung kirchlicher Umlagen sind die Grund-, Gebäude- und Gewerbesteuern als Maßstab fortan auszuschließen. Selbst ergänzungsweise neben der Klassen- und Einkommensteuer dürfen dieselben nicht mehr bei der Vertheilung kirchlicher Lasten herangezogen werden. Beschlüssen kirchlicher Organe, welche dieser Vorschrift nicht entsprechen, ist auf Grund des Art. 3 Abs. 3 und 4 des Gesetzes vom 25. Mai 1874 (Ges.-S. S. 147), §. 18 litt. d der Kirchen-Ordnung für die evangelischen Gemeinden der Provinz Westfalen und der Rheinprovinz vom 5. März 1835, sowie des §. 50 Nr. 9 des Gesetzes vom 20. Juni 1875 (Ges.-S. S. 241) die Genehmigung und Vollstreckbarkeit zu versagen; auch sind auf Grund des Art. 3 des Gesetzes vom 3. Juni 1876 (Ges.-S. S. 125) Beschwerden gegen solche Beschlüsse nach demselben Gesichtspunkte zu erledigen.

2.*) Personen, welche einen doppelten Wohnsitz haben, sind zwar nach Lage der Gesetzgebung bei der Parochialkirche eines jeden derselben als Eingepfarrte zu Parochialabgaben verpflichtet. Daraus folgt jedoch nicht, daß dieselben in jeder Parochie mit ihrem vollen Einkommen heranzuziehen seien.

---

*) Vgl. jedoch hierzu das (unten mitgetheilte) R. des Min. d. g. A. v. 5. Febr. 1886.

Für den Geltungsbereich des Allgem. Landrechts stehen solchem Verfahren vielmehr die ausdrücklichen Vorschriften desselben Th. II. Titel 11 §§. 265 und 739 entgegen, wonach, „wer in zwei Kirchspielen eingepfarrt ist, in jedem nur nach Verhältniß der in demselben besitzenden Grundstücke oder des in demselben treibenden Gewerbes beiträgt.“ Dies allein entspricht den allgemeinen Besteuerungsgrundsätzen, und muß daher — auch außerhalb des Geltungsbereichs jener Vorschriften — auf alle für die Zwecke einer Kirchengemeinde ausgeschriebenen Umlagen dergestalt Anwendung finden, daß Eingepfarrte, welche einen doppelten Wohnsitz haben, nach ihrem Einkommen aus Grundvermögen nur in derjenigen Parochie besteuert werden, in welcher die betreffenden Grundstücke liegen.

Hinsichtlich der innerhalb der evangelischen Kirche für provinzielle oder landeskirchliche Zwecke ausgeschriebenen Umlagen kommt sodann in Betracht, daß der Art. 16 des Gesetzes vom 3. Juni 1876 (Ges.=S. S. 125) die Gesammthöhe dieser Umlagen durch einen Prozentsatz der Klassen- und Einkommensteuer der zur evangelischen Landeskirche gehörigen Bevölkerung begrenzt. Dabei ist von einer doppelten Anrechnung des Steuersatzes irgend eines zu dieser Bevölkerung gehörigen Censiten nicht die Rede (vergl. auch §. 16 Abs. 1 des Kirchengesetzes, betr. das Ruhegehalt der emeritirten Geistlichen, vom 26. Januar 1880, [Kirchl. Ges. und Verordn.=Bl. S. 37], und das Kirchengesetz, betr. die Ausschreibung von Umlagen für provinzielle und landeskirchliche Zwecke, vom 2. September 1880, [ebenda S. 134]).

Demgemäß hat auch der Evangelische Ober=Kirchenrath durch den Cirkular=Erlaß vom 12. Mai d. J. (a. a. O. 1883 S. 62), die K. Konsistorien angewiesen, bei der Feststellung der auf die evangelischen Gemeindeglieder innerhalb der Landeskirche veranlagten Klassen= und Einkommensteuer behufs Berechnung des landeskirchlichen Umlage=Solls die Steuer von Personen, welche einen doppelten Wohnsitz haben, nur da verzeichnen zu lassen, wo sie von der Staatsbehörde veranlagt und erhoben werden.

Darf hiernach bei der Bemessung des Gesammtbetrages dieser Umlagen für die Landeskirche oder den Provinzialbezirk keines Censiten Steuer doppelt in Ansatz kommen, so ist es auch nicht statthaft, bei der schließlichen Repartition derselben unter die Gemeindeglieder Jemanden zu solchen Umlagen doppelt heranzuziehen. Es ist deshalb darauf zu halten, daß diejenigen Personen, welche einen doppelten Wohnsitz haben, für ein und denselben provinziellen oder landeskirchlichen Zweck künftig nur einmal, und zwar in derjenigen Parochie, wo sie zur Staatssteuer veranlagt sind, besteuert werden.

Die Generalsynodalkosten, obwohl mit den übrigen Synodalkosten von der Vorschrift des Art. 16 des Gesetzes vom 3. Juni 1876 ausgenommen, stehen hier den sonstigen landeskirchlichen Aufwendungen dennoch gleich, da sie nach dem Kirchengesetz, betreffend die Vertheilung der Generalsynodalkosten und der landeskirchlichen Umlagen auf die einzelnen Provinzen, vom 2. September 1880 (a. a. O. 1880 S. 133), ebenso wie diese unter die Provinzen nach Maßgabe „der von den evangelischen Gemeindegliedern aufzubringenden Klassen- und Einkommensteuern“ vertheilt werden. Der Grundsatz muß aber auch auf die Provinzial- und Kreissynodalkosten Anwendung finden.

Nur wenn die mehreren Wohnsitze einer Person auch in verschiedenen Provinzen oder Kreissynodalbezirken liegen, darf dieselbe — im ersten Falle zu den Provinzialsynodalkosten und den sonst für provinzielle Zwecke ausgeschriebenen Umlagen in jeder Provinz, im zweiten Falle zu den Kreissynodalkosten in jedem Kreissynodalbezirk — einmal herangezogen werden. (Min.Bl. d. i. V. 1883 S. 257.) —

R. des Min. d. geistl. Ang. v. 30. August 1884, kirchl. G. u. V.Bl. 1884 S. 57, kirchl. Amtsbl. Posen 1884 S. 43:

Bereits durch den Cirkular-Erlaß vom 28. November 1883 habe ich Veranlassung genommen, über die Handhabung des Beschlusses des K. Staatsministeriums vom 13. Februar 1882, betr. den Ausschluß der Grund- und Gebäudesteuer bei der Vertheilung kirchlicher Lasten, nähere Bestimmung zu treffen. Inzwischen hat sich insbesondere bei den unlängst im Hause der Abgeordneten deswegen gepflogenen Verhandlungen herausgestellt, daß über die Absicht und Tragweite des Beschlusses gleichwohl noch Mißverständnisse obwalten.

1) Die Namens der K. Staatsregierung im Landtage abgegebenen Erklärungen stellen es außer Zweifel, daß in Uebereinstimmung mit dem in analogen Fragen eingenommenen Standpunkt die K. Staatsregierung lediglich die Absicht verfolgt, den Grundbesitz vor der Auferlegung neuer Lasten zu schützen. Dieser Erfolg darf daher durch die Ausführung der Maßregel in keiner Weise verkümmert und muß vielmehr bei der Entscheidung hervortretender Zweifel stets im Auge behalten werden.

2) Hieraus ergiebt sich, daß der Staatsministerial-Beschluß seine eigentliche Bestimmung findet in Anwendung auf Beschlüsse kirchlicher Organe wegen Festsetzung des Beitragsfußes für solche Lasten, welche erst durch die neuere Gesetzgebung ermöglicht oder eingeführt sind. Dahin gehören in erster Linie die Umlagen für die Bedürfnisse der größeren, über die Lokalgemeinde hinausgehenden Verbände innerhalb der evangelischen Landeskirche, also die Synodalkosten, die Beiträge für den landeskirchlichen Pensionsfonds und Aehnliches.

Es gehören ferner dahin die Umlagen zur Aufbringung der Entschädigungen für die in Folge des Civilstandsgesetzes eingeleitete Aufhebung der Stolgebühren, so wie sonstiger Pfarrgehalts-Zuschüsse, soweit solche durch Beschlüsse der kirchlichen Gemeinde-Organe oder auf Grund gesetzlicher Bestimmung neuerdings gewährt sind.

3) Was die seit Alters für die Zwecke der Einzel-Kirchengemeinde erhobenen Lasten, insbesondere die kirchliche Baulast, die Leistungen zur Unterhaltung der Geistlichen und Kirchenbeamten, sowie die Aufbringung der Kultuskosten betrifft, so ist zunächst zu prüfen, ob für diese spezielle Verpflichtete im Sinne des §. 31 Nr. 6 der Kirchengemeinde- und Synodal-Ordnung vom 10. September 1873 und des §. 21 Nr. 7 des Gesetzes vom 20. Juni 1875 über die Vermögensverwaltung in den katholischen Kirchengemeinden vorhanden sind. Darunter sind solche Verpflichtete zu verstehen, deren Leistungspflicht — mag sie auf Vertrag, Observanz oder Gesetz beruhen — nicht oder nicht allein durch die persönliche Parochialangehörigkeit bedingt ist. Verpflichtungen dieser Art können, auch soweit sie auf dem Grundbesitze haften, selbstredend nur durch Vertrag oder Gesetz verändert oder aufgehoben werden.

4) Abgesehen hiervon finden sich vieler Orten auch für die nur von den

---

Parochianen aufzubringenden Lasten Vertheilungsmaßstäbe, welche auf Grund eines Uebereinkommens des Betheiligten, genehmigter Beschlüsse der Gemeindevertretungen, Observanzen oder spezieller Gesetze zu Recht bestehen. Die fortdauernde Gültigkeit solcher Maßstäbe ist durch die Entscheidungen der höchsten Gerichtshöfe (zu vergl. Erkenntnisse des Ober-Tribunals vom 7. November 1877, Entschdg. Bd. 81 S. 75 des Reichsgerichts vom 8. Januar 1880, Entschdg. Bd. 1 S. 140 des Gerichtshofes zur Entschdg. der Kompetenz-Konflikte vom 8. Januar 1881, Kirchl. Ges.- und Verordn.-Bl. S. 42) anerkannt, so daß diese, bis etwa mit Genehmigung der Aufsichtsbehörden die kirchlichen Gemeindeorgane kraft ihrer autonomen Befugniß abweichende Umlagebeschlüsse fassen, auch ferner in Anwendung kommen müssen.

5) Da die althergebrachten Vertheilungsmaßstäbe aber, sofern sie nicht auf dem staatlichen Steuersysteme fußen, häufig eine ungerechte Vertheilung zur Folge haben, hat sich mannigfach die Nothwendigkeit ihrer Abschaffung herausgestellt. Solchenfalls kann nach dem angezogenen §. 31 Nr. 6 der Kirchengemeinde- und Synodal-Ordnung und dem §. 21 Nr. 8 des Gesetzes vom 20. Juni 1875 nur der Staatssteuerfuß an die Stelle treten.

Derartige Vertheilungsmaßstäbe durch Beschlußnahme der kirchlichen Organe zu beseitigen, pflegt jedoch auf Schwierigkeiten zu stoßen, wenn durch die Einführung des Staatssteuerfußes bestehende Lasten dem Grundbesitze abgenommen werden. In diesen Fällen würden daher durch den gänzlichen Ausschluß der Grund- und Gebäudesteuer bei Anwendung des Staatssteuerfußes zum Nachtheil des Grundbesitzes jene althergebrachten, unbilligen Vertheilungsmaßstäbe nur noch länger festgehalten werden.

Um dem zu begegnen, erscheint es unbedenklich, in solchen Fällen der Umwandlung eines bestehenden Beitragsfußes in den Staatssteuerfuß die Mitheranziehung der Grund- und Gebäudesteuer zu gestatten. Ihre Grenze muß jedoch auch hier die Heranziehung der Grund- und Gebäudesteuer darin finden, daß dadurch das Maß der dem Grundbesitze bereits obliegenden Lasten keinenfalls erhöht, sondern nur eine gerechtere Vertheilung derselben unter die einzelnen Grundbesitzer herbeigeführt werden darf.

Sollten aber die kirchlichen Gemeinde-Organe die Heranziehung der Grund- und Gebäudesteuer überhaupt nicht beschließen, so wird auch hier in der Regel kein Anlaß vorhanden sein, ihnen darin von Aufsichtswegen entgegenzutreten, und die Umlagebeschlüsse etwa deshalb zu beanstanden, weil die Grund- und Gebäudesteuer nicht berücksichtigt ist.

6) Da die vorstehenden Grundsätze auch für die katholischen Kirchengemeinden, sowie im Gebiete der Kirchenordnung für die evangelischen Gemeinden der Provinz Westfalen und der Rheinprovinz vom 5. März 1835 Platz greifen, so ist auch dort die Heranziehung der Grund- und Gebäudesteuer jedenfalls für die Befriedigung der durch die neuere Gesetzgebung erwachsenen Bedürfnisse ausgeschlossen.

Sollten irgendwo besondere thatsächliche Verhältnisse eine Ausnahme von dem Staatsministerial-Beschlusse zu begründen scheinen, so würde darüber gegebenen Falls hierher zu berichten sein. —

R. des Min. d. geistl. A. v. 9. Obo48r1 8ekt, kirchl. G. u. V.Bl. 1884 S. 60, kirchl. Amtsbl. Posen 1884 S. 45:

Bei Vertheilung derjenigen kirchlichen Lasten, welche von Alters her durch die Gemeindeglieder mittels Umlagen aufgebracht worden sind, erscheint nach dem Cirkular-Erlasse vom 30. August 1884 die Heranziehung der Grund- und Gebäudesteuer zulässig, auch wenn der Repartitionsfuß nicht auf die Dauer, sondern von Zeit zu Zeit in jährlichen oder sonst entsprechenden Zwischenräumen durch Beschluß festgestellt ist. Dieser Fall tritt namentlich da ein, wo — wie im Gebiete der Kirchenordnung für die evangelischen Gemeinden der Provinz Westfalen und der Rheinprovinz vom 5. März 1835 — regelmäßige kirchliche Umlagen nicht erst durch die neuere Gesetzgebung eingeführt sind, der Repartitionsfuß aber bei Ausschreibung der Gemeinde-Umlagen jedesmal von Neuem festgesetzt zu werden pflegt.

Insbesondere soll die Berücksichtigung der Immobiliarsteuern bei Vertheilung bezeichneter Lasten auch ferner grundsätzlich nicht untersagt sein, wenn die unter Nr. 5 des Cirkular-Erlasses gedachte Umwandlung veralteter Repartitionsfüße nicht erst gegenwärtig stattfindet, sondern schon früher erfolgt ist.

Bedingung für die Heranziehung der Grund- und Gebäudesteuer ist jedoch auch hier, daß eine Mehrbelastung des Grundbesitzes überall vermieden wird. —

R. des Min. d. geistl. A. v. 5. Febr. 1886, betr. die Beschränkung der Doppelbesteuerung von Personen, welche in Folge mehrfachen Wohnsitzes in verschiedenen Parochieen eingepfarrt sind, kirchl. Ges. u. V.Bl. 1886 S. 26:

Der diesseitige Cirkularerlaß vom 28. November 1883 enthält unter Nr. 2 Anordnungen zur Beschränkung der Doppelbesteuerung von Personen, welche in Folge mehrfachen Wohnsitzes in verschiedenen Parochieen eingepfarrt sind. Nachdem durch das Gesetz vom 27. Juli 1885 (G.-S. S. 327) die Doppelbesteuerung ein und desselben Einkommens bei mehrfach domizilirten Personen auf dem Gebiete der Kommunalabgaben beseitigt ist, kann solche — auch in der jetzt vorhandenen Beschränkung — auf dem Gebiete des kirchlichen Veranlagewesens nicht mehr zugelassen werden.

Ich hebe deshalb vom 1. April 1886 ab die Nr. 2 des Cirkularerlasses vom 28. November 1883 hierdurch auf und bestimme statt dessen Folgendes:

1) Für die kirchliche Besteuerung von mehrfach eingepfarrten Personen kommt auch ferner in erster Linie die auch außerhalb seines Geltungsbereiches als Verwaltungsgrundsatz zu beobachtende Vorschrift des Allgemeinen Landrechts Theil II. Tit. 11 §§. 265. 739 in Betracht. Wenn dort bestimmt wird, daß „wer in zwei Kirchspielen eingepfarrt ist, in jedem nur nach Verhältniß der in demselben besitzenden Grundstücke und des in demselben treibenden Gewerbes beiträgt", so ist damit einmal die Doppelbesteuerung mehrfach eingepfarrter Personen bereits grundsätzlich verworfen und andrerseits das Theilungsprinzip gegeben, nach welchem unter diesem Gesichtspunkte die Besteuerungsobjekte solcher Personen für den Fall der Repartition der Kirchenlasten nach Grundbesitz oder Gewerbebetrieben unter die konkurrirenden Parochieen zu vertheilen sind.

2) Dieses Prinzip läßt sich auf die Vertheilung der Kirchenabgaben nach dem Einkommen, also auch auf die Vertheilung nach der jetzigen Staats-Klassen- und Einkommensteuer insoweit ohne Weiteres übertragen, als das Einkommen der Censiten aus Grundbesitz oder Gewerbebetrieb innerhalb der betreffenden Parochieen herrührt.

Dagegen fehlte es bisher an einem Theilungsprinzipe für das aus auswärtigem Grundbesitz oder Gewerbebetriebe, sowie aus anderen Quellen, namentlich aus Kapitalvermögen, fließende Einkommen.

Der §. 11 des angezogenen Gesetzes hat ein solches Prinzip jetzt für die Kommunalabgaben aufgestellt. Es ist unbedenklich, dasselbe in denjenigen Fällen auch auf die Kirchensteuern anzuwenden, wo es nach Obigem noch an einem Theilungsprinzipe fehlt. Demnach sind künftig mehrfach eingepfarrte Personen mit demjenigen Einkommen, welches nicht aus Grundbesitz oder Gewerbebetrieb innerhalb der betreffenden Parochieen herrührt, in jeder Parochie nur von einem der Zahl der betheiligten Parochieen entsprechenden Bruchtheile heranzuziehen.

Diejenigen Bestimmungen des §. 11, welche auf die den Kommunen gestattete Besteuerung der Forensen zurückzuführen sind, leiden hier selbstverständlich nur dann Anwendung, wenn — was regelmäßig nicht der Fall — durch besonderes Provinzialrecht oder Lokalobservanzen Kirchengemeinden die Besteuerung von Grundeigenthum ohne Rücksicht auf den Wohnsitz und die dadurch bedingte Gemeindeangehörigkeit des Besitzers gestattet ist.

3) Wird schon hiernach jede doppelte Heranziehung des Einkommens mehrfach Eingepfarrter künftig ausgeschlossen sein, so bedarf es zu dem Behufe nicht mehr der in dem Cirkularerlasse vom 28. November 1883 gemachten Unterscheidung der für die Zwecke der Einzelgemeinde und der für die Zwecke der über diese hinausreichenden Verbände der evangelischen Landeskirche bestimmten Umlagen.

Nach diesen Bestimmungen sind Beschwerden wegen Doppelbesteuerung derjenigen Personen, welche in Folge mehrfachen Wohnsitzes in verschiedenen Parochieen eingepfarrt sind und nach dem Eingangs bezeichneten Termine zu Kirchenumlagen herangezogen werden, zu erledigen.

R. des Ev. Ob.K.raths v. 30. Oktbr. 1884, kirchl. G. u. V.Bl. 1884 S. 63:
. . . Bei Umlagen, welche nach dem Fuße von Staatssteuern oder in Form von Zuschlägen zu diesen Steuern auszuschreiben sind, gilt es im Allgemeinen als feststehender Grundsatz, daß denselben nur das Steuersoll des laufenden Jahres, nicht eine Isteinnahme aus früherer Zeit zu Grunde gelegt wird. . . . Dieser Grundsatz ist auch in dem Verfahren bei kirchlichen Umlagen von jeher als Regel anerkannt . . . . Die Kirchengemeinden können hiernach nicht davon entbunden werden, das Staatssteuersoll, zu welchem ihre Gemeindeglieder veranlagt sind, in jedem Jahre zu ermitteln, in welchem eine kirchliche Umlage neu ausgeschrieben wird. Die Betheiligten werden hierbei namentlich darüber aufzuklären sein, daß die Steuererlasse und -Ermäßigungen, welche der Staat den Angehörigen mehrerer Stufen der Klassen- und Einkommensteuer gewährt, (vgl. Nr. 2 des R. des Ev. Ob.K.raths v. 12. Mai 1883, kirchl. G. u. V.Bl. S. 64) bei Bemessung der Steuerkraft der Kirchengemeinden und Synodalverbände behufs Feststellung des kirchlichen Umlagesolls für landeskirchliche

Kirchenkassenbedarfs u. dgl., für welche sich ein bestimmter Vertheilungsmaßstab nach Ortsverfassung, d. h. auf Grund Uebereinkommens der Betheiligten, genehmigter Beschlüsse der Gemeindekörperschaften, Observanz oder nach sonstigem örtlichen Recht, herausgebildet hat, so ist dieser Maßstab auch ferner vom Gemeinde-Kirchenrath in Anwendung zu bringen bis dahin, wo derselbe in rechtsgültiger Weise und mit Genehmigung der Aufsichtsbehörde im Einzelfalle oder dauernd durch einen anderen ersetzt ist (Erk. d. Ob.-Trib. v. 7. Nov. 1877, Entsch. Bd. 81 S. 75, und d. Reichsger. v. 8. Januar 1880, Entsch. Bd. 1 S. 140). Der hergebrachte Vertheilungsfuß ist selbst dann, wenn davon ein- oder das anderemal freiwillig abgesehen war, in Erwägung zu ziehen und seine Anwendung namentlich dann zu beschließen, wenn derselbe der wirklichen Leistungsfähigkeit der Betheiligten und dem dauernden Interesse entspricht, welches dieselben (z. B. die ansässigen Gemeindeglieder im Verhältniß zu den Nichtbesitzenden) an dem Bestehen der kirchlichen Einrichtungen haben, und wenn bei Anwendung eines anderen gesetzlich zulässigen Repartitionsfußes die Ueberlastung einzelner Klassen oder Ausfälle zu befürchten sind, welche das kirchliche Interesse gefährden.

Besteht ein solcher herkömmlicher Vertheilungsfuß überhaupt oder für den in Betracht kommenden Zweck in der Gemeinde nicht, oder erscheint es im wohlerwogenen Interesse der Kirche und der Gemeindeglieder nicht angemessen, von demselben im einzelnen Falle Gebrauch zu machen, so hat der Gemeinde-Kirchenrath die Beibringung der zu beschaffenden Geldmittel durch eine nach Maßgabe direkter Staatssteuern oder am Orte erhobener Kommunalsteuern zu vertheilende Umlage ins Auge zu fassen (§. 31 Nr. 6 K.-G.- u. S.-O.; Art. 3

Zwecke nicht in Betracht kommen, und auch die kirchliche Beitragspflicht innerhalb der einzelnen Gemeinden keineswegs ohne Weiteres berühren .... Für die Deckung von Ausfällen ... ist von vornherein durch eine entsprechende Erhöhung des aufzuerlegenden Steuersatzes Sorge zu tragen .... In ihren Umlagen (landeskirchliche oder eigene Bedürfnisse) sind die Kirchengemeinden auf einen bestimmten Prozentsatz der Staatssteuer nicht beschränkt, namentlich findet die Bestimmung in Art. 8 Nr. 2b Abs. 2 des Ges. v. 3. Juni 1876 hier keine Anwendung.

Vgl. das R. des Ev. Ob.K.raths v. 14. Febr. 1882, betr. die Mitwirkung von Kommunal- und Polizeibehörden bei kirchlichen Umlagen, kirchl. G. u. V.Bl. 1882 S. 44.

Für den Bereich der Rheinisch-Westfäl. Kirchenord. v. 5. März 1835 vgl. das R. des Min. d. g. A. v. 13. Novbr. 1882, betr. die Heranziehung der Grundsteuer über die Grenzen des Parochialbezirks hinaus, kirchl. Amtsbl. der Prov. Westfalen 1883 S. 1.

Abs. 3. u. 4 Ges. v. 25. Mai 1874; Erl. d. Min. d. g. A. v. 19. März 1878, K. G.- u. V.-Bl. S. 133; vgl. die Erk. d. Gerichtshofs z. Entsch. d. Kompetenzkonfl., K. G.- u. V.-Bl. 1876/77 S. 262 ff., 1881 S. 42, 1882 S. 49 u. 72; Erlasse d. Min. d. g. A. v. 28. November 1883, 30. August, 9. Oktober u. 8. November 1884, K. G.- u. V.-Bl. 1884 S. 54, 57, 60 u. 68).

d. Theilnahme mehrerer Kirchengemeinden.

§. 52. Sind zur Beschaffung von Mitteln für kirchliche Bedürfnisse mehrere zu einer Gesammt-Parochie vereinigte Kirchengemeinden verpflichtet (z. B. bei Pfarrbauten, Aufbringung des Pfarrgehalts), so sind die Antheile, welche jede dieser Kirchengemeinden zu diesem Zweck aufzubringen hat, nach Maßgabe des am Orte bestehenden Herkommens oder der etwa sonst daselbst geltenden bindenden Norm zu bestimmen (Min.-Erl. v. 19. Juli 1877, K. G.- u. V.-Bl. S. 162, Erl. d. Ev. O.-K.-R. v. 20. März 1885, a. a. O. S. 28), und wenn eine solche nicht besteht, nach einem Maßstabe zu bemessen, welcher zwischen den betheiligten Kirchengemeinden zu vereinbaren (§. 8 a. E.), event. durch einen der Genehmigung der kirchlichen und staatlichen Aufsichtsbehörden unterliegenden Beschluß der vereinigten Gemeindekörperschaften (§. 2 Abs. 2 K.-G.- u. S.-O.) nach dem Grundsatze des §. 31 Nr. 6 der K.-G.- u. S.-O. unter Berücksichtigung der von den Evangelischen zu leistenden Staatssteuern festzustellen ist. Ueber die Aufbringung des auf die einzelnen Kirchengemeinden fallenden Antheils von dem Gesammtbetrage haben die Organe derselben allein zu befinden (§§. 49 bis 51).

4. Umlagen insbesondere.

a. Beschluß der Gemeindevertretung.

§. 53. Hat der Gemeinde-Kirchenrath über die Umlage (§. 51 Abs. 2) berathen und über die Modalitäten, namentlich über Bedürfniß, Umfang, Art und Zeit derselben sich seinerseits schlüssig gemacht, so hat er zur Herbeiführung eines Beschlusses den vereinigten Gemeindekörperschaften Vorlage zu machen (§. 31 Nr. 6 K.-G.- u. S.-O.). Dieser Beschluß muß die belastete Gemeinde, den Zweck, den Betrag, den Vertheilungsfuß und den Fälligkeitstermin[42]) der Umlage genau bezeichnen, geeignetenfalls auch die Jahre namhaft machen, in welchen die Umlage gleichmäßig erhoben werden soll (z. B.

---

[42]) Es erscheint nicht zulässig, die Fälligkeitstermine für die zur Unterhaltung des Kirchensystems erforderlichen, im Wege der Umlage zu beschaffenden regelmäßigen Kirchenbeiträge so zu normiren, daß die letzteren alljährlich in einer Rate praenumerando zur Hebung gelangen. Da der Repartitionsfuß für diese Beiträge nach dem Maaßstabe direkter Staatssteuern oder am Orte erhobener Kommunalsteuern festgesetzt werden muß, so sind auch die Fälligkeitstermine nach Maaßgabe dieser Steuern festzustellen.

die der Etatsperiode nach §. 66 Abs. 3, für welche ein jährlicher Fehlbetrag zu decken ist).

Bei Bemessung des Betrages sind die erfahrungsmäßig oder voraussichtlich vorkommenden Ausfälle in Betracht zu ziehen, bei Bestimmung des Vertheilungsfußes gleichzeitig Festsetzungen darüber zu treffen, inwieweit etwa die unteren Steuerklassen [43]) (vgl. §. 4 Ges. v. 26. März 1883, G.=S. S. 37) von Beiträgen zu entbinden, bezw. mit ermäßigten Sätzen heranzuziehen oder andererseits etwa auch die zur Staatssteuer nicht veranlagten Gemeindeglieder nach der fingirten Klassensteuer von 1 ℳ. 50 ₰. (§. 9. a Ges. v. 25. Mai 1873, G.=S. S. 213) zu belasten sind. [44])

§. 54. Der Umlagebeschluß der vereinigten Gemeindekörperschaften ist unter Beifügung aller zur Klarstellung der Verhältnisse erforderlichen Schriftstücke, namentlich der Nachweise für das Bedürfniß der Umlage einschließlich des Voranschlags der Kirchenkasse b. Genehmigung der Aufsichtsbehörden.

---

[43]) Das Gesetz v. 26. März 1883 (G.S. S. 37) verordnet:

§. 1. I. Die beiden untersten Stufen der Klassensteuer (§. 7 des Ges. v. 25. Mai 1873, G.S. S. 213) werden vom 1. April 1883 ab aufgehoben, sodaß mit diesem Zeitpunkte die Verpflichtung zur Entrichtung der Klassensteuer erst bei einem Jahreseinkommen von mehr als 900 Mark beginnt.

II. Drei Monatsraten der Stufen 3 bis 12 der Klassensteuer, zwei Monatsraten der ersten und eine Monatsrate der zweiten Stufe der klassifizirten Einkommensteuer bleiben fortan außer Hebung, und zwar im Monate Juli beziehentlich in den darauf folgenden Monaten.

· §. 4. Für die Erhebung von Kommunalzuschlägen zu den im §. 1 gedachten Steuern oder die Vertheilung von Kommunallasten nach denselben, sowie für die Feststellung der nach dem Maßstabe der Besteuerung geregelten aktiven und passiven Wahlberechtigungen bleiben die in den Gesetzen über die Klassen= und klassifizirte Einkommensteuer vorgeschriebenen Steuersätze maßgebend und hat auch ferner die Veranlagung der Klassensteuer der zwei untersten Stufen nach den bisherigen Vorschriften zu erfolgen.

[44]) Schon der Wortlaut des Ges. v. 25. Mai 1873 §. 9a (oben) weist darauf hin, daß dasselbe den betr. Gemeinden nur die Möglichkeit gewähren will, das Staatsklassensteuersystem für ihre Zwecke in der angedeuteten Weise autonomisch zu ergänzen, eine Befugniß, welche nicht durch die zur Einziehung der Steuer bestellten Organe, sondern nur durch Beschluß der Gemeinde=Organe geübt werden kann. Die Bestimmung legt den betr. Verbänden nicht die Verpflichtung auf, sondern giebt ihnen nur die Berechtigung, diejenigen Personen, welche der Staat für nicht steuerfähig für seine Zwecke erklärt, für ihre Zwecke zu besteuern, wenn sie deren Beiträge, ohne die geregelte Fortführung ihres Haushaltes zu gefährden, nicht entbehren können. Wo daher ein dem entsprechender Beschluß der Gemeinde=Organe (welcher der kirchlichen und staatlichen Genehmigung bedarf, Art. 3 Ges. v. 25. Mai 1874, Art. III Nr. 1 Verord. v. 9. Septbr. 1876) nicht gefaßt worden ist, findet der §. 9a des Ges. v. 25. Mai 1873 keine Anwendung. Vgl. Erk. d. Oberverw.ger v. 3. März 1877, Entsch. Bd. 2 S. 113.

(§. 66 ff.), und unter annähernder Angabe der Zahl der Umlagepflichtigen und der bei der Umlage in Betracht kommenden Gesammtbeträge an Staats- bezw. Kommunal-Steuern, wie solche sich nach der letztjährigen Aufnahme gestalten, dem Konsistorium zur kirchenaufsichtlichen Prüfung und Bestätigung und zur Herbeiführung der Genehmigung seitens des Regierungspräsidenten einzureichen (Nr. 1, 2, 9 Cirk.-Erl. d. Min. d. geistl. Ang. v. 15. Januar 1881, K. G.- u. V.-Bl. S. 10).[45])

c. Heberolle. §. 55. Sobald dem Umlagebeschluß der Gemeindekörperschaften die Genehmigung der Aufsichtsbehörden ertheilt ist — nur bei äußerster

---

[45]) Den Erlaß des Min. d. g. A. v. 15. Januar 1881 siehe bei Trusen, K.R. S. 65. Zur Ausführung dieses Erlasses hat das K. Konsistorium zu Posen eine Verfügung v. 11. März 1881 (kirchl. Amtsbl. Posen 1881 S. 15) erlassen, aus welcher Folgendes hervorzuheben ist:

ad Nr. 3. In der Bekanntmachung über Offenlegung der Heberolle bez. in der Benachrichtigung von der Nachbesteuerung ist anzugeben, bis zu welchem Termin und an wen die Umlagebeträge gezahlt werden sollen. Dabei ist die Belehrung hinzuzufügen, daß Reklamationen binnen einer dreimonatlichen Ausschlußfrist, vom Tage der Offenlegung der Heberolle bez. von der besonderen Benachrichtigung des Verpflichteten über die etwaige Nachbesteuerung an, bei dem Gem.K.rath (Presbyterium) anzubringen sind.

ad Nr. 4. Der Nachsuchung der Vollstreckbarkeitserklärung der Heberolle bei der Staatsbehörde bedarf es überhaupt nur in dem Falle, wo eine Zwangsvollstreckung nothwendig wird. In diesem Falle ist die Heberolle dem zuständigen Regierungs-Präsidenten von dem betr. Gem.K.rath (Presbyterium) direkt mit der Bitte um Vollstreckbarkeitserklärung einzureichen. Zum Nachweise der ordnungsmäßigen Offenlegung der Heberolle hat der Gem.K.rath in den Formen des §. 22 Kg.Ord. bez. das Presbyterium unter der Unterschrift sämmtlicher Mitglieder und Beidrückung des Kirchensiegels unter der Heberolle zu bescheinigen, daß dieselbe nach vorschriftsmäßiger Bekanntmachung während des — genau zu bezeichnenden — Zeitraumes offen gelegen hat. Zum Nachweise der besonderen Benachrichtigung von Nachbesteuerungen ist von dem damit beauftragten Beamten auf der von dem Gem.K.rath (Presbyterium) aufgestellten Zugangshebeliste zu bescheinigen, an welchem Tage und an wen die Aushändigung erfolgt ist.

ad Nr. 7. In jedem — gegen Behändigungsschein zuzustellenden — ablehnenden Reklamationsbescheide ist der Reklamant darüber zu belehren, daß ihm binnen einer sechswöchentlichen Ausschlußfrist, vom Tage der Zustellung des Bescheides an, der Rekurs an den Regierungs-Präsidenten zustehe, und daß die Rekursschrift an den Gem.K.rath (das Presbyterium) einzureichen sei. Jede — bei dem Eingange mit dem Präsentationsvermerke zu versehende — Rekursschrift hat der Gem.K.rath (das Presbyterium) mit den Vorgängen (der Reklamation, dem darauf erlassenen Bescheide und dem den letzteren betreffenden Behändigungsschein) mittelst gutachtlichen Berichts dem Konsistorium vorzulegen.

Vgl. Erk. d. Ob.verw.ger. v. 11. Novbr. 1876, Entsch. Bd. 1 S. 81, betr. die Besteuerung des aus Grundbesitz fließenden Einkommens juristischer Personen, insoweit dasselbe stiftungsmäßig zu öffentlichen, milden Zwecken bestimmt ist.

Dringlichkeit früher —, hat der Gemeinde-Kirchenrath die Heberolle aufzustellen (Nr. 3 a. a. O.). In derselben sind die Namen aller umlagepflichtigen Mitglieder der Kirchengemeinde einzeln aufzuführen und die der Umlage zu Grunde liegenden Staats- (bezw. Kommunal-) Steuersätze derselben, wie die danach berechneten Umlagebeiträge sowohl bei jedem Verpflichteten in entsprechenden Spalten des Formulars, als auch im Ganzen in den auf jeder Seite und am Schlusse zu ziehenden Summen anzugeben. Weitere Spalten sind für den späteren Vermerk der Zahlung, bezw. des Rückstandes und etwaiger Niederschlagung offen zu lassen.

§. 56. Als Verpflichtete [46]) sind dabei der Regel nach sämmtliche evangelischen Steuerzahler, welche innerhalb der Kirchengemeinde wohnen, in Betracht zu ziehen; auch diejenigen, welche nicht wahlberechtigt sind (Erl. d. Ev. O.-K.-R. v. 25. Januar 1878, K. G.- u. V.-Bl. S. 18). Zu den Verpflichteten gehört namentlich auch der Patron, wenn er Eingepfarrter der Parochie ist (§§. 260 f. A. L.-R. II, 11), soweit er nicht nach allgemeinem oder örtlichem Recht von den Kirchen-

[46]) In dem Erk. d. Reichsger. v. 22. Septbr. 1881, Entsch. Bd. 5 S. 300, wird ausgeführt, daß die Frage, ob ein innerhalb einer lutherischen Parochie wohnhafter Reformirter zu den Lasten der lutherischen Gemeinde beizutragen habe, sich nur aus dem konfessionellen Gesichtspunkte beantworten lasse. J.M.Bl. 1882 S. 293. Indessen ist dabei Folgendes zu berücksichtigen: Das Erk. v. 22. Septbr. 1881 faßt ausschließlich den Fall in's Auge, daß von einer vor der Einführung der Union gegründeten, der Union beigetretenen Gemeinde, welche ursprünglich eine lutherische, nicht eine reformirte gewesen ist, die reformirten Einwohner als eingepfarrt und abgabenpflichtig in Anspruch genommen werden. In diesem Falle ist der Anspruch der Kirchengemeinde deshalb verneint worden, weil für eine ursprünglich nur lutherische oder nur reformirte Kirchengemeinde der bloße Beitritt zur Union einen Wechsel im Glaubensbekenntnisse und eine Veränderung in den Parochialverhältnissen nicht hervorbringe. Anders liege dagegen die Sache, wenn nach Einführung der Union die betr. Kirchengemeinde gegründet ist, nicht als eine auf dem besonderen lutherischen oder nur auf dem reformirten Glaubensbekenntniß stehende, sondern als Pfarrgemeinde einer evangelischen Kirche d. h. als eine zu den beiden in Preußen anerkannten Bekenntnissen der Augsburgischen Konfessionsverwandten sich gleichmäßig verhaltende, gleichzeitig auf beiden Bekenntnissen stehende Korporation, und ihr ausdrücklich alle evangelischen Einwohner der Parochie, d. i. sowohl die lutherischen, als die reformirten Einwohner als Mitglieder zugewiesen sind. In einem solchen Falle gehören die Reformirten nicht zu einer anderen Religionspartei, als derjenigen, für welche die evangelische Pfarrgemeinde gegründet ist, weil diese eine Korporation ebenso der Reformirten, als der Lutherischen ist, und deshalb findet der §. 261 L.R. II, 11 keine Anwendung. Nach §. 260 aber ist das entscheidende Moment der Wohnsitz. Dabei ist es gleichgültig, ob der betr. Einwohner früher Mitglied einer reformirten Gemeinde gewesen, auch ob er bisher es noch geblieben ist, da die gleichzeitige Mitgliedschaft bei zwei verschiedenen Kirchengemeinden faktisch und rechtlich zulässig ist.

Das Reichsgericht ist deshalb in dem Erk. v. 12. Dezbr. 1881, Entsch. Bd. 6 S. 233, der Annahme des ehemaligen Ober-Tribunals in dessen Erk. v. 22. Febr. 1864 beigetreten, daß in einem solchen Falle auch die reformirten Einwohner bei der evangelischen Kirche als deren Eingepfarrte zu allen Lasten und Abgaben, welche aus dem Parochialverbande fließen, verpflichtet sind.

Das oben erwähnte Erk. d. Ob.Trib. v. 22. Febr. 1864 siehe bei Trusen, K.R. S. 317. In den Gründen dieses Erk. wird ausgeführt, daß zu den Evangelischen im Allgemeinen ebensowohl die Reformirten, wie die Lutheraner gehören. Der Umstand, daß ein Einwohner sich speziell zu der reformirten Konfession bekennt, hindere noch keineswegs seine Angehörigkeit zu einer evangelischen Kirche im Sinne des §. 260 L.R. II, 11.

Der Gerichtshof zur Entsch. der Kompetenz-Konflikte hat durch Urtel v. 14. April 1883, kirchl. G. u. V.Bl. 1883 S. 123 dahin erkannt, daß über die Frage nach der Zugehörigkeit eines Reformirten zu der evangelischen Ortskirchengemeinde der Rechtsweg unzulässig ist. Vgl. die Erk. desselben Gerichtshofes v. 8. Febr. 1868, J.M.Bl. S. 108, v. 13. Novbr. 1869, J.M.Bl. 1870 S. 47, und v. 7. Juli 1883, kirchl. G. u. V.Bl. 1883 S. 127.

Der Pächter eines Landgutes kann zur Leistung der nach dem Maaßstabe der Grund- und Gebäudesteuer repartirten Kirchensteuern nicht herangezogen werden. Eine Verbindlichkeit des Pächters zur Leistung solcher Kirchensteuern kann weder aus den §§. 292, 413, 414 L.R. I, 21, noch aus dem von ihm mit dem Eigenthümer geschlossenen Pachtvertrage hergeleitet werden. Die Frage ist nach den Normen des öffentlichen Rechts, nicht nach denen des Privatrechts zu entscheiden .... Vgl. das Erk. des Ob.verw.ger. v. 17. Januar 1877, Entsch. Bd. 2 S. 89.

R. des Ev. Ob.K.raths v. 25. März 1886, kirchl. G. u. V.Bl. 1886 S. 57: Zum Uebergang eines Parochianen aus der von ihm gemäß §. 2 des Ges. v. 3. Juni 1876 gewählten in eine andere innerhalb desselben Stadt- oder Gemeindebezirks belegene Parochie bedarf es, solange der Betreffende nicht überhaupt seinen bisherigen Wohnort verläßt, in jedem Falle einer Umpfarrungsverfügung der zustehenden Behörden.

Die Kab.ord. v. 4. Septbr. 1868, Aktenst. des Ev. Ob.K.raths Heft 18 (6. Bd. 2. Hft.) S. 114 genehmigt, daß den in der Stadt Züllichau neu anziehenden Evangelischen für die Ausübung des nach der Ordre v. 30. April 1830 ihnen zustehenden Wahlrechtes zwischen den dort bestehenden Gemeinden der lutherischen Pfarrkirche und der reformirten Schloßkirche von dem Ev. Ob.K.rath die Präklusivfrist von einem Jahre nach Maaßgabe der zwischen den Geistlichen beider Kirchen unter Zustimmung der kirchlichen Gemeindevertretungen getroffenen Vereinbarungen gestellt werde. Gleichzeitig ermächtigt dieselbe Kab.ord. v. 4. Septbr. 1868 den Ev. Ob.K.rath generell, in künftigen Fällen gleicher Art, ohne vorher deshalb die Allerhöchste besondere Bestimmung einzuholen, die Beschränkung des Wahlrechtes der Neuanziehenden auf eine einjährige präklusivische Frist unter Zugrundelegung der in den bisherigen Fällen angenommenen Prinzipien festzustellen.

Der §. 111 L.R. II, 11 beschränkt das Recht des Staates, zu bestimmen, zu welcher Kirchengemeinde jeder Einwohner als ein beitragendes Mitglied gerechnet werden soll, auf die Kirchengemeinden der eigenen Religionspartei des betr. Einwohners. Vgl. kirchl. G. u. V.Bl. 1883 S. 125.

gemeindelasten für einzelne Zwecke besonders befreit erscheint (Erl. d. Ev. O.-K.-R. v. 10. Oktober 1877, K. G.- u. V.-Bl. S. 214; Min.-Erl. v. 23. November 1878, K. G.- u. V.-Bl. 1879 S. 90; Entsch. d. Ob.-Trib. v. 20. Oktober 1865, Strieth. Arch. Bd. 61 S. 140; vgl. §§. 732, 763 A. L.-R. II, 11). Ebenso die Mitglieder von Gastgemeinden unter Berücksichtigung der ihnen in Betreff der Parochiallasten etwa nach örtlichem Rechte zustehenden Erleichterungen (vgl. §§. 297 f. A. L.-R. II, 11 und Min.-Erl. v. 20. November 1880, K. G.- u. V.-Bl. S. 193). Sodann evangelische Ehefrauen in gemischten Ehen, soweit sie eigenes Vermögen oder Einkommen, bezw. Antheil am gemeinschaftlichen Vermögen oder Einkommen besitzen (§§. 270, 260 A. L.-R. II, 11), je nach örtlicher Uebung. Ferner aus der Kirche Ausgetretene bis zum Ablauf des ersten und, im Falle außerordentlicher bereits vorher als nothwendig anerkannter Bauten, des zweiten auf die gerichtliche Austrittserklärung folgenden Kalenderjahres (§. 3 Ges. v. 14. Mai 1873, G.-S. S. 207). Endlich auch alle nach §§. 34 bis 37 der Militär-Kirchen-Ordnung v. 12. Februar 1832 nicht ausdrücklich als Mitglieder von Militärgemeinden bezeichneten Angehörigen des Militärstandes, bezw. Beamte der Militärverwaltung (vgl. Kriegs-Min.-Erl. v. 12. Februar 1879, K. G.- u. V.-Bl. S. 244).

Pfarrer und sonstige Kirchenbeamte sind von ihrem kirchlichen Diensteinkommen nicht zu Umlagen heranzuziehen (§. 735 A. L.-R. II, 11; Min.-Erl. v. 30. April 1866, Min.-Bl. f. d. i. V. S. 102; vgl. Min.-Erl. v. 18. Juni 1880, K. G.- u. V.-Bl. S. 76).[47]

---

[47]) Vgl. das Erk. des Ob.verw.ger. v. 30. Novbr. 1885, betr. die Befreiung der Pfargehälter von den Kommunalsteuern, Entsch. Bd. 12 S. 133, 135, 140, u. das Erk. desselben Gerichtshofes v. 14. Septbr. 1885, betr. die Befreiung des Emeritengehaltes der Geistlichen von den Kommunalsteuern, Entsch. Bd. 12 S. 141, kirchl. G. u. V.Bl. 1885 S. 185.

Erk. des Ob.verw.ger. v. 17. März 1881, Entsch. Bd. 7 S. 104: Das den Geistlichen in Betreff der Befreiung von Kreisabgaben zustehende Privilegium kommt gleichmäßig auf den zum Gnadenjahr Berechtigten hinsichtlich der während desselben bezogenen Einkünfte aus der Pfarrstelle zu Statten.

Das R. des Min. d. g. A. v. 13. Aug. 1880, kirchl. Amtsbl. Posen 1880 S. 86, spricht sich dahin aus, daß die Lehrer (auch in der Rheinprovinz) von den Kirchensteuern im Allgemeinen nicht befreit sind, unbeschadet der in dieser Hinsicht auch ferner anzuerkennenden Ausnahme für solche Fälle, in denen der betr. Lehrer gleichzeitig ein Kirchenamt bekleidet, rücksichtlich des kirchlichen Einkommens; vgl. kirchl. Amtsbl. des Konsistor. der Rheinprov. 1880 S. 70, und 1881 S. 57.

R. des Min. d. g. A. v. 8. Novbr. 1884, kirchl. G. u. V.Bl. 1884 S. 68: Die K. Regierung zu Düsseldorf hat den Beschluß der kirchlichen Gemeinde-Organe der evangelischen Kirchengemeinde in Crefeld, der Repartition der Umlage für

Personen, welche innerhalb der Landeskirche einen doppelten Wohnsitz haben und in Folge dessen an mehreren Orten als Eingepfarrte verpflichtet sind (§. 264 A. L.-R. II, 11), können zu kirchlichen Abgaben von ihrem Einkommen aus dem innerhalb der betreffenden Parochie belegenen Grundbesitz oder Gewerbebetrieb und den darauf ruhenden Staatssteuern nur in derjenigen Parochie herangezogen werden, in welcher diese Einkommensquellen sich befinden (vgl. §§. 265, 739 a. a. O.). Von ihrem Einkommen aus anderen Quellen sind sie nach Vorgang des §. 11 des Kommunalsteuer-Gesetzes vom 27. Juli 1885 (G.-S. S. 327) in jeder Parochie nur mit einem der Zahl der betheiligten Parochieen entsprechenden Bruchtheile heranzuziehen (Cirk.-Verf. d. Min. d. g. A. v. 5. Februar 1886, K. G.- u. V.-Bl. S. 26).

d. Erhebung der Umlage.

§. 57. Die Heberolle ist, sofern nicht bei Nachbesteuerungen die besondere Benachrichtigung der Verpflichteten erfolgt, oder im Einzelfalle das Konsistorium eine kürzere Dauer ausdrücklich genehmigt, 14 Tage lang an einer in ortsüblicher Weise bekannt zu machenden, allen Gemeindegliedern zugänglichen Stelle auszulegen (Nr. 3 Cirk.-Erl. v. 15. Januar 1881).

Nach Ablauf dieser Frist kann die Erhebung der Umlage auf Grund der Heberolle, wenn sie ohne Zwang ausführbar erscheint, ohne Weiteres erfolgen. Ist vorauszusehen, daß eine Zwangsbei-

---

1884/85 den nach der Klassen- und Einkommensteuer berechneten Kommunalsteuerfuß zu Grunde zu legen, deshalb beanstandet, weil alsdann die den Beamten und Lehrern durch das Gesetz v. 11. Juli 1822 — G.S. S. 184 — bezüglich der Kommunallasten gewährten Erleichterungen und Befreiungen auch auf die Kirchensteuern ausgedehnt werden würden. Hiergegen hat die größere Gemeindevertretung remonstrirt.

Es muß anerkannt werden, daß die Beantwortung der Frage, ob die Beamten und Lehrer aus dem Gesetze v. 11. Juli 1822 einen Anspruch auf Erleichterung oder Befreiung auch bezüglich der Kirchensteuern herleiten können, noch nicht der anderen Frage präjudizirt, ob die kirchlichen Gemeinde-Organe für befugt zu erachten, durch die gesetzlich zugelassene Anwendung des Kommunalsteuerfußes ihnen bei der Vertheilung der Kirchenlasten thatsächlich die gleichen Vortheile zu gewähren.

Während jene Frage nach wie vor verneint werden muß, fehlt es nicht an Gründen, welche die Verneinung der zweiten Frage bedenklich erscheinen lassen.

Unter diesen Umständen liegt für die K. Regierung keine Nöthigung vor, einer Hebeliste für kirchliche Umlagen deshalb die Vollstreckbarkeit zu versagen, weil in Folge des angewandten Kommunalsteuerfußes die Beamten und Lehrer nur nach den Grundsätzen des Ges. v. 11. Juli 1822 herangezogen sind ....

Ueber die Verpflichtung der Prediger zu Schullasten vgl. Entsch. des Ob.verw.ger. Bd. 2 S. 197, 203.

treibung erforderlich sein wird, so muß zu diesem Zwecke zeitig die Vollstreckbarkeits-Erklärung der Heberolle bei dem Regierungspräsidenten nachgesucht werden (Nr. 4, 5, 9 Cirk.-Erl. vom 15. Januar 1881; vgl. u. §. 89), wobei die Nachweise über die gehörige Offenlegung der Heberolle oder besondere Benachrichtigung der Verpflichteten bei Nachbesteuerungen mitvorzulegen sind.

Für die Zwangsbeitreibung[48]) von Umlagen ist, falls der Gemeinde-Kirchenrath nicht das gesammte Einziehungsgeschäft an Stelle des Kirchenkassen-Rendanten (§§. 61 ff.) einem örtlichen Steuererheber auf Grund besonderer Vereinbarung und mit Genehmigung der Regierung überträgt, bei letzterer ein- für allemal die Bestellung einer Vollstreckungsbehörde nachzusuchen (Nr. 5 Cirk.-Erl. v. 15. Januar 1881).[49])

§. 58. Reklamationen sind nur binnen 3 Monaten vom ersten Tage der Offenlegung der Heberolle, bezw. von der besonderen Bekanntmachung an zulässig, sie hemmen die Zwangsvollstreckung nicht. Ueber dieselben hat zunächst der Gemeinde-Kirchenrath selbst durch einen mit Gründen versehenen Beschluß Entscheidung zu treffen. Der betreffende Bescheid oder Protokollauszug ist dem Betheiligten unter schriftlichem Vermerk des Tages gegen Empfangsschein oder durch einen Beamten zu behändigen. Ablehnenden Bescheiden ist ein Hinweis darauf beizufügen, daß dagegen binnen 6 Wochen durch Eingabe an das Konsistorium Rekurs eingelegt werden kann (Nr. 7 Cirk.-Erl. v. 15. Januar 1881). e. Reklamationen.

§. 59. Der Ertrag aus dem Klingelbeutel und den ausgestellten Becken gehört, sofern nicht ein Anderes nachgewiesen werden kann oder mit Genehmigung des Konsistoriums bestimmt wird, zu den 5. Kollekten.

---

48) Erk. des Ob.verw.ger. v. 2. Febr. 1884, Unterr.Centr.bl. 1884 S. 339: Das Ges. v. 18. Juni 1840 (G.S. S. 140) findet nicht blos auf Geldsteuern, sondern auch auf Natural- (z. B. Getreide-) Abgaben, welche an die Kirche, Pfarre und Schule zu entrichten sind, Anwendung.

49) Die Vollstreckungsbehörden sind:

a) im Regierungsbezirk Posen: in der Stadt Posen der Magistrat, im Uebrigen die Kgl. Landräthe,

b) im Regierungsbezirk Bromberg: in den Städten die Magistrate, auf dem Lande die Distrikts-Kommissarien.

Uebrigens fallen nach §. 23 d. Verordnung v. 7. Septbr. 1879 die Kosten der Mahnung und der Zwangsvollstreckung dem Schuldner zur Last, und sind mit dem zur Zwangsvollstreckung stehenden Anspruche beizutreiben. Vgl. kirchl. Amtsbl. Posen 1881 S. 15, 16 und den Tarif der Vollziehungsbeamten nach der Verordnung v. 7. Septbr. 1879 a. a. O. S. 17 (G.S. 1879 S. 591). Die Ausführungsanweisung v. 15. Septbr. 1879 zu der Verord. v. 7. Septbr. 1879 ist in dem Regierungs-Amtsbl. Posen von 1879 Extrabeilage zu Nr. 49, und Bromberg von 1879 Extrabeilage zu Nr. 48 veröffentlicht.

Kircheneinkünften. Vom Gemeinde=Kirchenrath ist Anordnung zu treffen, daß dieser Ertrag alsbald nach erfolgter Sammlung gehörig festgestellt und übernommen wird (§. 665 A. L.=R. II, 11).

Die Erhebung der feststehenden oder für einzelne Fälle ausgeschriebenen Kirchen= und Hauskollekten zu kirchlichen Zwecken zu fördern, wird der Gemeinde=Kirchenrath sich angelegen sein lassen.

Die herkömmlichen Kirchenkollekten sind an den dazu bestimmten Tagen zu erheben. Neue Kollekten bedürfen, wenn sie einmal in einer einzelnen Kirchengemeinde für örtliche Bedürfnisse erhoben werden sollen, der Einwilligung des Konsistoriums, in allen anderen Fällen der Genehmigung des Evangelischen Ober=Kirchenraths, welcher bei regelmäßig wiederkehrenden Kollekten, soweit es sich nur um eine Provinz handelt, die Zustimmung der Provinzialsynode, bei landeskirchlichen Kollekten diejenige der Generalsynode vorausgehen muß (§. 65 Nr. 4 K.=G.= u. S.=O.; §. 13 G.=S.=O.).

Die Abhaltung von Hauskollekten zu kirchlichen Zwecken ist nur mit staatlicher Genehmigung zulässig (Art. 24 Nr. 7 Ges. v. 3. Juni 1876), welche je nach dem Umfange des davon berührten Bezirks vom Regierungspräsidenten bezw. Oberpräsidenten oder vom Minister der geistlichen Angelegenheiten in Gemeinschaft mit dem Minister des Innern ertheilt wird (Art. III. Nr. 4, II. Nr. 2 u. I. Nr. 6 Verordn. vom 9. September 1876).

IV. Kassen- und Rechnungswesen.

1. Im Allgemeinen.

§. 60. Die Pflichten des Gemeinde=Kirchenraths in Betreff der kassenmäßigen Verwaltung der kirchlichen Einkünfte umfassen die Fürsorge für Bestellung des Rendanten, für gehörige Aufbewahrung von Geldern und Werthpapieren, für sachgemäße Aufstellung des Etats, für geordnete Kassen= und Buchführung und für regelmäßige Ablegung, Prüfung und Entlastung der Rechnung.

2. Rendant.

a. Allgemeine Pflichten.

§. 61. Bei jeder Kirche ist ein Rendant (Kassenverwalter, Kirchmeister, Kirchenrechner) zu bestellen (§. 24 K.=G.= u. S.=O.). Diesem Kirchenbeamten liegen in erster Linie alle Geschäfte der Kassen= und Rechnungsführung für die kirchlichen Kassen und Fonds einschließlich der Vakanzkassen (§. 44 Abs. 2) ob. Seine Verpflichtungen erstrecken sich aber überdies auf eine vorzügliche Theilnahme an der Fürsorge und Obhut, welche dem Gemeinde=Kirchenrath nach der Kirchengemeinde= und Synodal=Ordnung und dieser Verwaltungs=Ordnung für die gesammte kirchliche Vermögensverwaltung obliegt (§. 24 Abs. 5 a bis c u. Abs. 6 K.=G.= u. S.=O.).

b. Wahl.

§. 62. Die Wahl des Rendanten erfolgt unter Beachtung der Nr. 34 und 35 der revidirten Instruktion vom 25. Januar 1882 durch Beschluß des Gemeinde=Kirchenraths. Unter gewöhnlichen Ver=

hältnissen ist sie für eine bestimmte, am besten dreijährige, Zeitdauer (Erl. d. Ev. O.-K.-R. v. 4. Dzbr. 1877, K. G.- u. V.-Bl. 1878 S. 3) auf ein Mitglied des Gemeinde-Kirchenraths zu richten, welches gegen Vergütung sächlicher Ausgaben und etwa sonst nothwendiger Auslagen das Amt übernimmt. In Nothfällen kann dazu auch der Pfarrer bestellt werden.

Ist wegen des Umfanges der Kasse eine unentgeltliche Verwaltung nicht zu erreichen, so kann der Gemeinde-Kirchenrath einen besoldeten Rendanten anstellen. Soll hierzu ein Mitglied des Gemeinde-Kirchenraths ernannt werden, so ist die vorherige Genehmigung des Kreissynodal-Vorstandes erforderlich.

In dem Beschlusse über die Wahl ist zugleich das Erforderliche wegen der Anstellungsbedingungen, als Kaution des besoldeten Rendanten, Kündigungsvorbehalt, Besoldung u. dgl., sowie wegen zu ertheilender besonderer Dienstanweisungen festzustellen.

§. 63. Die Kaution des besoldeten Rendanten soll in der Regel nicht weniger als das Doppelte der Besoldung und als $^1/_{12}$ der gewöhnlichen Jahreseinnahme der Kasse betragen, ist aber im Uebrigen vom Gemeinde-Kirchenrath nach den obwaltenden besonderen Umständen zu bemessen (vgl. Nr. 35 revid. Instr.). Sie ist in der Regel durch Verpfändung geeigneter Werthpapiere (§. 32) nach dem Nennwerthe zu leisten. Die Verpfändung erfolgt durch Uebergabe zu Faustpfand (§§. 94, 104 A. L.-R. I, 20). c. Kaution.

Ueber die Bestellung der Kaution ist ein Protokoll aufzunehmen. Dasselbe ist von dem die Kaution bestellenden Beamten mitzuunterschreiben, auch von dem Vorsitzenden und zwei Mitgliedern des Gemeinde-Kirchenraths zu vollziehen. Dem Beamten ist Abschrift des Protokolls als Empfangsbescheinigung zu ertheilen.

Die betreffenden Schuldurkunden nebst den zugehörigen Erneuerungs-Anweisungen und die etwa den Zeitraum von vier Jahren übersteigenden Zinsscheine sind bei den Werthpapieren der Kirche aufzubewahren (§§. 16, 39). Die Zinsscheine für die nächsten vier Jahre können den Bestellern belassen werden. Die Einziehung neuer Zinsscheine besorgt der Gemeinde-Kirchenrath.

Die Rückgabe der Kaution erfolgt nach völliger Auflösung des betreffenden Amtsverhältnisses und endgültiger Entlastung des Rendanten (§§. 81 f.).

§. 64. Sobald der Gewählte die Wahl und ihre Bedingungen schriftlich oder zu Protokoll angenommen hat, ist sein Name und das Wichtigste in Betreff der Anstellungsverhältnisse sogleich dem Konsistorium anzuzeigen. Der neue Rendant wird darauf unter Be- d. Uebergabe des Amts.

händigung eines urkundlichen Ausweises über seine Bestellung vor versammeltem Gemeinde-Kirchenrath durch Handschlag für sein Amt verpflichtet und in dasselbe durch Uebergabe der Kasse eingeführt. Die letztere ist gleichzeitig mit der wegen des Abganges des bisherigen Kassenverwalters erforderlichen Kassenrevision (§. 76) von dem Gemeinde-Kirchenrath oder einer Deputation desselben zu bewirken. Dabei werden nach Feststellung der vom Rendanten oder unter Mitverschluß desselben aufbewahrten Gelder und Werthpapiere die vorgefundenen Bestände und der betreffende Schlüssel zu dem Kirchenkasten (§. 16), sowie die vorhandenen Kassenbücher, Restlisten und Rendanturakten dem neuen Rendanten behändigt. Hierüber ist unter zureichender Bezeichnung des Kassenbefundes und der einzelnen übergebenen Gegenstände ein von allen Betheiligten mitzuvollziehendes Protokoll aufzunehmen, welches dem Gemeinde-Kirchenrath in seiner nächsten Sitzung mitgetheilt und bei den Pfarrakten aufbewahrt wird.

e. Kassenbestände. §. 65. Dem Rendanten sind nur diejenigen Geldbeträge, welche zum unmittelbaren Kassenverkehr erforderlich sind, je nach Umständen ein hierzu bestimmter eiserner Bestand, zur persönlichen Bewahrung zu belassen. Er hat dieselben unter möglichst sicherem Verschluß und gesondert von seinem Privatvermögen aufzubewahren.

Alle übrigen Gelder, soweit sie nicht sofort in einer Sparkasse oder in anderer Art (§§. 31 Abs. 2 u. 32) zinsbar angelegt werden können, und alle sonstigen Werthstücke sind unter gemeinschaftlichen Verschluß zu nehmen (§§. 16, 39). Die Verantwortlichkeit dafür, daß dies geschieht, liegt zunächst dem Rendanten selbst ob, wird aber von dem Gemeinde-Kirchenrath nach dem Maße seiner pflichtmäßigen Kenntniß von den Verhältnissen der Kasse getheilt.

3. Etat. §. 66. Das Verwaltungsjahr der kirchlichen Kassen beginnt mit dem 1. April oder, wo es bisher üblich gewesen ist, mit dem 1. Januar. In letzterem Falle kann der Beginn desselben durch Beschluß der Gemeindekörperschaften auf den 1. April verlegt werden.

Der Verwaltung und Rechnungsführung einer jeden kirchlichen Kasse muß ein Etat zu Grunde liegen, d. h. eine nach den bisherigen Erfahrungen und den vorhandenen Bedürfnissen und Mitteln festgestellte genaue Uebersicht aller in einem Rechnungsjahre zu erwartenden Einnahmen und Ausgaben, in welcher die letzteren im Voraus in ein richtiges Verhältniß zu einander gesetzt sind.

Der Etat bildet für die Geschäftsführung des Gemeinde-Kirchenraths und des Rendanten in dem betreffenden Jahre die bindende Norm. Seine Geltung kann mit Zustimmung der zuständigen Gemeindevertretung (§. 31 Nr. 9 K.-G.- u. S.-O.) auf mehrere, höchstens fünf Jahre ausgedehnt werden (§. 37 revid. Instr.). Treten während der Etatsperiode größere unaufschiebliche Bedürfnisse ein, welche neue, im Etat nicht vorgesehene Einnahmen und Ausgaben (z. B. neue Umlagen) erforderlich machen, so ist nöthigenfalls ein Nachtrags-Etat aufzustellen.

§. 67. Der Etat ist nach Form der Anlage A. den Verhältnissen anzupassen und in der Art aufzustellen, daß er unter den betr. Titeln alle für ein Rechnungsjahr vorauszusehenden Einnahmen und Ausgaben einzeln oder in angemessener Zusammenfassung und mit genügender Bezeichnung rechtlich erheblicher Umstände (Rechtsgrund, betheiligte Personen, Fälligkeit, Anrechnungszeit u. dgl.) aufführt, auch für unvorhergesehene Ausgaben einen mäßigen Betrag unter „Insgemein" vorbehält. Unter den einzelnen Titeln sind auch diejenigen im einzelnen Falle oder für ein Jahr nach der Erfahrung ausreichenden bestimmten Beträge bemerklich zu machen, über welche mit ausdrücklicher Genehmigung des Konsistoriums der Gemeinde-Kirchenrath gemäß §. 687 A. L.-R. II, 11 ohne weitere Rückfrage zu außerordentlichen kirchlichen Ausgaben (z. B. für Reparaturen ꝛc.) verfügen darf (vgl. §. 69). Sowohl die einzelnen Titel für sich, wie die letzteren zusammen sind aufzurechnen. Die Gesammt-Einnahme muß am Schlusse der Gesammt-Ausgabe gleichstehen. Ein Ueberschuß ist, soweit er nicht im Titel „Insgemein" aufgeht, unter das auszuleihende Kapital (§. 31 Abs. 2) zu verweisen, ein Fehlbetrag (Deficit) nöthigenfalls durch Umlage zu decken (§§. 49 ff.).

Zu besonderen Zwecken bestimmte kirchliche Fonds, über welche nicht eigene Rechnung geführt wird, sind in einer besonderen Abtheilung oder im Anhange des Etats der Kirchenkasse unter Einnahme und Ausgabe nachzuweisen.

§. 68. Sofern nicht besondere Verhältnisse ein Anderes bedingen, hat der Rendant, nöthigenfalls nach vorläufigem Benehmen mit den sonst amtlich Betheiligten, den Entwurf des Etats unter genauer Berücksichtigung des Lagerbuchs (§. 14) und der bisherigen Erfahrungen anzufertigen und mit den erforderlichen Erläuterungen, insbesondere mit der Berechnung fünfjähriger Durchschnittsbeträge von allen nicht dem Betrage nach feststehenden wiederkehrenden Einnahmen und Ausgaben, spätestens vier Monate vor Ablauf des bisherigen Etats dem Gemeinde-Kirchenrath vorzulegen. Dieser veranlaßt nach eingehender Prüfung nöthigenfalls die Berichtigung oder Vervollständigung des Entwurfs und legt denselben darauf zunächst den vereinigten Gemeindekörperschaften (§§. 29, 31 Nr. 9 K.-G.- u. S.-O.) zur Beschlußfassung und Feststellung vor, beschafft schleunigst die zu dem Etat selbst, und etwa zu einzelnen in demselben vorgesehenen Rechtsgeschäften erforderliche Zustimmung des Patrons (s. o. §. 4, vgl. Nr. 41 bis 44 revid. Instr.) und veranlaßt demnächst die 14tägige öffentliche Auslegung des Etats (§. 31 Nr. 9 K.-G. u. S.-O.).

Der Gemeinde-Kirchenrath hat die Erledigung dieser Geschäfte vor Ablauf des bisherigen Etats zu bewirken und auf der Vorderseite des neuen zu vermerken, den letzteren auch urkundlich zu vollziehen (vgl. das anliegende Muster). Das berichtigte Konzept wird vom Rendanten, eine Ausfertigung vom Gemeinde-Kirchenrath aufbewahrt.

Verweigern Gemeindekörperschaften ihre Mitwirkung bei Aufstellung des Etats, bezw. bei Aufnahme gesetzlich begründeter Leistungen und der dazu erforderlichen, nöthigenfalls durch Umlage zu beschaffenden Mittel oder bei Abstellung vorgefundener Gesetzwidrigkeiten im Etat, so ist Konsistorium und Regierungspräsident in gegenseitigem Einvernehmen befugt, das Erforderliche durch Zwangseintragung zu ergänzen und alle zur Durchführung der letzteren dienlichen Anordnungen zu treffen. Auf die dagegen zulässige Klage der Gemeindekörperschaften im Verwaltungsstreitverfahren entscheidet das Oberverwaltungsgericht (Art. 27 Ges. v. 3. Juni 1876).[50])

§. 69. Bezieht sich der Inhalt des Etats auf Geschäfte, zu welchen nach den bestehenden Bestimmungen die Genehmigung der Aufsichtsbehörden erforderlich ist, so ist die letztere thunlichst schon vor Feststellung des Etats zu beschaffen, und es ist dann bei dem betreffenden Punkt zu vermerken, daß dies geschehen sei. Erscheint dies Verfahren nach Lage der Umstände unthunlich, so ist die Genehmigung baldmöglichst zu erwirken, im Etat aber neben den betreffenden Posten zu vermerken, daß dieselben bis dahin, wo dies geschehen, nicht auszuführen sind.

---

[50]) Im Falle des Art. 27 Abs. 3 Ges. v. 3. Juni 1876 steht zwar die Entscheidung auch in der Provinz Posen dem Oberverwaltungsgerichte zu. (Vgl. Verhandlungen des Herrenhauses 1876 Bd. 2 S. 490.) Wenn indessen eine Kirchengemeinde bezüglich der zur Kreissynodalkasse erforderlichen Beiträge nicht ihre gesetzliche Verpflichtung zur Leistung der zwangsweise in den Etat eingestellten Beiträge bestreitet, vielmehr nur behauptet, im Verhältniß zu anderen Gemeinden überbürdet zu sein, so hat über diese Frage nicht das Oberverwaltungsgericht, sondern gemäß Art. 3 dieses Gesetzes die Staatsbehörde zu entscheiden. (Erk. des Ob.verw.ger. v. 27. Novbr. 1880, Entsch. Bd. 7 S. 208.) Die Rechte des Staates werden in diesem Falle durch den Regierungs- (in Berlin durch den Polizei-)Präsidenten ausgeübt. Art. III Nr. 4 V. v. 9. Septbr. 1876. Gegen dessen Verfügung geht die Beschwerde an den Ober-Präsidenten. Derselbe beschließt auf die Beschwerde endgültig. Art. III in fine, a. a. O.

Dahin gehören unter Andern die Ausführung von Umlagebeschlüssen, wie von Kauf-, Pacht-, Ablösungs-, Darlehns-Verträgen, die an eine höhere Zustimmung gebunden sind, stiftungswidrige Verwendungen, und alle außerordentlichen, nicht durch gesetzliche Verpflichtung oder allgemeine Zustimmung der zuständigen Aufsichtsbehörden gerechtfertigten Ausgaben, welche den nach §. 687 A. L.-R. II, 11 dem einzelnen Gemeinde-Kirchenrath zu diesem Zweck zur Verfügung gestellten Betrag übersteigen (vgl. §. 67).

4. Kassenführung.

a. Einnahmen und Ausgaben.

§. 70. Der Rendant hat bei der Kassenführung den Etat genau zu beachten. Einnahmen und Ausgaben, welche in demselben nicht ausdrücklich vorgesehen sind, oder in Betreff des Betrages (abgesehen von Theilzahlungen) oder sonstiger Umstände mit demselben nicht übereinstimmen, oder noch der besonderen Genehmigung der Behörden bedürfen (§. 69), oder an eine andere Bedingung geknüpft sind, dürfen nur auf besondere schriftliche Anweisung des Vorsitzenden des Gemeinde-Kirchenraths erfolgen (§. 24 Abs. 5. a K.-G.- u. S.-O.). Der letztere hat vor Ertheilung der Anweisung das betreffende Sach- und Rechtsverhältniß genau zu erwägen, auch die Richtigkeit und die Preisansätze von Rechnungen, nöthigenfalls unter dem Beirath Sachverständiger oder mit Zuziehung des Gemeinde-Kirchenraths zu prüfen und auf den Rechnungen zu bescheinigen, daß dies geschehen, auch daß die betr. Lieferung oder Leistung erfolgt ist und daß neu erworbene Gegenstände in die Verzeichnisse eingetragen sind. Dabei hat er in Betracht zu ziehen, wo zu einer einzelnen Ausgabe zunächst noch die Genehmigung der Gemeindekörperschaften (z. B. bei Ueberschreitungen des Etats oder sonst wesentlichen Abweichungen von demselben) bezw. des Patronats (§. 4) oder der Aufsichtsbehörde erforderlich ist. Die ertheilten Anweisungen, insbesondere außerordentliche Einnahmen hat er in einem Kontrollbuch (vgl. §. 77) kurz zu vermerken. Sobald ein Geschäft erledigt ist, sind die zur Prüfung erforderlichen Schriftstücke der Zahlungsanweisung beizufügen (§§. 73 f.).

Findet der Rendant gegen eine Anweisung Bedenken, so hat er dieselben dem Aussteller vorzutragen und dessen weitere Bescheidung zu erwarten.

b. Kassenbücher.

§. 71. Jede Einnahme und Ausgabe hat der Rendant sogleich nach der Zeitfolge, genügend ausführlich und mit Bezug auf den betreffenden Belag, in ein für jede Kasse gesondert nach Form der Anlage B. zu führendes T a g e b u c h (Journal, Kassenbuch) einzutragen. In demselben ist die Summe am Schluß jeder Seite zu ziehen und auf die folgende zu übertragen. Bei jeder Kassenrevision, Uebergabe und dgl., sowie außerdem am Schlusse jedes Vierteljahrs (bei größeren

Kassen monatlich oder in noch kürzeren Fristen) ist behufs Vergleichung der Einnahme mit der Ausgabe und des Ergebnisses mit dem Kassenbestand ein Abschluß vor der Linie einzutragen.

Bei größeren Kassen und in der Regel seitens aller besoldeten Rendanten ist ferner auf Anordnung des Gemeinde-Kirchenraths nach dem Muster in Anlage C. und in Uebereinstimmung mit der Eintheilung der Jahresrechnung (§. 78) ein Hauptbuch (Manual) zu führen. Dasselbe ist sogleich im Anfange des Rechnungsjahrs mit Belassung des nöthigen Raumes in allen seinen Abtheilungen, Titeln 2c. in der Art anzulegen, daß zunächst das Etatssoll aller Titel in der ersten Spalte vermerkt, später die Eintragung des vorjährigen letzten Abschlusses (§§. 76, 78) und aller aus der letzten Rechnung ersichtlichen Einnahme- und Ausgabe-Reste bewirkt, die weitere Sollspalte aber ausgefüllt wird, sobald eine Anweisung eingeht. Im Uebrigen ist das Hauptbuch fortgesetzt möglichst bald nach dem Tagebuche zu vervollständigen.

Tage- und Haupt-Buch sind mit fortlaufenden Seitenzahlen und auf dem Titelblatt mit einer Bescheinigung des Pfarrers über die Zahl der letzten Seite zu versehen.

In Betreff des Verzeichnisses der Werthpapiere vgl. §. 38. Inwieweit der Rendant noch andere Bücher oder Listen, z. B. Kapital-, Asservaten-, Vorschuß-Verzeichnisse, Hebelisten für Gebühren, Steuern, Zinsen, Kirchstuhlsmiethen u. dgl., zu führen hat, richtet sich nach dem Bedürfniß und der besonderen Anweisung des Gemeinde-Kirchenraths.

§. 72. Alle Kassenbücher, Verzeichnisse und Listen sind pünktlich und leserlich zu führen und reinlich zu halten.

Ausnahmsweise erforderliche Berichtigungen sind durch deutliche Beischrift so zu bewirken, daß das Durchstrichene lesbar bleibt; Radirungen sind zu vermeiden.

c. Beläge.

§. 73. Zahlungen dürfen nur gegen gehörige Empfangsbescheinigungen (Quittungen) geleistet werden, welche den Betrag und Grund der Zahlung, den dieselbe leistenden Fonds, sowie Ort und Tag der Zahlung und Quittungsleistung bezeichnen und mit der Unterschrift (bei Schreibunkundigen mit den von einem unbetheiligten Zeugen bescheinigten Handzeichen) des Empfangsberechtigten oder dessen legitimirten Vertreters versehen sind. Quittungen über Theilzahlungen (z. B. von Besoldungen) sind thunlichst bei der letzten Zahlung im Rechnungsjahr durch Gesammtquittungen zu ersetzen. Statt der Quittungen auswärtiger Empfänger können bei Beträgen bis 400 ℳ.

Posteinzahlungsbescheinigungen dienen (Staats-Min.-Beschl. v. 1. Oktober 1879, K. G.- u. V.-Bl. S. 234).

§. 74. Alle Anweisungen (§. 70) und Quittungen nebst Zubehör sind als Beläge für die einzelnen Einnahmen und Ausgaben zunächst nach der Folge der am unteren Rande zu bezeichnenden Nummern des Tagebuchs in besonderen Mappen aufzuwahren, bei der Rechnungslegung aber in der Ordnung der Rechnung nach fortlaufenden, auf jedem Belag deutlich oben zu verzeichnenden Ziffern geheftet mit vorzulegen.

d. Abschlüsse und Kassenrevisionen.

§. 75. Der Rendant hat, je nach Anweisung des Gemeinde-Kirchenraths, halbjährlich zum Beginn des zweiten und vierten, oder in den ersten Tagen jedes Kalender-Vierteljahrs über die Einnahmen und Ausgaben der vorhergehenden Vierteljahre und den verbliebenen Bestand oder Fehlbetrag (Vorschuß) der Kasse einen nach Form der Anlage E. anzufertigenden Abschluß vorzulegen, von welchem dem Gemeinde-Kirchenrath in seiner nächsten Sitzung zu Protokoll kurze Mittheilung zu machen ist. Der Vorsitzende oder der von ihm bestellte Berichterstatter kann sich vorher durch eigene Einsichtnahme von der Art der Kassenführung persönlich überzeugen.

§. 76. Sobald die Lage der Verwaltung den Rechnungsschluß ermöglicht, spätestens 4 Wochen nach Ablauf des Rechnungsjahres (§. 66), hat der Rendant die Kassenbücher abzuschließen, dabei die Summe der Jahres-Einnahme und -Ausgabe, sowie den Bestand oder Fehlbetrag zu vermerken, auch im Hauptbuch (anderenfalls im Tagebuch) hinter der Einnahme eine Summen-Uebersicht des vorhandenen Kapitalvermögens, nach Anlegungsart (Hypothek, Werthpapiere) und Zinssatz unterschieden, mit Datum und Unterschrift einzutragen und von dem Abschluß und der Kapital-Uebersicht gleichzeitig Abschrift dem Vorsitzenden des Gemeinde-Kirchenraths zu übergeben.

Sobald dies geschehen, hat der letztere (oder auf dessen Anordnung sein Vertreter) in Gemeinschaft mit einem vom Gemeinde-Kirchenrath beauftragten Mitgliede unverzüglich eine genaue und vollständige Kassenrevision vorzunehmen und dabei den Jahresabschluß der Kasse festzustellen (§. 78).

Auch beim Antritt und Abgang eines Rendanten ist jedesmal eine Kassenrevision unter Zuziehung desselben (bezw. eines Beauftragten seiner Erben) abzuhalten (§. 64).

Im Uebrigen hat der Gemeinde-Kirchenrath Revisionen der Kasse nach Bedürfniß anzuordnen, bei großen Kassen vierteljährlich oder öfter. Bei Kassen, welchen besoldete Rendanten vorstehen, ist in jedem Jahre einmal eine derartige Revision unangemeldet abzuhalten.

Auch den desfallsigen Anordnungen der Kreissynode (bezw. des Rechnungsausschusses), wie des Superintendenten und des Konsistoriums ist Folge zu leisten.

§. 77. Jede vollständige Kassenrevision hat zu umfassen die Nachzählung des Kassenbestandes, nachdem der Rendant erklärt hat, keine anderen Kassengelder hinter sich zu haben, die Feststellung der Richtigkeit desselben nach dem vom Zeitpunkt der letzten Kassenrevision ab, unter Vergleichung mit Etat, Kontrollbuch (§. 70) und Belägen, durchzusehenden und ordnungsmäßig abzuschließenden Tagebuch, Ermittelung der Einnahme- und Ausgabe-Reste, Feststellung des Vorhandenseins der Werthpapiere nebst Zinsscheinen und Erneuerungsanweisungen, Durchsicht der Kassenbücher und äußeren Kasseneinrichtungen.

Dem Abschluß im Tagebuch ist der Vermerk: „geprüft am . . . ten . . . . ." mit Unterschrift der Revisoren beizufügen. Unter der Abschrift des Abschlusses ist über den Befund in Betreff der vorgedachten einzelnen Geschäfte ein vom Rendanten mitzuunterzeichnender schriftlicher Vermerk aufzunehmen, in welchem entdeckte Mängel genau bezeichnet werden. Derselbe ist dem Gemeinde-Kirchenrath in nächster Sitzung vorzulegen.

Verwaltet der Rendant noch andere als kirchliche Kassen, so ist thunlichst die gleichzeitige Vornahme der Kassenrevisionen — bei unangemeldeten unter strenger Wahrung der Amtsverschwiegenheit — mit den Vorgesetzten der anderen Kassen zu verabreden.

5. Rechnungslegung. a. im Allgemeinen. §. 78. Ueber jede kirchliche Kasse bezw. jeden Fonds, dessen Nutzungsverwaltung nicht einem Nießbrauchsberechtigten zusteht, hat der Rendant jährlich vor Ablauf von zwei Monaten nach dem Schluß des Verwaltungsjahres dem Gemeinde-Kirchenrath nach Form der Anlage D. Rechnung zu legen (über Fonds mit besonderer Zweckbestimmung im Anhang der Kirchenkassenrechnung vgl. §. 67 Abs. 2) und dieselbe unter Zurückbehaltung des Konzepts in einer mit seiner Unterschrift versehenen Reinschrift nebst Belägen zu übergeben. Das Endergebniß der Rechnung muß mit dem nach §. 76 festgestellten Abschluß der Kassenbücher übereinstimmen, ihre innere Ordnung und Eintheilung mit dem Etat, jede einzelne Post mit den Belägen.

Beizufügen ist eine kurze Uebersicht des Kapitalvermögens der Kirchenkasse und der kirchlichen Institute mit Bezug auf das Lagerbuch nebst Bemerkung des Rendanten über das Vorhandensein und die Aufbewahrung der betreffenden Urkunden und Werthpapiere.

b. Baurechnungen. §. 79. Bei größeren oder über ein Rechnungsjahr hinaus dauernden kirchlichen Bauunternehmungen werden in der Rechnung der

Kirchenkasse die Ausgaben derselben zum Baufonds nur in einer Jahressumme aufgeführt und bis zur Beendigung des Baues in der Spalte „Bemerkungen" die Zahlungen aus früheren Jahren nachrichtlich erwähnt. Der Einzelnachweis der Vereinnahmung und Verwendung der betreffenden Beträge bleibt aber der nach Beendigung des Baues aufzustellenden besonderen Baurechnung vorbehalten. In letzterer ist im Formular die Ueberschrift „nach dem Etat" durch die „nach dem Kostenanschlag" zu ersetzen.

c. Reste, Vorschüsse, Depositen.

§. 80. Einnahme- und Ausgabe-Reste sind in der Spalte „Bemerkungen" besonders zu begründen. Wegen unbeibringlicher Einnahme-Reste ist dem Gemeinde-Kirchenrath Vorlage zu machen. Niederschlagungsbeschlüsse desselben müssen mit Gründen versehen sein und im Auszug zu den Belägen der Kasse gehen. Die Wirkung solcher Beschlüsse hört auf, soweit die Annahme der Zahlungsunfähigkeit sich demnächst als unrichtig erweist.

Geleistete Vorschüsse (z. B. zu Prozeßkosten) und durchlaufende Gelder, Depositen (z. B. Kautionen) sind in den Kassenbüchern abgesondert zu verzeichnen und, wenn sie in demselben Rechnungsjahre wieder eingezogen bezw. ausgegeben werden, in der Rechnung nicht zu erwähnen, anderenfalls in letzterer in Ausgabe bezw. in Einnahme und zugleich als Einnahme- bezw. Ausgabe-Reste zu vermerken.

6. Rechnungs-Revision und -Entlastung (Decharge).

a. durch die örtlich Betheiligten.

§. 81. Die abgelegte Rechnung ist durch ein dazu bestelltes Mitglied des Gemeinde-Kirchenraths (nach Befinden durch mehrere) genau zu prüfen. Auf dessen Bericht in der Sitzung des Gemeinde-Kirchenraths ist von diesem die Rechnung abzunehmen und unter derselben das Vorhandensein der bei der Schluß-Kassenrevision (§. 76) vorgefundenen Bestände und Werthpapiere, sowie der sonst auf Kapitalien bezüglichen Urkunden zu bescheinigen.

Vorgefundene Fehler, welche der Rendant anerkennt, können unter dessen Zustimmung und Unterschrift sogleich mit rother Tinte und so, daß die durchstrichene erste Angabe ersichtlich bleibt, berichtigt werden. Erinnerungen, welche sich nicht so erledigen lassen, sind durch besondere Anlageverhandlung zum Protokoll des Gemeinde-Kirchenraths in der ersten Spalte eines nach Anlage F. einzurichtenden Formulars einzutragen und vom Rendanten thunlichst binnen 8 Tagen in der zweiten Spalte zu beantworten. Der Gemeinde-Kirchenrath hat weiter hierüber Beschluß zu fassen und dessen Ergebnisse in der dritten Spalte zu vermerken.

Sind keine derartigen Erinnerungen zu ziehen, oder nur solche, deren Gegenstand auf die Richtigkeit des Kassen- oder sonstigen Vermögensbestandes keinen Einfluß hat, oder sind die gezogenen Erinnerungen durch die Beantwortung erledigt, so ist — geeignetenfalls unter Vorbehalt der Erledigung noch verbleibender Anstände im ordentlichen Geschäftsgange — dem Rendanten durch einen in das Protokollbuch aufzunehmenden Beschluß Entlastung zu ertheilen.

Wenn die etatsmäßige Solleinnahme der Kasse 900 ℳ. oder mehr beträgt, ist sowohl zur Abnahme der Rechnung, als auch zu deren Entlastung die beschließende Mitwirkung der Gemeindevertretung erforderlich (§. 31 Nr. 9 K.=G.= u. S.=O.).

Ueber die Entlastung ist dem Rendanten ein schriftlicher Ausweis zu ertheilen.

Alle diese Geschäfte sind ohne jeden Verzug zu betreiben. Auf die Rechnung ist ein entsprechender Vermerk zu setzen (vgl. Anlage D.).

§. 82. Darauf ist, falls ein berechtigter Patron (§. 4) vorhanden ist, auch dessen Entlastungserklärung zu erwirken (Nr. 42 u. 43 revid. Instr.). Sofern dieselbe nicht zum Protokoll des Gemeinde=Kirchenraths abgegeben, oder sonst im Wege persönlichen Benehmens ohne schriftliche Verhandlungen erreicht werden kann, ist dem Patron oder dessen Vertreter alsbald die Rechnung nebst beglaubigter Abschrift der Prüfungsverhandlungen und Entlastungserklärungen der Gemeindekörperschaften mit Bitte um schleunige Zustimmungserklärung und Rückgabe zu übersenden.

Die Beläge werden hierbei in der Regel mitvorgelegt. Wird dies nicht verlangt, oder erscheint es in Fällen, wo das Patronat nicht durch eine öffentliche Behörde ausgeübt wird, aus besonderen Gründen unthunlich, worüber im Zweifel das Konsistorium entscheidet, so wird in dem Uebersendungsschreiben bemerkt, daß die Beläge zur Einsichtnahme des Patrons oder seines legitimirten Bevollmächtigten in dem zu bezeichnenden amtlichen Geschäftslokale bereit gehalten werden.

Sobald die erwünschte Erklärung des Patrons vorliegt, oder wenn binnen 30 Tagen sein Widerspruch nicht eingegangen ist (§. 23 Abs. 2 K.=G.= u. S.=O.), wird die Rechnung nach ortsüblicher oder durch einmalige Mittheilung von der Kanzel erfolgter Bekanntmachung 14 Tage zur Einsicht der Gemeinde öffentlich ausgelegt (§. 31 Nr. 9 K.=G.= u. S.=O.) und, wenn dies geschehen ist, auch hierüber auf derselben ein Vermerk gemacht.

Erinnerungen des Patrons sind thunlichst sogleich zu erledigen. Kann dies nicht ohne größeren Zeitaufwand geschehen, so ist die Rechnung mit einem desfallsigen Vermerk auf besonderem, derselben vorzuheftendem Blatte öffentlich auszulegen, die Verhandlung wegen der unerledigten Erinnerungen des Patronats, bezw. über die etwa nachzusuchende Ergänzung seiner Entlastungserklärung durch die Aufsichtsbehörde aber zu vertagen, bis die Prüfung seitens des Rechnungsausschusses der Kreissynode stattgefunden hat (§§. 83 ff.).

§. 83. Sämmtliche Gemeinde-Kirchenräthe senden jährlich vor Ablauf des von jeder Kreissynode [51]) ein- für allemal zu bestimmenden Termins und unter Zurückbehaltung der vom Rendanten aufbewahrten berichtigten Konzepte der Etats und der Rechnungen, alle auf das Rechnungswesen ihrer Parochie für das vorhergehende Rechnungsjahr bezüglichen Verhandlungen (Etats, Rechnungen, Beläge, Revisions-, Erinnerungs- und Entlastungserklärungen), sowie in doppelter Ausfertigung eine nach Form der Anlage G. aufzustellende Uebersicht über den Stand des Rechnungswesens in der Kirchengemeinde, an den Superintendenten behufs Vorlage an den Synodal-Rechnungsausschuß (§. 10). b. Rechnungsprüfung durch die Kreissynode.

---

[51]) Die Beiträge der Kirchenkassen und Gemeinden zur Kreissynodalkasse sind nach §. 53 Nr. 7 Kg.O. von der Kreissynode zu repartiren. Hiernach erscheint es nicht zulässig, bei mehreren unter Einem Pfarrer vereinigten, aber besondere Kirchenkassen besitzenden Kirchengemeinden nur den Gesammtbeitrag auf die Gesammtparochie durch die Kreissynode zu repartiren, und die Subrepartition auf die verschiedenen Kirchenkassen der betr. Gesammtgemeinde oder den einzelnen verbundenen Kirchengemeinden zu überlassen. Vielmehr hat die Kreissynode den Beitrag einer jeden Kirchengemeinde bez. Kirchenkasse besonders festzusetzen.

Nach Art. 3 Ges. v. 3. Juni 1876 steht den Gemeinden gegen Beschlüsse der Kreissynode wegen Repartition der zur Kreissynodalkasse erforderlichen Beiträge binnen 21 Tagen seit Zustellung des Beschlusses Beschwerde zu. Ueber die Beschwerde entscheidet die Staatsbehörde, nämlich der Regierungs- (in Berlin der Polizei-) Präsident. Art. III Nr. 4 Verord. v. 9. Septbr. 1876. Gegen die Verfügung des Regierungs-Präsidenten geht, sofern nicht die Klage bei dem Oberverwaltungsgerichte nach Art. 27 Abs. 3 Ges. v. 3. Juni 1876 stattfindet, die Beschwerde an den Ober-Präsidenten, welcher auf dieselbe endgültig beschließt. Art. III in fine V. v. 9. Septbr. 1876. Vgl. Erk. des Ob.verw.ger. v. 11. Novbr. 1882, kirchl. G. u. V.Bl. 1883 S. 23, 29 u. v. 27. Novbr. 1880, Entsch. Bd. 7 S. 208.

Das R. des Ev. Ob.K.raths v. 17. April 1883, kirchl. G. u. V.Bl. 1883 S. 60 beschäftigt sich mit dem Etatswesen der Kreissynoden, empfiehlt behufs Vereinfachung des geschäftlichen Verfahrens die Aufstellung dreijähriger Etats, und theilt die Grundzüge mit, nach denen sich die Etatsverhältnisse der Provinzial-Synodalkassen behufs Herstellung eines einheitlichen Verfahrens in Bezug auf die Erhebung der landeskirchlichen und der provinziellen Abgaben in Zukunft zu gestalten haben.

Vgl. hierzu das R. des Ev. Ob.K.raths v. 12. Mai 1883, kirchl. G. u. V.Bl. 1883 S. 62, betr. die Feststellung der auf die evangelischen Gemeindeglieder innerhalb der Landeskirche veranlagten Staats-Klassen- und Einkommensteuer behufs Berechnung der landeskirchlichen Umlagebeträge.

In Betreff der Ausschreibung allgemeiner Umlagen durch die vereinigten Kreissynoden von Berlin vgl. kirchl. G. u. V.Bl. 1882 S. 81, 82.

§. 84. Beim Synodal-Rechnungsausschuß gelangen die Rechnungen, nachdem der Synodalrechnungsbeamte (§. 10 Abs. 2), wo ein solcher bestellt ist, sie geprüft hat, an ein Mitglied des Ausschusses zu gleichem Zweck und zur Berichterstattung. Auf Grund der letzteren wird von dem Ausschuß darüber Beschluß gefaßt, ob gegen die Rechnung oder gegen den Etat, wie die Kassenverwaltung, Bedenken zu erheben sind.

Der Synodal-Rechnungsausschuß wird pflichtmäßig sein Augenmerk auf alle Fragen richten, welche das Rechnungswesen als solches, sowie die Ordnung, Zweckmäßigkeit und rechtliche Begründung der dabei in Betracht kommenden Verwaltungsakte betreffen, und in diesen Beziehungen zunächst auf solche Mißstände achten, deren Beseitigung im kirchlichen Interesse dringend erforderlich ist, im Uebrigen aber selbst erwägen, inwieweit es sich empfiehlt, auf sonst hervortretende formelle oder sachliche Mängel geringerer Art hinzuweisen.

§. 85. Die erhobenen Bedenken sind unter Berücksichtigung der noch unerledigten aber aufrecht erhaltenen Erinnerungen des Gemeinde-Kirchenraths, soweit nicht Anlaß da ist, wegen einzelner erheblicher Mißstände sofort an das Konsistorium Bericht zu erstatten, mit Bestimmung kurzer Fristen und geeignetenfalls in der §. 81 Abs. 2 angedeuteten Form dem Gemeinde-Kirchenrath durch den Superintendenten zur Aeußerung mitzutheilen. Letztere hat der Gemeinde-Kirchenrath unter Zuziehung des Rendanten zu bewirken. Von dem Inhalt der Beantwortung giebt der Vorsitzende des Rechnungsausschusses, nach Bedürfniß durch Vortrag des früheren Berichterstatters, dem Synodal-Rechnungsausschuß in dessen nächster Sitzung Nachricht. Werden die Bedenken dabei weder als erledigt anerkannt noch fallen gelassen, so ist über deren Behandlung weiter zu befinden, nöthigenfalls der Beschluß der Kreissynode oder die Entscheidung des Konsistoriums zu erwirken.

§. 86. Die doppelt eingesandten Uebersichten über das kirchliche Rechnungswesen (§. 83) des vergangenen Jahres werden vom Rechnungsausschuß, nach Vergleichung mit den eingesandten Rechnungen und etwa erforderlicher Berichtigung, mit dem Vermerk über Zeit, Art und Ergebniß seiner Prüfung versehen und alljährlich zu zwei die ganze Diözese umfassenden Sammlungen vereinigt. Der Superintendent legt von den letzteren eine der nächsten Kreissynode bei dem derselben über die Lage des Rechnungswesens zu erstattenden Vortrag zur Einsichtnahme vor und überreicht die andere vor Schluß des Rechnungsjahres dem Konsistorium mit einem Bericht, welchem etwa erforderliche besondere Anträge wegen einzelner Mißstände anzuschließen sind.

§. 87. Die Gemeinde-Kirchenräthe, Rendanten und Verwalter kirchlicher Stiftungen haben der Kreissynode bezw. dem Superintendenten und dem Synodal-Rechnungsausschuß jede von ihnen in Betreff der örtlichen Vermögensverwaltung erforderte Auskunft zu ertheilen, auch den Beauftragten derselben bei örtlichen Ermittelungen willig entgegenzukommen.

c. Aufsicht des Konsistoriums.

§. 88. Das Konsistorium wird die ihm zustehende Aufsicht über das Kassen- und Rechnungswesen dauernd im Anschluß an die ihm vorgelegten Uebersichten und Ephoralberichte (§. 86), oder aus Anlaß sonstiger Anregungen ausüben, auch von Zeit zu Zeit nach Bedürfniß die Einsendung einzelner Etats und Rechnungen, sowie die Vornahme außerordentlicher Kassenrevisionen anordnen, in dieser Weise auch namentlich der Führung von Stellen-Vakanzkassen (§. 44 Abs. 2) seine Aufmerksamkeit zuwenden, und wo Defekte [52]) bei der kirchlichen Kassenverwaltung zum Vorschein kommen, geeignetenfalls zum Erlaß eines die schleunige exekutive Wahrung des kirchlichen Interesses ermöglichenden Defektenbeschlusses nach der Verordnung vom 24. Januar 1844 (G.-S. S. 52) schreiten (vgl. u. §. 89 u. Erl. d. Ev. O.-K.-R. v. 7. April 1885, K. G.- u. V.-Bl. S. 38).

V. Zwangsdurchführung und Vertheidigung kirchlicher Rechte.

§. 89. Das Verwaltungszwangsverfahren (Verordn. v. 7. September 1879, G.-S. S. 591) findet statt zur Durchführung der für vollstreckbar erklärten Umlage-Beschlüsse bezw. -Heberollen der Kirchengemeindeorgane (vgl. o. §. 57 u. Nr. 5 des dort angef. Min.-Erl. v. 15. Januar 1881), sowie der Defektenbeschlüsse (vgl. o. §. 88; §. 15

---

[52]) Erk. d. Reichsger. v. 3. Juli 1882, Blum's Annal. des Reichsger. Bd. 6 S. 161:

1. Durch die §§. 1, 3 u. 10 d. Verord. v. 24. Januar 1844 ist die allgemeine Verpflichtung der Erben eines Beamten, für den Ersatz der von ihrem Erblasser verursachten Defekte zu haften, nicht aufgehoben.
2. Ein Defektenbeschluß (§§. 13—15 der Verord. v. 24. Januar 1844) ist auch gegen die Erben zulässig, und nur dann im ordentlichen Rechtswege auszutragen, wenn die Erben ihre Erbeseigenschaft bestreiten.
3. Durch Ablauf der einjährigen Frist des §. 16 (der Verord.) ist eine Klage des durch den Defekt Beschädigten nicht ausgeschlossen. Vgl. auch Erk. des Reichsger. v. 31. Mai 1880, Entsch Bd. 2 S. 188.

Erk. des Gerichtsh. z. Entsch. d. Komp.Konfl. v. 13. Febr. 1886, Min.Bl. d. inn. V. 1886 S. 242: Der Erlaß eines Defektenbeschlusses nach der Verord. v. 24. Januar 1844 bildet keine Vorbedingung für die Verfolgung des betr. Ersatzanspruches im Rechtswege.

1. Verwaltungszwangsverfahren. Verordn. v. 24. Januar 1844; Cirk.-Erl. der Min. d. Finanzen u. d. geistl. Angel. v. 8. Juli 1881, K. G.- u. V.-Bl. S. 109), auch der einstweiligen Entscheidungen der Regierungen in streitigen Bausachen (vgl. o. §. 27; Art. 23 Nr. 2 Ges. v. 3. Juni 1876), ferner zur Beitreibung aller beständigen dinglichen oder persönlichen Abgaben und Leistungen, welche an Kirchen oder deren Beamte auf Grund einer allgemeinen gesetzlichen oder auf notorischer Orts- oder Bezirksverfassung beruhenden Verbindlichkeit zu entrichten sind, sowohl hinsichtlich der laufenden, als der aus den letzten zwei Jahren rückständig gebliebenen Beträge, wobei zu beachten ist, daß hier ein zweijähriger Besitz der Freiheit bei Behauptung einer Exemtion das Zwangsverfahren hemmt (Kab.-Ord. v. 19. Juni 1836, G.-S. S. 198; Art. 23 Nr. 3 Ges. v. 3. Juni 1876; Min.-Erl. v. 24. Januar 1881, K. G.- u. V.-Bl. S. 33; vgl. §. 15 Ges., betr. d. Erweiterung des Rechtsweges, v. 24. Mai 1861, G.-S. S. 242). — Ueber Zwangseintragung in den Etat vgl. o. §. 68 Abs. 3.

2. Gerichtliche Zwangsvollstreckung. §. 90. Wegen Zwangsdurchführung anderer Ansprüche der Kirche und kirchlichen Institute sind die zuständigen Gerichte anzugehen. Von denselben ist die Zwangsvollstreckung hauptsächlich zu erlangen auf Grund von rechtskräftigen oder vorläufig vollstreckbar erklärten Endurtheilen (§§. 644 ff. Civ.-Proz.-Ordn. v. 30. Januar 1877, R.-G.-Bl. S. 83) und von gerichtlichen Vergleichen (§. 702 a. a. O.), ferner auf Grund des Zahlungsbefehls in dem wegen jedes Anspruchs auf eine bestimmte Summe von Geld, vertretbaren Sachen und Werthpapieren zulässigen Mahnverfahren, wenn jenem Befehle nicht in 2 Wochen widersprochen ist (§§. 628 ff., 639 ff. a. a. O.), und endlich auf Grund solcher gerichtlichen oder notariellen Urkunden, in welchen sich der Schuldner wegen einer bestimmten Summe vorgedachter Gegenstände der sofortigen Zwangsvollstreckung unterworfen hat (§. 702 Nr. 5 a. a. O.).

Ansprüche auf laufende und aus den beiden letzten Jahren rückständige Kirchen- und Pfarr-Abgaben, sowie auf rückständige Zinsen, sind im Zwangsvollstreckungsverfahren gegen das belastete Grundstück, um den Verlust des gesetzlichen Vorrechts zu verhüten, jedenfalls vor dem Versteigerungstermin unter genauer Angabe des Betrages und des Rechtsgrundes beim Gericht anzumelden (§§. 23, 28, 56, 108 Ges. v. 13. Juli 1883, G.-S. S. 131).[53]

---

[53]) Durch die neue Subhastations-Ordnung, Gesetz v. 13. Juli 1883, ist (§. 23) bestimmt, daß die in den §§. 24—38 bezeichneten Forderungen in der Reihenfolge und in dem Umfange, welche daselbst festgesetzt sind, aus dem Kaufgelde zu berichtigen oder in Anrechnung auf dasselbe zu übernehmen sind, und zwar:

Im Konkursverfahren sind die in der Konkursordnung vom 10. Februar 1877 (R.=G.=Bl. S. 351 ff.) enthaltenen besonderen Vorschriften zu beachten.

§. 91. In Prozessen vor den Landgerichten und allen Gerichten höherer Instanz müssen die Gemeinde=Kirchenräthe durch einen gehörig bevollmächtigten Rechtsanwalt vertreten sein; im Uebrigen können sie sich durch eines ihrer Mitglieder oder jede sonstige prozeßfähige Person vertreten lassen, welche mit einer schriftlichen, in urkundlicher Form (§. 5 Abs. 7) auszustellenden Vollmacht versehen ist (§§. 74 ff. Civ.=Proz.=Ordn.). 3. Prozeß. a. Vollmacht.

Die Prozeßvollmacht [54]) giebt dem Vertreter ohne Weiteres auch die Befugniß, den Rechtsstreit durch Vergleich, Verzichtleistung und Anerkennung des gegnerischen Anspruchs zu beseitigen. Um hierin liegenden Gefahren vorzubeugen, hat der Gemeinde=Kirchenrath in der Regel bei Ausstellung seiner Prozeßvollmachten die gedachte Befugniß ausdrücklich auszuschließen (§§. 77 u. 79 Civ.=Proz.=Ordn.; §. 65 Konkurs=Ordn.; Erl. d. Ev. O.=K.=R. v. 22. September 1881, K. G.= u. V.=Bl. S. 106).

V. (§. 28) die laufenden, auf dem Grundstücke haftenden gemeinen Lasten und die Rückstände derselben aus den beiden letzten Jahren. Hierher gehören namentlich alle nach Gesetz oder Verfassung auf dem Grundstücke haftenden Abgaben und Leistungen, welche aus dem . . . Kirchen=, Pfarr=, und Schulverbande entspringen, oder an Kirchen, Pfarren und Schulen, oder an Kirchen= und Schulbediente zu entrichten sind . . .

Während aber bisher die Anmeldung dieser Ansprüche bis zum Kaufgelderbelegungstermine ausgesetzt werden konnte, ist es jetzt zur Vermeidung von Rechtsnachtheilen erforderlich, daß diese Anmeldung spätestens bis zum Versteigerungstermine erfolgt. Denn nach §. 56 des gedachten Gesetzes werden solche Ansprüche, deren Betrag aus dem Grundbuche nicht ersichtlich ist, — wohin in allen Fällen die Rückstände gehören, — bei der Feststellung des „geringsten Gebotes" nur insoweit berücksichtigt, als sie vor der Aufforderung zur Abgabe von Geboten bei dem Vollstreckungsgerichte angemeldet worden sind. Die Nichtberücksichtigung hat gemäß §. 108 des Gesetzes den Verlust des Vorzugsrechtes bei der Vertheilung der Kaufgelder zur Folge. (Vgl. die Verfüg. der K. Regierung zu Potsdam v. 26. Febr. 1884, Unterr.Centralbl. 1884 S. 343.)

[54]) Beschl. des Kammerger. v. 20. April 1881, Entsch. Bd. 2 S. 71: Die Legalität einer von dem Gem.K.rath dem Vorsitzenden desselben ertheilten Vollmacht wird dadurch nicht beeinträchtigt, daß der bevollmächtigte Vorsitzende die Urkunde mit vollzogen hat. Auch seine Mitwirkung bei der Beschlußfassung über die Bevollmächtigung ist zulässig.

Urtheil des Kammerger. v. 5. Dezbr. 1881, Entsch. Bd. 3 S. 260: Prozeßvollmachten unterliegen auch nach Erlaß des deutsch. Gerichtskostenges. v. 18. Juni 1878 dem landesgesetzlichen Stempel, und ist deren Verwendung ohne Stempel nach Ablauf der 14tägigen Nachfrist straffällig.

Versäumen die Vertreter der kirchlichen Institute ihre Pflicht in Vertretung der kirchlichen Interessen vor Gericht oder sind sie an derselben behindert, so kann das Konsistorium für die Kirche einen Bevollmächtigten von Amtswegen bestellen (§§. 659, 661 A. L.-R. II, 11; Erk. d. Reichsger. v. 26. September 1883, K. G.- u. V.-Bl. S. 140).

b. Genehmigung.

§. 92. Zur Anstellung von Prozessen, soweit sich dieselben nicht auf Eintreibung fortlaufender Zinsen und Gefälle, oder die Einziehung ausstehender Kapitalien, deren Zinsen rückständig geblieben sind, beschränken, muß der Gemeinde-Kirchenrath vorher die Zustimmung der vereinigten Gemeindekörperschaften, des Patrons (§. 4) und des Konsistoriums, als der kirchlichen Aufsichtsbehörde, einholen (§. 31 Nr. 4 K.-G.- u. S.-O.; §§. 651 bis 657 A. L.-R. II, 11; Art. 26 Ges. v. 3. Juni 1876). Auch ist dem letzteren von Klagen Dritter gegen die Kirche oder ein kirchliches Institut jedesmal sofort Anzeige zu machen, zugleich um die nachträgliche Einwilligung der Behörde zu der Einlassung auf die Klage zu erlangen (§§. 654 f. A. L.-R. II, 11). Unterläßt der Gemeinde-Kirchenrath die Erfüllung vorstehender Obliegenheiten, so geht der Prozeß auf seine Gefahr und Kosten (§§. 653, 656 a. a. O.). Auch zu Vergleichen in Prozessen bedarf es der Zustimmung der Gemeindevertretung, des Patrons (§. 4) und der geistlichen Obern (§. 31 Nr. 4 K.-G.- u. S.-O.; vgl. o. §. 18).

Diese Vorschriften finden entsprechende Anwendung bei Prozessen in Auseinandersetzungssachen und im Verwaltungsstreitverfahren (vgl. jedoch o. §. 68 Abs. 3).

c. Gerichtskosten.

§. 93. Kirchen, Pfarr-, Küster- und andere kirchliche Stellen sind bei Prozessen und anderen Rechtsangelegenheiten gesetzlich von Zahlung der Gerichtskosten befreit, soweit ihre Einnahmen ihre etatsmäßigen Ausgaben, einschließlich der Besoldung oder des überlassenen Nießbrauchs, nicht übersteigen. Nießbraucher sind, soweit es sich lediglich um ihr zeitiges Interesse handelt, in diese Befreiung nicht eingeschlossen (§. 4 Nr. 4 Ges. v. 10. Mai 1851, G.-S. S. 622; §. 98 Reichsges. v. 18. Juni 1878 u. v. 24. Dezember 1883, R.-G.-Bl.

Der §. 659 L.R. II, 11 (Bestellung eines Prozeß-Bevollmächtigten von Amtswegen) ist durch die neuere Gesetzgebung für den Bereich der evangelischen Kirchenorganisation nicht beseitigt. (Für die katholische Kirche vgl. §. 53 Ges. v. 20. Juni 1875, u. §. 59.) Vgl. das oben bezeichnete Erk. des Reichsger. v. 26. Septbr. 1883, Entsch. Bd. 10 S. 206. Vgl. auch hierüber, sowie über das Zwangsverfahren gegen Kirchengemeinden, um dieselben zur Bestreitung der aus solcher Prozeßführung erwachsenden Ausgaben anzuhalten, das Erk. des Ob.verw.ger. v. 21. März 1883, Entsch. Bd. 9 S. 118.

1878 S. 141, 1884 S. 1, vgl. in Betreff Auseinandersetzungssachen §. 1 Ges. v. 24. Juni 1875, Ges.-S. S. 395 u. §. 96 Ges. v. 18. Februar 1880, Ges.-S. S. 59; in Betreff Verwaltungsstreitverfahren §. 107 Nr. 1 u. 5 u. §. 109 Ges. v. 30. Juli 1883, G.-S. S. 195).

Das über die Einnahmeverhältnisse beizubringende Attest hat der Gemeinde-Kirchenrath unter Beifügung der letzten Jahresrechnung und des laufenden Etats rechtzeitig bei der Bezirksregierung nachzusuchen (Art. 23 Nr. 5 Ges. v. 3. Juni 1876).

Oeffentliche Armen- und Kranken-Anstalten, Waisenhäuser und andere milde Stiftungen und die Gemeinden in den die Verwaltung und Mittel der Armenpflege betreffenden Angelegenheiten sind ohne jede Beschränkung in Betreff der Einnahmeverhältnisse gerichtskostenfrei (vgl. §. 4 Nr. 2 Ges. v. 10. Mai 1851 u. ob. Reichsges.).

VI. Schluß- und Uebergangs-Bestimmungen.

§. 94. An der Befugniß der Aufsichtsbehörden, besondere Festsetzungen zu treffen, welche im kirchlichen Interesse geboten erscheinen, wird hierdurch Nichts geändert. Den Konsistorien bleibt namentlich überlassen, in Betreff einzelner bisheriger Vorschriften und Uebungen, deren sofortige Abstellung nachtheilig sein würde, nähere Bestimmung zu erlassen.

Zu Recht bestehende provinzialrechtliche Bestimmungen werden durch die Verwaltungsordnung nicht berührt.

Berlin, den 15. Dezember 1886.

Evangelischer Ober-Kirchenrath.

Hermes.

Anlage A. (zu §. 67)

(Titelblatt)

Etat

der Kirchenkasse zu N. für { das Jahr / die Jahre } { vom 1. April 18 . . / bis dahin 18 . . }

(und der nachstehend bezeichneten kirchlichen Fonds rc. *)

Bescheinigungen.

Dieser Etat ist:

I. durch Beschluß der Gemeindevertretung vom . . ten . . . . 18 . . festgestellt worden.

II. vom Patronat unter dem . . ten . . . . 18 . . genehmigt.

III. gemäß §. 31 Nr. 9 der Kirchengemeinde- und Synodal-Ordnung nach gehöriger Bekanntmachung vom . . ten . . . . . . bis . . ten . . . . . zur Einsicht der Gemeindeglieder öffentlich ausgelegt gewesen.

N. den . . ten . . . . 18 . .

Der Gemeinde-Kirchenrath.

N. N.

---

*) Der Etat über etwaige bei der Kirchenkasse verwaltete Fonds mit besonderer Zweckbestimmung ist dem Etat der Kirchenkasse im Anhang anzuschließen, sofern nicht über dieselben abgesondert Rechnung gelegt wird. (Vgl. Anmerkung zum Titelblatt des Rechnungsformulars. Anl. D.)

(Formular)

Ein-

1. №	2. Bezeichnung der einzelnen Einnahmen.
	Titel I. Zinsen der belegten Kapitalien . . . . .
	(Die Kapitalien sind nach Datum der Schuldurkunde, Namen des Schuldners und Grundbuchbezeichnung [die Werthpapiere nach Art, Nennwerth, Reihe, Buchstaben, Nummer und Jahrgang] nebst Höhe des Zinsfußes und Zeit der Fälligkeit der Zinsen aufzuführen und am Ende des Titels zusammenzurechnen.)
	Titel II. Aus Grundstücken:
1.	Pächte und Miethen . . . .
2.	Renten, Zehnten u. dergl. . . . .
	(Das verpachtete bezw. verpflichtete Grundstück ist genau zu bezeichnen, ebenso der Name des Zahlers und die Zeit der Fälligkeit.)
	Titel III. Kirchstuhlgelder . . . .
	Titel IV. Klingelbeutelgeld und Opfer (Geschenke) .
	Titel V. Gebühren . . . .
	(Gebühren für kirchliche Amtshandlungen, Geläut, Geräth, Grabstellen u. dergl. etwa in besonderen Unterabtheilungen 1. 2. 3. rc. nachzuweisen.)
	Titel VI. Zuschüsse aus anderen Kassen . . . . .
	Titel VII. Kirchensteuern und andere Gemeindebeiträge
	Titel VIII. Verschiedene Einnahmen (Insgemein) .
	Wiederholung der Einnahmen: Tit. I. Tit. II. bis Tit. VIII. **Summe der Einnahmen:**
	NB. In der Rechnung: Titel IX. Zurückgezahlte Kapitalien. Titel X. Einnahme aus Vorjahren.

n a h m e.

3. Betrag.		4. Der frühere Etat setzte aus		5. Daher jetzt				6. Bemerkungen.
				Mehr		Weniger		
ℳ	₰.	ℳ	₰.	ℳ	₰.	ℳ	₰.	

Aus-

1. №	2. **Bezeichnung der einzelnen Ausgaben.**
	Titel I. Zinsen und Kapitalabtragungen von Schulden der Kirche . . . . (vergl. Einnahme Titel I.)
	Titel II. Besoldungen, Pensionen und Unterstützungen
	Titel III. Kosten der Gottesdienste . . . . . . (Lichte, Abendmahls-Wein und -Brot, Heizung und dgl.)
	Titel IV. Für Herstellung und Erhaltung von Gebäuden und Inventar, einschl. Feuerversicherung und Reinigung . . . . (Die Ausgaben für diese verschiedenen Zwecke, bezw. für die einzelnen Gebäude etwa in besonderen Unterabtheilungen 1, 2, 3 ꝛc. nachzuweisen.)
	Titel V. Zahlungen an die Synodalkassen . . . . (eigentl. Syn.-Kosten u. etw. Leistungen zum landeskirchlichen Pensionsfonds in besonderen Unterabth. 1, 2.)
	Titel VI. Verwaltungskosten und öffentliche Abgaben
	Titel VII. Verschiedene Ausgaben (Insgemein) . .
	Wiederholung der Ausgaben. Tit. I. Tit. II. bis Tit. VII. (bezw. VIII. s. u.) Summe der Ausgaben:
	Abschluß. Die Einnahme beträgt . . . . Die Ausgabe beträgt . . . . geht auf
	NB. In der Rechnung: Titel VIII. Ausgeliehene Kapitalien. Titel IX. Ausgaben für Vorjahre ꝛc.
	Sind nach dem Etat jährliche Ueberschüsse vorhanden, so werden dieselben im ersteren unter dem einzufügenden Titel VIII. nachgewiesen.

N. den . . ten . . . . . . 18 . . .
Der Gemeinde-Kirchenrath.
N. N.

g a b e.

3. Betrag.		4. Der frühere Etat setzte aus		5. Daher jetzt				6. Bemerkungen.
				Mehr		Weniger		
ℳ	₰	ℳ	₰	ℳ	₰	ℳ	₰	

Anlage B. (zu §. 71)

Tagebuch

über Einnahme und Ausgabe der Kirchenkasse zu N. für das Rechnungsjahr vom 1. April 18 . . . bis dahin 18 . . .

(Das Tagebuch hat . . . Seiten. Datum. N., Pfarrer.)

Einnahme.

Seite . . . .

1. №	2. Tag der Einzahlung.	3. Bezeichnung des Einzahlers und Gegenstand der Einnahme.	4. Betrag. ℳ	₰.	5. Titel des Etats.	6. Bemerkungen.

Ausgabe.

Seite . . . .

1. №	2. Tag der Auszahlung.	3. Bezeichnung des Empfängers und Gegenstand der Ausgabe.	4. Betrag. ℳ	₰.	5. Titel des Etats.	6. Bemerkungen.

Anlage C. (zu §. 71)

Hauptbuch

(NB. nur bei größeren Kassen zu führen.)

über Einnahme und Ausgabe der Kirchenkasse zu N.

(Das Hauptbuch hat . . . Seiten. Datum. N., Pfarrer.)

Einnahme.

Seite . . . .

1. Soll nach dem Etat. ℳ	₰.	2. Soll nach der Anweisung ℳ	₰.	3. Gegenstand der Einnahme.	4. Betrag der wirklichen Einnahme. ℳ	₰.	5. № des Belags.*)	6. № des Tagebuchs.	7. Rest. ℳ	₰.	8. Bemerkungen.

Ausgabe.

Seite . . . .

1. Soll nach dem Etat. ℳ	₰.	2. Soll nach der Anweisung ℳ	₰.	3. Gegenstand der Ausgabe.	4. Betrag der wirklichen Ausgabe. ℳ	₰.	5. № des Belags.*)	6. № des Tagebuchs.	7. Rest. ℳ	₰.	8. Bemerkungen.

*) Die Spalte „Nr. des Belags" ist bis zur Aufstellung der Jahresrechnung unausgefüllt zu lassen.

Anlage D. (zu §. 78)

(Titelblatt)

Rechnung*)

über Einnahme und Ausgabe der Kirchenkasse zu N.
für das Jahr 1. April 18 . bis dahin 18.....

Vorbemerkungen.

Der dieser Rechnung zu Grunde liegende Etat ist von der Gemeindevertretung am . . . . für { das Jahr / die Jahre } vom 1. April 18 . . bis dahin 18 . . genehmigt.

Die Kirchenkasse ist verwaltet worden von . . . .

Derselbe hat eine Kaution von . . . . bestellt.

Der Kirchenkasten, in welchem die der Kirche gehörigen Werthpapiere niedergelegt sind, befindet sich in . . . . . .

Die Schlüssel zum Kirchenkasten sind in den Händen von

1) . . .

2) . . .

Der Rendant der Kirchenkasse ist angewiesen, Kassenbestände, die sich auf mehr als . . . ℳ. belaufen, in dem Kirchenkasten niederzulegen.

Bescheinigungen.

1) Diese Rechnung ist dem Gemeinde-Kirchenrath eingereicht am ten . . . .

2) Von den { vereinigten Gemeindekörperschaften / dem Gemeinde-Kirchenrath } ist die Entlastung beschlossen am ten . . .

3) Vom Patronat ist die Entlastung ertheilt am ten . . .

4) Die Rechnung hat gemäß §.31 Nr. 9 d. K.-G.- u. S.-O. 14 Tage lang öffentlich ausgelegen vom ten . . . bis ten . . .

N. . . den ten . . .

Der Gemeinde-Kirchenrath.

(Unterschrift des Vorsitzenden.)

---

*) Die Rechnung über etwaige bei der Kirchenkasse verwaltete Fonds mit besonderer Zweckbestimmung ist der Kirchenrechnung im Anhang beizufügen, sofern nicht über dieselben abgesondert Rechnung gelegt wird. Entweder ist Einnahme, Ausgabe und Abschluß unmittelbar hinter den betreffenden Abschnitten der Kirchenrechnung, oder im Zusammenhange über jeden Fonds hinter dem Schluß der ganzen Kirchenrechnung aufzuführen.

(Formular.)

1. Laufende №	2. Soll nach dem Etat. ℳ	₰.	3. Einnahme.
			Titel I. Zinsen der belegten Kapitalien . . (Vgl. die Bemerkung zum Etat, Anl. A. Einnahme. Anzugeben ist auch der Zeitraum, für welchen Zahlung geleistet ist.)
			Titel II. Aus Grundstücken . . . . . .
			1) Pächte und Miethen . . . .
			2) Renten, Zehnten und dergl. . . . . . (Vgl. die Bemerkung zum Etat, Anl. A. Einnahme. Anzugeben ist auch der Zeitraum, für welchen Zahlung geleistet ist.)
			Titel III. Kirchstuhlgelder . . . .
			Titel IV. Klingelbeutelgeld und Opfer (Geschenke) . . . .
			Titel V. Gebühren . . . . (Wegen der Unterabtheilungen vgl. die Bemerkung zum Etat, Anl. A. Einnahme.)
			Titel VI. Zuschüsse aus anderen Kassen . .
			Titel VII. Kirchensteuern und andere Gemeindebeiträge . . . .
			Titel VIII. Verschiedene Einnahmen (Insgemein) . . . .
			Titel IX.*) Zurückgezahlte Kapitalien und andere Substanzwerthe . . . . . .
			Titel X.*) Einnahme aus Vorjahren (Bestand, Reste, Berichtigungen) . . . .
			Wiederholung der Einnahme.
			Tit. I.
			Tit. II. bis Tit. VIII.
			Sa.: Tit. I. — VIII.
			Hierzu Tit. IX.
			Tit. X.
			Gesammtsumme der Einnahmen:

*) Vgl. die Bemerkung zum Etat, Anl. A. Einnahme.

4. № der Beläge.	5. Ist eingekommen. ℳ	₰.	6. Rest. ℳ	₰.	7. Bemerkungen.

1. Laufende №	2. Soll nach dem Etat ℳ	₰	3. Ausgabe.
			Titel I. Zinsen und Kapitalabtragungen von Schulden der Kirche . . . .
			Titel II. Besoldungen, Pensionen und Unterstützungen . . . .
			Titel III. Kosten der Gottesdienste . . . (Lichte, Abendmahls-Wein und -Brot, Heizung und dgl.)
			Titel IV. Für Herstellung und Erhaltung von Gebäuden und Inventar, einschl. Feuerversicherung und Reinigung . . . . . (Wegen der Unterabtheilungen vgl. Bemerkung zum Etat, Anl. A.)
			Titel V. Zahlungen an die Synodalkassen . (Wegen der Unterabth. vgl. Bemerkung zum Etat, Anl. A.)
			Titel VI. Verwaltungskosten und öffentliche Abgaben . . . .
			Titel VII. Verschiedene Ausgaben (Insgemein) . . . .
			Titel VIII. Ausgeliehene Kapitalien . . . (Vgl. die Bemerkung zum Etat, Anl. A. Einnahme Tit. I. Auch ist die Zeit der Ausleihung und die Sicherheit zu bezeichnen.)
			Titel IX. Ausgaben für Vorjahre (Vorschuß, Reste, Berichtigungen) . . . .
			Wiederholung der Ausgabe.
			Titel I. bis Tit. VII.
			Sa.: Tit. I. — VII.
			Tit. VIII.
			Tit. IX.
			Gesammtsumme der Ausgaben:
			Abschluß.
			Die Einnahme beträgt . . . .
			Die Ausgabe beträgt . . . .
			Mithin Bestand (Vorschuß)

4.	5.		6.		7.
№ der Beläge.	Ist Ausgabe.		Rest.		Bemerkungen.
	ℳ	₰.	ℳ	₰.	

N. den . . . $\frac{\text{ten}}{}$ . . . . 18 . . .

Der Rendant:
(Unterschrift)

Anlage E. (zu §. 75)

Kassenabschluß

der Kirchenkasse zu N. . . . für das Vierteljahr vom 1ten . . .
bis . . . . 18 . .

Bestand am Schluß des vorigen Vierteljahres . . . ℳ. ₰

Einnahme in dem oben bezeichneten Zeitraum . . ℳ. ₰

(Darunter an 1., eingezogenen Kapitalien ℳ ₰.
2., sonstigen außergewöhnlichen Einnahmen . . ℳ ₰.)

Zusammen ℳ. ₰

Ausgabe in demselben Zeitraum . . . . ℳ. ₰

(Darunter an 1., belegten Kapitalien . . ℳ ₰.
2., sonstigen außergewöhnlichen Ausgaben . . . ℳ ₰.)

Bestand am . . . . 18 . . ℳ ₰.

N. . . ., den . . . . 18 . .

Der Rendant.

(Unterschrift)

Anlage F. (zu §. 81)

Beantwortung

der Revisions-Bemerkungen, betr. die Rechnung der Kirchenkasse zu N. für 18 . . .

(Formular)

1. Laufende №	2. Erinnerungen.	3. Beantwortung des Rendanten.	4. Weiterer Beschluß des Gemeinde-Kirchenraths.	5. Entscheidung.

(linke Seite des aufgeschlagenen Bogens) (rechte Seite des aufgeschlag. Bogens)

Anlage G. (zu §. 83)

Uebersicht über das kirchliche Rechnungswesen der Parochie N. (Diözese

№	Name der Kirchen-gemeinde und der Kasse.	Ergebnisse des Etats und der Rechnungen.									
		A. Einnahme.				B. Ausgabe.					
		Titel.				Titel.					
		№	Kurze Bezeichnung des Inhalts.	Nach dem Etat.	Nach der Rechnung.	№	Kurze Bezeichnung des Inhalts.	Nach dem Etat.	Nach der Rechnung.	Bestand.	Vorschuß.
1.	2.	3.	4.	5. ℳ ₰.	6. ℳ ₰.	7.	8.	9. ℳ ₰.	10. ℳ ₰.	11. ℳ ₰.	12. ℳ ₰.
1.	N. (Pfarrort.) Kirchen-kasse.	I.	Kapital-zinsen . . .			I.	Zinsen ꝛc. v. Schulden				
		II.	1. Pächte u. Miethen . . 2. Renten ꝛc.			II.	Besol-dungen ꝛc. .				
		III bis X	(wie in der Rechnung).			III bis IX	(wie in der Rechnung).				
		.	Abschluß	. .	. .	.	.	. .	. .	. .	. .
2.	N. (Toch-terkirche.) Kirchen-kasse.										

N.) für das Rechnungsjahr vom 1. 18..... bis dahin 18......

Kassenrevisionen haben stattgefunden an welchem Tage und durch wen?	Der Etat ist bestätigt an welchem Tage vom a. Gemeinde-Kirchenrath und Gemeinde-Vertretg, b. Patronat.	Der Etat ist bestätigt auf welche Zeitdauer.	Die Rechnung ist an welchem Tage gelegt vom Rendanten.	Die Rechnung ist an welchem Tage entlastet vom a. Gem.-Kirchenrath und Gem.-Vertretg. b. Patronat.	Die Rechnung ist an welchem Tage eingereicht dem Superintendenten (Synodal-Ausschuß).	wann (Tag des Beschlusses.)	Die Prüfung seitens des Synodal-Rechnungs-Ausschusses hat stattgefunden mit folgendem Ergebniß: A. Kurze Beantwortung der Fragen, ob a. die vorjährigen Bedenken erledigt, b. die Angaben in den Spalten 1 bis 18 richtig befunden oder berichtigt, c. Etat und Rechnung in formeller und sachlicher Beziehung, auch rechnerisch, oder in welcher dieser Richtungen der Prüfung unterworfen und dabei d. wesentliche Bedenken erhoben sind. B. Weiter erforderl. scheinende Bemerk.
13.	14.	15.	16.	17.	18.	19.	20.
1, am ... ten ... durch den Gemde.-Kirchenrath. 2, am ... ten ... durch den Superintendenten (bez. einen Kommissar des K. Konsistoriums.)	zu a. 15./12. 79, zu b. 2./1. 80. (resp. berechtigtes Patronat nicht vorhanden oder Patronats-Genehmigung am ..... ten ..... nach §. 23 Abs. 2 (3) K.-G.- und S.-O. ergänzt) 2c.	1./4. 1885 bis 1888.	25./4. 1886.	a. 14./6. 86. b. 19./6. 86. (resp. wie Spalte 14).	15./7. 86.	1./10. 86.	Zu A. a. ja; b. richtig befunden; c. ja (aber nicht durch Nachrechnung der Zahlen, weil dieserhalb kein Bedenken); d. (bejahenden Falls kurze Bezeichnung der Punkte z. B.: Grundstücksverkauf ohne Genehmigung 2c.). B. Wegen einiger Bedenken soll Entscheidung { des K. Konsistoriums / der Kreissynode } beantragt werden.
2c.							Zu lauf. Nr. 2. Zu A. und B. Etat und Rechnung werden von der K. Regierung in N. als Patronatsbehörde in jeder das Verwaltungs-Interesse der Kirche betreffenden Beziehung geprüft. Synode hat daher von ihrer nochmaligen Prüfung Abstand genommen. 2c. 2c.

N. . . . . d . . ten . . . . . . 18 . .
Der Gem.-Kirchenrath. (Unterschrift des Vorsitzenden)

Der Rendant. (Unterschrift)

N. . . . . den . . ten . . . . 18 . .
Der Synodal-Rechnungs-Ausschuß. (Unterschrift)

Inhalts-Verzeichniß.

Cirkular-Erlaß des Evangelischen Ober-Kirchenraths, betr. die Verwaltungs-Ordnung für das kirchliche Vermögen in den östlichen Provinzen der evang. Landeskirche vom 15. Dezember 1886.

Berlin den 3. Januar 1887.

Nach amtlichen Ermittelungen hat sich in Betreff der Behandlung des örtlichen Kirchenvermögens innerhalb des Bereichs der Kirchengemeinde= und Synodal=Ordnung vom 10. September 1873 bereits seit längerer Zeit das Verlangen nach einer amtlichen Anleitung für die wichtigeren Geschäfte der Verwaltung geltend gemacht. Der bisherige Mangel einer solchen berührt ebenso das Interesse des kirchlichen Vermögens selbst, welches durch Nichtbeachtung bestehender Vorschriften gefährdet erscheint, als dasjenige der bei der Verwaltung betheiligten Geistlichen und Mitglieder der Gemeinde= und synodalen Körperschaften. In Betreff aller zuletzt Genannten kommt insbesondere in Betracht, daß ihnen die Mittel zur Belehrung über ihr Verhalten in Verwaltungssachen vielfach nur schwer zugänglich sind, dadurch aber die geordnete Geschäftsführung erschwert wird und Fehler veranlaßt werden, für deren Ausgleichung sie persönlich, unter Umständen mit ihrem Vermögen, verantwortlich und bestenfalls wenigstens durch mühevolle, ihre Amtsfreudigkeit beeinträchtigende Wiederholung unzureichender Verhandlungen Sorge zu tragen verpflichtet sind.

Aus diesen Gründen sind wir, nachdem sich die bestehende kirchliche Gemeindeverfassung genügend eingelebt hat, eingedenk der bereits in Nr. 5 der Instruktion vom 20. April 1874 und Nr. 36 der revidirten Instruktion vom 25. Januar 1882 zur Kirchengemeinde=Ordnung gegebenen Zusage nunmehr dazu übergegangen, in Gemeinschaft mit dem Generalsynodal=Vorstande die in Nr. 1 des diesjährigen Kirchlichen Gesetz= und Verordnungs=Blattes zur Veröffentlichung gelangende „Verwaltungsordnung“ vom 15. Dezember v. J. zu erlassen, auf welche wir die Aufmerksamkeit der K. Konsistorien hierdurch hinlenken.

Von der bloßen Festsetzung einzelner durchgreifender Gesichtspunkte allgemeiner Art für die Verwaltung im kirchengesetzlichen Wege, wie sie früher zeitweilig ins Auge gefaßt war, haben wir absehen müssen. Sie würde dem obwaltenden Bedürfnisse nicht genügt und überdies die Möglichkeit freier Nutzbarmachung fernerer Erfahrungen ohne Noth beengt haben. Die Verwaltungsordnung stellt sich daher nur als eine Geschäftsanweisung für die am häufigsten vorkommenden

Angelegenheiten der Verwaltung dar, welche den mit letzterer Betrauten die Richtschnur ihres Verhaltens darbieten soll. Sie bezweckt in dieser Beziehung, sowohl durch ihre unmittelbaren Hinweise, wie durch die Andeutung derjenigen wichtigeren Gesetzesstellen, Entscheidungen und Vorschriften, in denen weitere Belehrung zu finden ist, in der sachgemäßen Erledigung der äußeren kirchlichen Geschäfte allen Betheiligten eine erwünschte Erleichterung zu gewähren.

Den letzteren wird es bei treuer Benutzung des Dargebotenen ohne Schwierigkeit gelingen, sich in die Verwaltungsordnung einzuleben. Denn dieselbe ertheilt nur an sehr wenigen Punkten wirklich neue Vorschriften. Zunächst beruht sie überall auf den geltenden allgemeinen gesetzlichen Bestimmungen, welche in keinem Punkte durch sie eine Veränderung erleiden. Im Uebrigen faßt sie wesentlich nur bereits bisher feststehende und durch Erfahrung erprobte Grundsätze zusammen. Sie hat dabei auf die in Folge wiederholter Umfragen bei den K. Konsistorien aus den Provinzen kundgegebenen Wünsche Rücksicht genommen, soweit es angängig war ohne die Zahl der Einzelbestimmungen und der Formulare zu sehr zu vermehren, bezw. ohne die Selbständigkeit der örtlichen Verwaltungen mehr, als es nach dem Gesetze unumgänglich erschien, zu beschränken. Da, wo zwischen verschiedenen Arten des Verfahrens zu wählen war, ist diejenige bevorzugt worden, welche mit der erforderlichen Sicherheit für das kirchliche Interesse die möglichste Einfachheit der Form verbindet.

Daß auch die in Kraft stehenden provinzialrechtlichen Bestimmungen, welche auf die kirchliche Verwaltung Bezug haben, z. B. die für das Gebiet des Märkischen Provinzialrechts wichtige Allerhöchste Kabinets-Ordre vom 11. Juli 1845 (Ges.-S. S. 485) u. dgl., von der Verwaltungsordnung nicht beseitigt werden, ist selbstverständlich, aber zur Verhütung jeden Zweifels bei den Betheiligten in §. 94 derselben noch ausdrücklich erwähnt. Die K. Konsistorien werden zu erwägen haben, ob und inwieweit es etwa rathsam erscheint, ihrerseits auf die hier fraglichen Punkte näher hinzuweisen.

Die Verwaltungsordnung beabsichtigt aber überdies nicht, durch die in ihr dargestellten allgemeinen Normen solche besonderen Ordnungen auszuschließen, welche etwa durch eigenthümliche Verhältnisse, z. B. durch den außerordentlich großen oder geringen Umfang einer Verwaltung oder durch sonstige außergewöhnliche örtliche Umstände, bedingt und bereits bewährt erfunden sind oder ferner nothwendig erscheinen sollten. Ingleichen will sie unter Verhältnissen, wo etwa das sofortige Aufgeben bisher üblicher Geschäftsformen den ruhigen Fortgang einer wohlgeordneten Verwaltung stören oder sonst ersichtlich Nachtheil bringen würde, die Möglichkeit gewähren, durch einstweiliges Beibehalten der Ersteren den Uebergang in die neue Ordnung den Umständen anzupassen. Der erwähnte §. 94 bietet daher auch in diesen Beziehungen den erforderlichen Raum für eine freiere Bewegung dar. Von dieser wird jedoch überhaupt wohl nur für die Führung des laufenden Kassen- und Rechnungswesens Gebrauch zu machen sein, da in Betreff der sonst in der Verwaltungsordnung behandelten einzelnen Geschäfte naturgemäß kaum irgendwo das Bedürfniß von Abweichungen sachlich zu begründen sein wird.

Aus diesem Grunde und im Hinblick auf den hohen Werth, welchen die möglichste Beobachtung gleichmäßiger Grundsätze der Verwaltung innerhalb des ganzen Verwaltungsgebietes für die Ordnung und Pünktlichkeit der Geschäftsführung auf allen Stufen der letzteren hat, hegen wir das Vertrauen, daß alle Betheiligte nach Kräften bemüht sein werden, die Grundsätze der Verwaltungsordnung möglichst bald und ausnahmslos zur Anwendung zu bringen. . .

Anhang,

enthaltend Ergänzungen

zu:

Das Preußische Kirchenrecht

im Bereiche der evangelischen Landeskirche.

Anmerkung: Die in dem Anhange ohne weiteren Beisatz bezeichneten Seiten beziehen sich auf das oben erwähnte Preußische Kirchenrecht.

Zu S. 19.

Aemterkirchenfonds.

Vgl. das Statut für den Kurmärkischen Aemterkirchenfonds v. 9. Juli 1883, amtl. Mitthl. des Konsistor. zu Berlin 1883 S. 91, das Statut für den Neumärkischen Aemterkirchenfonds v. 9. Juli 1883, a. a. O. S. 95, das Statut für den Altmärkischen Aemterkirchenfonds v. 9. Juli 1883, amtl. Mitthl. des Konsistor. zu Magdeburg 1883 S. 88.

Der Zeitpunkt, mit welchem die Verwaltung der Aemterkirchenfonds auf die Konsistorien übergegangen, ist durch die Allerh. Verordnung v. 22. August 1883 (G.S. S. 293, kirchl. G. u. V.Bl. 1883 S. 116) auf den 1. Septbr. 1883 festgesetzt worden.

Zu S. 39.

Schulaufsicht. Lehrpläne.

Vgl. die Reskripte des Min. d. g. A. v. 13. März u. 16. April 1872 u. des Ev. Ob.K.raths v. 19. April u. 16. Dezbr. 1872, Aktenst. Heft 20 (6. Bd. 4. Heft) S. 341—346. In dem zuletzt gedachten R. hat der Ev. Ob.K.rath folgende Anordnungen getroffen:

1. Die Niederlegung einer schon geführten Schulaufsicht,
2. die Ablehnung einer von Seiten der Staatsbehörde neu angetragenen Schulaufsicht

   ist von den evangel. Geistlichen nur nach eingeholter Zustimmung des zuständigen Konsistoriums vorzunehmen.
3. Einer besonderen Genehmigung des Konsistoriums zur Fortführung bez. Uebernahme einer Schulaufsicht innerhalb der Parochie des Geistlichen bez. der Ephorie des Superintendenten bedarf es nicht.
4. Sobald einem Geistlichen von der Regierung die Schulinspektion entzogen wird, ist von dem Betroffenen darüber an das Konsistorium Anzeige zu erstatten.
5. Was endlich die aus den Kirchenkassen bisher für Akte der Schulaufsicht, wie Visitationen, Lehrer-Einführungen u. s. w. geleisteten Zahlungen betrifft, so erscheint es unbedenklich, dieselben, solange die Aufsichtsfunktion in der Verbindung mit dem bisher damit betrauten, geistlichen Amte bleibt, unverändert fort zu entrichten; sollten Fälle der Trennung eintreten, so ist die Frage der Weiterleistung der bisherigen Zahlungen in concreto mit Rücksicht auf den Rechtsgrund, aus dem dieselben erfolgten, zur Erörterung und im geordneten Wege zur Entscheidung zu bringen.

Vgl. ferner das Cirkular=Reskript des Min. d. geistl. Ang. v. 31. März 1882, betr. die Einführung der revidirten Lehrpläne für die höheren Schulen, Unterr.Centr.Bl. 1882 S. 234 ff., und das R. desselben Min. v. 24. Juli 1884, kirchl. Amtsbl. Posen 1884 S. 51, Sachsen 1884 S. 114, betr. den Religions=Unterricht in der Volksschule.

In dem letzteren R. wird insbesondere die allgem. Verfügung v. 15. Oktbr. 1872 (Nr. 19) — Trusen, K.R. S. 39, 40 — dahin erläutert, daß überall da, wo es die Verhältnisse der Schulen ermöglichen, den Kindern ein Wort= und Sach=verständniß der sämmtlichen Hauptstücke des kleinen lutherischen Katechismus zu geben, dieses vollständig in den Lehrplan der Schule aufgenommen werde.

Zu S. 47.

Zwangserziehung.

R. des Min. d. Inn. v. 12. Juli 1882, M.Bl. d. inn. V. 1882 S. 210: Das Ges. v. 13. März 1878 §. 12 bestimmt, daß die Kosten der Zwangserziehung den in §. 7 a. a. O. gedachten Kommunalverbänden und der Staatskasse zur Hälfte zur Last fallen sollen, sofern sie nicht aus dem Vermögen des Zöglings getragen werden können. Es ist hiernach das Vermögen der Zöglinge an erster Stelle für die gedachten Kosten haftbar . . . Der Minister des Innern genehmigt aber im Einverständnisse mit dem Finanzminister, daß das Vermögen der in Rede stehenden Kinder zur Deckung der durch ihre Zwangserziehung erwachsenden Kosten nur in Anspruch genommen werden darf, wenn und insoweit es den Betrag von 300 ℳ übersteigt. Voraussetzung hierbei ist, daß die betheiligten Kommunal=verbände sich in den betr. Fällen bereit erklären, auch hinsichtlich der ihnen zur Last fallenden Hälfte der Zwangserziehungskosten von Heranziehung des weniger als 300 ℳ betragenden Vermögens der Zöglinge Abstand zu nehmen.

Die Kab.ord. v. 23. Juni 1882, M.Bl. d. inn. V. 1882 S. 209 genehmigt, daß die Regierungen und Landdrosteien bez. die Regierungs=Präsidenten und der Polizei=Präsident in Berlin ermächtigt werden, Angeschuldigte, welche das 12., aber noch nicht das 18. Lebensjahr vollendet haben und auf Grund des §. 56 des Strafgesetzbuchs zur Unterbringung in eine Besserungsanstalt bestimmt sind, an Privatanstalten, Privatvereine, oder an geeignete und zuverlässige Privatpersonen mit denselben Maßgaben zu überweisen, welche bei der Detention in einer Besserungsanstalt stattfinden.

Vgl. R. des Ev. Ob.K.raths v. 31. Dezbr. 1881, kirchl. G. u. V.Bl. 1882 S. 25, betr. die Betheiligung der Kirche und ihrer Organe an der Fürsorge für das sittliche Wohl und die christliche Erziehung der Waisen.

Vgl. ferner R. des Min. d. Inn. u. d. geistl. Ang. v. 7. März 1884, betr. die Mitwirkung der Geistlichen bei der Aufsicht und Fürsorge für die in Zwangs=erziehung untergebrachten Kinder, kirchl. G. u. V.Bl. 1884 S. 20.

Zu S. 74.

Pfarrwahlrecht aus §. 32 Nr. 2 der Kg. u. Syn.Ord.

Kirchengesetz, betreffend das im §. 32 Nr. 2 der Kirchengemeinde= und Synodal=Ordnung vom 10. September 1873 und im Allerhöchsten Erlaß vom 28. Juli 1876 vorgesehene Pfarrwahlrecht. Vom 15. März 1886. Kirchl. G. u. V.Bl. 1886 S. 39.

Wir Wilhelm, von Gottes Gnaden König von Preußen u. s. w. verordnen unter Zustimmung der Generalsynode und nachdem durch die Erklärung

Unseres Staatsministeriums festgestellt worden, daß gegen dieses Gesetz von Staatswegen nichts zu erinnern ist, für die evangelische Landeskirche der älteren Provinzen, was folgt:

§. 1. Das nach §. 32 Nr. 2 der Kirchengemeinde- und Synodal-Ordnung vom 10. September 1873, sowie nach dem Erlaß vom 28. Juli 1876 (K. Ges.- u. V.-Bl. 1876/77 S. 17) den Gemeinden verliehene Pfarrwahlrecht findet Anwendung auf jede bei der betreffenden Kirchengemeinde bestehende fundirte geistliche Stelle, deren freie Besetzung dem Kirchenregimente ohne Mitwirkung einer anderen Behörde oder eines anderen Berechtigten zusteht.

Die Ernennung eines Pfarradjunkten und Pfarrsubstituten mit dem Rechte der Nachfolge gilt als definitive Besetzung.

Ausgeschlossen von der Besetzung durch Gemeindewahl sind diejenigen geistlichen Stellen, welche mit einem anderen nicht derselben Parochie oder Gesammtparochie (K.-G. u. S.-O. §. 2 Abs. 2) angehörenden geistlichen Amte dauernd verbunden sind.

§. 2. An der Gemeindewahl nehmen in Gesammtparochieen neben denjenigen Kirchengemeinden, auf welche sich das im §. 1 bezeichnete Recht des Kirchenregiments zunächst bezieht, auch die Vertretungen der sonst betheiligten Kirchengemeinden in vereinigter Versammlung Theil, falls nicht Rechte Dritter entgegenstehen.

§. 3. Das Konsistorium hat die Erledigung der Pfarrstelle mit dem Bemerken öffentlich bekannt zu machen, daß die Wiederbesetzung durch Gemeindewahl nach Maßgabe dieses Gesetzes erfolgt (vgl. §. 5).

§. 4. Die vereinigten Gemeindeorgane (Repräsentation) können bei Ausübung des ihnen beigelegten Wahlrechts die Auswahl auf alle für die Verwaltung des geistlichen Amts in der evangelischen Landeskirche qualifizirte Personen richten, jedoch mit der Beschränkung, daß in Pfarrstellen, deren Jahreseinkommen außer freier Wohnung 3600 ℳ übersteigt, nur Geistliche von mindestens zehn Dienstjahren, in Pfarrstellen, deren Jahreseinkommen außer freier Wohnung 5400 ℳ übersteigt, nur solche von mindestens fünfzehn Dienstjahren gewählt werden dürfen. Der Substitut mit dem Rechte der Nachfolge wird hierbei dem Pfarradjunkten gleichgestellt. Ueber etwaige die Höhe des Stelleneinkommens oder des Dienstalters betreffende Zweifel entscheidet die kirchliche Aufsichtsbehörde nach den für die Feststellung des Ruhegehalts der Geistlichen in den östlichen Provinzen geltenden Bestimmungen.

In Fällen, wo das kirchliche Interesse es wünschenswerth erscheinen läßt, können mit Genehmigung des Evangelischen Ober-Kirchenraths wahlfähige Personen mit dem erforderlichen Dienstalter auch dann, wenn sie noch nicht ordinirt sind, in solche Pfarrstellen berufen werden, deren Jahreseinkommen 3600 ℳ übersteigt.

Ebenso ist der Evangelische Ober-Kirchenrath ermächtigt, in denjenigen Fällen, in welchen das Soll-Einkommen der Stelle vorübergehend durch Pfründenabgabe an den Pensions-Fonds der evangelischen Landeskirche oder an einen Emeritus oder an eine Pfarrwittwe derartig geschmälert ist, daß die geeignete Besetzung der Stelle hierdurch erschwert oder unmöglich gemacht wird, von der Anwendung dieses Paragraphen zu dispensiren.

§. 5. Für das Verfahren bei der Gemeindewahl sind maßgebend:

a. in den westlichen Provinzen die Bestimmungen des §. 59 der Kirchenordnung vom 5. März 1835 mit den dazu ergangenen oder künftig zu erlassenden Ergänzungen;

b. in den östlichen Provinzen die nachstehenden §§. 6 bis 11 dieses Gesetzes.

§. 6. Die Bewerbung ist schriftlich bei dem Konsistorium anzubringen.

Die eingegangenen Meldungen sind dem Gemeinde-Kirchenrath zu übersenden.

§. 7. Der Gemeinde-Kirchenrath hat unter Leitung des Superintendenten alle zu einer ordnungsmäßigen Wahl erforderlichen Vorbereitungen zu treffen.

Sowohl die vereinigten Gemeindeorgane, als auch der Gemeinde-Kirchenrath für sich, können verlangen, daß die zur Besetzung der Stelle in Aussicht genommenen Geistlichen und Kandidaten, auf Einladung des Superintendenten, nach vorheriger Abkündigung in den Kirchen des Gemeindebezirks, eine Predigt und Katechisation halten. Wenn mehr als drei Gastpredigten zu dem Zwecke verlangt werden, so kann der Kreissynodalvorstand ihre Zahl auf Antrag des Superintendenten bis auf drei beschränken. Die Wahl ist nicht auf diejenigen beschränkt, welche eine Predigt und Katechisation gehalten haben.

Der Gemeinde-Kirchenrath ist in Vereinigung mit der Gemeindevertretung berechtigt, Mitglieder der Gemeinde an den Wohnort des Bewerbers zu senden, um ihn predigen zu hören und Erkundigungen über ihn einzuziehen.

Ein Bewerber darf sich nur den zu gemeinschaftlicher Sitzung vereinigten Gemeindeorganen, und zwar auf die Einladung des Gemeinde-Kirchenraths anläßlich der von ihm gehaltenen Gastpredigt persönlich vorstellen. Einem Gewählten, welcher entgegen dieser Vorschrift durch persönliches Werben um Stimmen oder in anderer Weise durch unwürdige Mittel auf seine Wahl einzuwirken versucht hat, ist die Bestätigung zu versagen.

§. 8. Der Superintendent bestimmt im Einverständniß mit dem Gemeinde-Kirchenrath den Wahltermin mit einer Frist nicht unter zwei Wochen und leitet die Wahlverhandlung.

§. 9. Die Wahl erfolgt mittelst schriftlicher Stimmzettel. Wird bei der ersten Wahl die absolute Mehrheit nicht erreicht, so findet eine engere Wahl zwischen denjenigen Drei statt, welche die meisten Stimmen auf sich vereinigt haben. Ergiebt auch diese Wahl eine absolute Mehrheit nicht, so scheidet bei der ferneren Wahl derjenige aus, welcher die mindeste Stimmenzahl erhalten hat. Dasselbe geschieht ohne engere Wahl in dem Falle, daß im ersten Wahlgange nur drei Personen Stimmen erhalten haben.

Bei Stimmengleichheit entscheidet überall das Loos. Stimmen Abwesender dürfen nicht zugelassen werden.

Erörterungen über die zur Wahl stehenden Personen sind verboten.

Im Uebrigen finden die Wahlvorschriften der Kirchengemeinde- und Synodal-Ordnung vom 10. September 1873 entsprechende Anwendung. (§§. 27. 30. 11 daselbst.)

Sofort nach beendigter Wahl prüft der Gemeinde-Kirchenrath unter Vorsitz des Superintendenten die Ordnungsmäßigkeit der Wahlhandlung.

§. 10. Das Ergebniß der Wahl ist der Gemeinde in den beiden nächstfolgenden sonntäglichen Hauptgottesdiensten in allen Kirchen der Parochie von der Kanzel bekannt zu machen.

Wenn der Gewählte nicht bereits vor der Wahl eine Gastpredigt gehalten (§. 7) oder nicht schon bisher im geistlichen Amt an derselben Gemeinde gestanden hat, so ist von ihm eine Probepredigt und Katechisation zu fordern. Innerhalb zwei Wochen nach der ersten Bekanntmachung, beziehungsweise nach der Probepredigt kann jedes Gemeindeglied gegen Lehre, Gaben und Wandel des Gewählten und gegen die Gesetzlichkeit der Wahl bei dem Superintendenten Einspruch erheben.

Das Verfahren über erhobene Einsprüche regelt sich nach §§. 55 Nr. 10 und 68 Nr. 6 der Kirchengemeinde- und Synodal-Ordnung vom 10. September 1873 und §. 36 Nr. 1 der Generalsynodal-Ordnung.

§. 11. Der Gewählte erhält von dem Gemeinde-Kirchenrathe eine schriftliche Benachrichtigung über seine Wahl, in welcher das Diensteinkommen der Stelle angegeben sein muß.

Der Gewählte hat sich innerhalb vier Wochen nach Zustellung der Benachrichtigung über die Annahme der Wahl zu erklären.

Lehnt er ab, oder erklärt er sich nicht, so ist innerhalb sechs Wochen zu einer Neuwahl zu schreiten.

§. 12. Der Gemeinde-Kirchenrath (Presbyterium) hat, nachdem der Gewählte angenommen hat, die Wahlverhandlung durch den Superintendenten dem Konsistorium zur Berufung des Gewählten einzureichen.

Im Falle der Versagung der Berufung des Gewählten hat das Konsistorium dieselbe auf Grund des §. 391 Th. II. Tit. 11 Allgemeinen Landrechts näher zu begründen. Sowohl dem Gewählten als dem Gemeinde-Kirchenrath (Presbyterium) steht dagegen innerhalb vier Wochen die Beschwerde an den Evangelischen Ober-Kirchenrath frei. Will der Gemeinde-Kirchenrath von Einlegung der Beschwerde absehen, so hat derselbe die Angelegenheit ungesäumt der Gemeindevertretung (Repräsentation) zur Beschlußfassung zu unterbreiten.

§. 13. Die Kosten des Wahlverfahrens fallen der Gemeinde zur Last. Es ist zulässig, diese Kosten aus der Kirchenkasse zu bestreiten.

§. 14. Soweit der im §. 32 Nr. 2 der Kirchengemeinde- und Synodal-Ordnung, bezw. im Erlaß vom 28. Juli 1876 vorgesehene Wechsel in der Besetzung nicht bereits durch Erledigung der Pfarrstelle eingetreten ist, wird folgendes festgesetzt:

Fällt die erste durch Tod eintretende Stellenerledigung auf einen ungeraden Monat, so wählt die Gemeinde, wenn auf einen geraden Monat, so beruft die Kirchenbehörde ohne Gemeindewahl.

Erfolgt die erste Erledigung auf andere Weise, als durch den Tod des Stelleninhabers, so wählt die Gemeinde.

Wird eine neue Stelle besetzt, so beruft die Kirchenbehörde ohne Gemeindewahl.

Jede Besetzung gilt erst mit Einführung des Geistlichen in das Amt als vollendet.

§. 15. Das Konsistorium kann eine angemessene Frist zur Vornahme der Wahl anordnen. Eine Verlängerung der Frist ist zulässig. Wird die Frist nicht inne gehalten, so erlischt das Wahlrecht der Gemeinde für diesen Fall.

Wird die Berufung des Gewählten (§. 12) in Folge der wider die Wahl erhobenen Einsprüche oder aus anderen Gründen von dem Kirchenregimente endgültig versagt, so muß eine Neuwahl binnen sechs Wochen vorgenommen werden. Hat auch die zweite Wahl die Genehmigung der Kirchenbehörde nicht erhalten, so ist die Stelle von dem Konsistorium ohne weitere Konkurrenz einer Gemeindewahl zu besetzen.

§. 16. Das vorstehende Gesetz tritt an die Stelle der Verordnung vom 2. Dezember 1874 (Ges.-S. S. 355) und des Erlasses vom 28. Juli 1876 (K. Ges.- u. V.-Bl. 1876/77 S. 17).

Urkundlich unter Unserer Höchsteigenhändigen Unterschrift und beigedrucktem Königlichen Insiegel.

Gegeben Berlin, den 15. März 1886.

(L. S.) **Wilhelm.**

Hermes.

Zu S. 78. 84.

Wahl der kirchlichen Gemeinde-Organe.

In Betreff der Betheiligung der Geistlichen an der Wahl der kirchlichen Gemeinde-Organe vgl. das R. des Ev. Ob.K.raths v. 19. Aug. 1882, kirchl. G. u. V.Bl. 1882 S. 71.

Diese Betheiligung setzt aber die vorgängige Eintragung der betr. Geistlichen in die Wählerliste voraus. Vgl. R. des Ev. Ob.K.raths v. 10. Oktbr. 1882, amtl. Mitthl. des Konsistor. zu Magdeburg 1882 S. 107.

Bei der Feststellung der Majoritätsziffer sind die ungültigen bez. die unbeschriebenen Stimmzettel vorweg in Abzug zu bringen. R. des Ev. Ob.K.raths v. 8. Juli 1885, kirchl. G. u. V.Bl. 1885 S. 40.

Zu S. 89.

Ergänzung der Wählerliste.

In Betr. der Feststellung und Ergänzung der Wählerliste innerhalb der dreijährigen Wahlperiode vgl. das R. des Ev. Ob.K.raths v. 12. Juli 1882, kirchl. G. u. V.Bl. 1882 S. 70.

Zu S. 121.

Mandat zur Provinzialsynode.

R. des Ev. Ob.K.raths v. 10. Juni 1884, E. O. Nr. 1049: Die in Nr. 1 u. 2 des §. 46 der Gen.Syn.ord. hingestellte Zugehörigkeit zu dem Wahlkreise ist nicht der Art als ein dauernd nothwendiges Requisit anzusehen, daß dessen Wegfall zur Zeit der Ausübung des Mandats ein Erlöschen des letzteren zur Folge haben müßte; vorausgesetzt, daß der betr. Abgeordnete in dem von ihm vertretenen Provinzialbezirk verblieben ist.

Zu S. 127.

Besetzung der Superintendenturen.

Der Ev. Ob.K.rath hält es (in dem R. v. 29. Januar 1883, Nr. 68, E. O.) für erforderlich, daß die Mitwirkung des Provinzial-Synodalvorstandes schon bei dem ersten, auf die Besetzung eines kirchenregimentlichen Amtes gerichteten Vorschlage eintrete. Dies wird also auch schon bei der provisorischen Uebertragung einer Superintendentur-Verwaltung alsdann der Fall sein, wenn die spätere definitive Ernennung des Vorzuschlagenden in der Absicht der Behörde liegt, und ebenso wird bei Pfarrstellen, mit welchen die Superintendentur organisch oder herkömmlich verbunden ist, schon bei der Designation für das betr. Pfarramt die Mitwirkung des Synodalvorstandes herbeizuführen sein. Handelt es sich um solche Fälle, in welchen der Vorschlag auf Grund von Bewerbungsgesuchen zu machen ist, so ist dem Vorstande zwar auch von den letzteren Kenntniß zu geben; dagegen haben die einzelnen Mitglieder des Vorstandes keinen Anspruch darauf, noch auf anderem Wege, als auf dem des Referats und der kollegialischen Berathung hierüber informirt zu werden.

Hierdurch wird indessen die Befugniß des Konsistoriums, in eiligen Fällen selbstständig die einstweilige Uebertragung von Ephoralgeschäften ohne Präjudiz für ein demnächst ordnungsmäßig einzuleitendes Definitivum vorzunehmen, nicht beschränkt.

Der Rücksicht auf thunlichste Kostenersparniß kann dadurch Rechnung getragen werden, daß bei Designationen für Pfarrämter, mit denen die Superintendentur verbunden ist, die Zustimmung des Prov.Syn.vorstandes vorbehaltlich der Leistung der Ephoralarbeit und des Kolloquiums extrahirt wird, während die Vorschläge von Superintendentur-Verwesern zur definitiven Ernennung, welche kaum als eilige vorkommen werden, für die nächste, ohnedies anzuberaumende gemeinschaftliche Berathung zurückgestellt werden können.

Das Seniorat der Unitätsgemeinden in der Prov. Posen, mit welchem die Superintendentur der Diözese Posen II verbunden ist, wird durch die Wahl der Geistlichen, Patrone und Gemeinden des Unitätsverbandes unter kirchenregimentlicher Bestätigung besetzt. Da bei dieser Besetzung Vorschläge des Konsistoriums nicht stattfinden, so steht, soweit die Superintendentur in Frage kommt, auch dem Prov.Syn.vorstande eine Mitwirkung (aus §. 68 Nr. 6 der Kg. u. Syn.Ord.) nicht zu. (R. des Ev. Ob.K.raths v. 29. Januar 1883 Nr. 68 E. O.)

Zu S. 137.

Dienstvergehen der Kirchenbeamten. Unfreiwillige Versetzung in den Ruhestand.

Kirchengesetz, betreffend die Dienstvergehen der Kirchenbeamten und die unfreiwillige Versetzung derselben in den Ruhestand.

Vom 16. Juli 1886.

Kirchl.G. u. V.Bl. 1886 S. 81.

Wir Wilhelm, von Gottes Gnaden König von Preußen u. s. w., verordnen unter Zustimmung der Generalsynode und nachdem durch die Erklärung Unseres Staatsministeriums festgestellt worden, daß gegen dieses Gesetz von Staatswegen nichts zu erinnern ist, für die evangelische Landeskirche der älteren Provinzen, was folgt:

§. 1. Die Vorschriften dieses Gesetzes sind anwendbar auf alle geistlichen und nichtgeistlichen Kirchenbeamten. Auf Aelteste (Presbyter), Gemeindevertreter (Repräsentanten) und Mitglieder synodaler Körperschaften als solche finden dieselben keine Anwendung.

I. Von den Dienstvergehen u. deren Bestrafung.

1. Allgemeines.

§. 2. Jeder Kirchenbeamte ist verpflichtet, das ihm übertragene Amt in Gemäßheit der bestehenden allgemeinen und besonderen kirchlichen Ordnungen gewissenhaft wahrzunehmen und sich durch sein Verhalten in und außer dem Amte der Achtung, des Ansehens und des Vertrauens würdig zu erzeigen, welche sein Beruf erfordert.

Ein Kirchenbeamter, welcher diese Pflichten verletzt, begeht ein Dienstvergehen.

Bei geringeren Ordnungswidrigkeiten und Verstößen gegen die amtliche Pflicht ist der Beamte durch Mahnung seiner Vorgesetzten an die letztere zu erinnern, bei erheblicheren Dienstvergehen hat derselbe Disziplinarbestrafung verwirkt.

§. 3. Ist gegen einen Kirchenbeamten außer dem Disziplinarverfahren eine gerichtliche Untersuchung eingeleitet oder einzuleiten, so kann das erstere bis zur Erledigung der letzteren ausgesetzt oder vorläufig eingestellt werden.

§. 4. Die rechtskräftige gerichtliche Verurtheilung zu Zuchthausstrafe, Verlust der bürgerlichen Ehrenrechte oder Unfähigkeit zur Bekleidung öffentlicher Aemter hat den Verlust des Kirchenamtes mit den Wirkungen der Dienstentlassung (§. 12 Abs. 1) von Rechtswegen zur Folge.

§. 5. Scheidet der Beamte während des Disziplinarverfahrens aus dem Kirchendienste, so ist die Disziplinarbehörde befugt, dem Beamten die Kosten des Disziplinarverfahrens (§. 38 Abs. 2) zur Last zu legen.

Hat der Beamte Dienstentlassung verwirkt, so ist nach der Vorschrift des §. 12 Abs. 2 zu verfahren.

§. 6. Ein Kirchenbeamter, welcher sich ohne den vorschriftsmäßigen Urlaub von seinem Amte entfernt oder den ihm ertheilten Urlaub überschreitet, hat, wenn die unerlaubte Entfernung länger als acht Wochen dauert, Dienstentlassung verwirkt.

Ist der Beamte dienstlich aufgefordert worden, sein Amt anzutreten oder zu demselben zurückzukehren, so tritt die Strafe der Dienstentlassung schon nach fruchtlosem Ablauf von vier Wochen seit der ergangenen Aufforderung ein.

Die Dienstentlassung kann nur im Wege des förmlichen Disziplinarverfahrens ausgesprochen werden. Sie wird nicht verhängt, wenn sich ergiebt, daß der Beamte ohne seine Schuld von seinem Amte fern gewesen ist.

2. Disziplinarstrafen.

§. 7. Die Disziplinarstrafen bestehen in:

1) Ordnungsstrafen,
2) Entfernung aus dem Kirchenamte.

§. 8. Ordnungsstrafen sind:

1) Warnung,
2) Verweis,
3) Geldstrafe,

bei besoldeten Beamten bis zum Betrage des einmonatlichen Diensteinkommens, bei unbesoldeten bis zum Betrage von 90 Mk.

§. 9. Die Entfernung aus dem Kirchenamte kann bestehen in:

1) Versetzung,
2) Amtsenthebung,
3) Dienstentlassung.

§. 10. Die Versetzung geschieht durch Anstellung des Beamten in einem gleichartigen Kirchenamte eines anderen Ortes, welches mit einem geringeren Diensteinkommen verbunden sein kann.

Durch die Entscheidung kann zugleich bestimmt werden, daß der Beamte bis zu deren Vollstreckung von den Amtsgeschäften ganz oder theilweise zu entbinden und während dieser Zeit auf den Bezug bestimmter Theile des bisherigen Diensteinkommens zu beschränken sei.

Erweist sich die Versetzung wegen mangelnder Gelegenheit zur Verwendung des Beamten in einem anderen Kirchenamte als unausführbar, so ist dieselbe durch Nachentscheidung der Disziplinarbehörde in Amtsenthebung (§. 11) zu verwandeln.

Die Bewilligung eines Ruhegehaltes ist in diesem Falle unzulässig, wenn der Beamte ein ihm angetragenes, nach dem Urtheil der Disziplinarbehörde angemessenes Kirchenamt ausgeschlagen hat.

§. 11. Die Amtsenthebung bewirkt den Verlust des Kirchenamtes; der Verurtheilte bleibt jedoch anstellungsfähig und behält die Rechte des geistlichen Standes.

Gehört der Angeschuldigte zu den Kirchenbeamten, welche einen Anspruch auf Ruhegehalt haben, so kann die Disziplinarbehörde in ihrer Entscheidung zugleich festsetzen, daß demselben ein Theil des gesetzlichen Ruhegehaltes auf bestimmte Zeit, oder bis zu seiner Wiederanstellung, oder auf Lebensdauer zu belassen sei. Ueber den zulässigen Höchstbetrag dieses Theiles entscheiden die im §. 4 Abs. 3 des Kirchengesetzes vom 26. Januar 1880 (K. Ges.- und V.-Bl. S. 37) aufgestellten Grundsätze, auch dann, wenn das Ruhegehalt nicht aus dem Pensionsfonds der evangelischen Landeskirche zu gewähren ist.

§. 12. Die Dienstentlassung hat den Verlust aller Rechte eines Kirchenbeamten, insbesondere des Titels und des Anspruchs auf Ruhegehalt, bei der Entlassung aus einem geistlichen Amte auch derjenigen des geistlichen Standes von Rechtswegen zur Folge.

Ist der Beamte vor Beendigung des Disziplinarverfahrens aus dem Kirchendienste geschieden, ohne die im vorstehenden Absatze erwähnten Rechte verloren zu haben, so ist in Fortsetzung des Verfahrens an Stelle der Dienstentlassung auf den Verlust dieser Rechte zu erkennen.

§. 13. Welche der in den §§. 8 und 9 bestimmten Strafen anzuwenden sei, ist nach der größeren oder geringeren Erheblichkeit des Dienstvergehens mit besonderer Rücksicht auf die Eigenthümlichkeit des Falles und die sonstige Führung des Angeschuldigten zu ermessen.

Die Verbindung verschiedener Ordnungsstrafen mit einander ist zulässig.

§. 14. Ordnungsstrafen können von dem Evangelischen Ober-Kirchenrathe und dem Konsistorium verhängt werden. 3. Verfahren in leichten Disziplinarfällen.

§. 15. Vor der Festsetzung einer Ordnungsstrafe ist dem Beamten in der Regel Gelegenheit zu geben, sich über die ihm zur Last gelegte Verletzung seiner Amtspflicht zu verantworten. Geldstrafen dürfen nur nach Anhörung des Beschuldigten verhängt werden.

Die Festsetzung der Ordnungsstrafe erfolgt unter Angabe der Gründe durch schriftliche Verfügung.

§. 16. Gegen die Verhängung einer Ordnungsstrafe findet nur Beschwerde im Instanzenzuge binnen vier Wochen statt.

§. 17. Der Entfernung aus dem Kirchenamte muß ein förmliches Disziplinarverfahren vorhergehen. 4. Förmliches Disziplinarverfahren.

Dasselbe besteht in Voruntersuchung und Hauptverhandlung.

§. 18. Die Einleitung des förmlichen Disziplinarverfahrens wird von dem für die Entscheidung zuständigen Provinzial-Konsistorium oder von dem Evangelischen Ober-Kirchenrathe verfügt; sie bleibt jedoch dem letzteren ausschließlich vorbehalten, wenn das Verfahren gegen einen in einem kirchenregimentlichen Amte stehenden oder unmittelbar vom Könige ernannten Geistlichen eingeleitet, oder wenn ein Kirchenbeamter wegen Irrlehre in Untersuchung gezogen werden soll.

Die Behörde, welche das förmliche Disziplinarverfahren einleitet, ernennt für dasselbe einen Untersuchungs-Kommissar und einen Vertreter der Anklage.

§. 19. Die entscheidenden Disziplinarbehörden erster Instanz sind die Provinzial-Konsistorien.

Zuständig ist das Konsistorium, dessen Aufsichtskreise der Beamte zur Zeit der Einleitung des Verfahrens angehört.

Bei Kirchenbeamten, welche zum Aufsichtskreise eines Konsistoriums nicht gehören, hat der Evangelische Ober-Kirchenrath das zuständige Konsistorium zu bezeichnen.

Bei emeritirten Geistlichen ist dasjenige Konsistorium zuständig, dessen Aufsichtskreise der Geistliche in seiner letzten amtlichen Stellung angehört hat.

§. 20. Streitigkeiten über die Zuständigkeit der Konsistorien werden durch den Evangelischen Ober-Kirchenrath entschieden.

§. 21. Ist das zuständige Konsistorium in einem einzelnen Falle an der Ausübung der Disziplinargewalt rechtlich oder thatsächlich verhindert, so tritt ein anderes durch den Evangelischen Ober-Kirchenrath benanntes an dessen Stelle.

Dasselbe findet statt, wenn der Evangelische Ober-Kirchenrath auf Antrag des Vertreters der Anklage oder des Angeschuldigten das Vorhandensein von Gründen anerkennt, aus welchen die Unbefangenheit des zuständigen Konsistoriums bezweifelt werden kann.

§. 22. Bei den Konsistorien werden die Disziplinarsachen in Plenarsitzungen erledigt, an welchen mindestens drei stimmberechtigte Mitglieder theilnehmen müssen.

In diesen Plenarsitzungen steht allen zu vollem Stimmrecht im Kollegium berechtigten Mitgliedern und Hülfsarbeitern das Stimmrecht zu.

Eine Theilnahme des Provinzialsynodal-Vorstandes an der Erledigung der Disziplinarsachen durch die Konsistorien erfolgt in Gemäßheit der Vorschriften des §. 68 Nr. 6 der Kirchengemeinde- und Synodal-Ordnung vom 10. September 1873 (Ges.-S. S. 417) mit der Maßgabe, daß der Provinzialsynodal-Vorstand auch bei Beschlußfassung über den Antrag auf Einleitung des Verfahrens gegen einen Kirchenbeamten wegen Irrlehre zugezogen werden muß.

Die Mitglieder des Provinzialsynodal-Vorstandes treten den im ersten Absatze dieses Paragraphen erwähnten Mitgliedern des Konsistoriums hinzu.

Mitglieder, welche bei dem Beschlusse wegen Einleitung der Untersuchung mitgewirkt haben, sowie der Untersuchungs-Kommissar sind von der Theilnahme an der Hauptverhandlung nicht ausgeschlossen.

§. 23. In der Voruntersuchung wird der Angeschuldigte unter Mittheilung der Anschuldigungspunkte vorgeladen und, wenn er erscheint, gehört.

Die Zeugen werden vernommen und die zur Aufklärung der Sache dienenden sonstigen Beweise erhoben.*)

Die Zeugen sind zu beeidigen, wenn ihre Aussagen für die Beurtheilung der Sache erheblich erscheinen und ihre Beeidigung nicht aus besonderen Gründen unzulässig ist. Die Beeidigung der Zeugen erfolgt nach ihrer Vernehmung.

Ueber jede Untersuchungshandlung ist unter Zuziehung eines vereideten Protokollführers ein Protokoll aufzunehmen.

§. 24. Der Vertreter der Anklage kann stets, ohne daß jedoch das Verfahren dadurch aufgehalten werden darf, von dem Stande der Voruntersuchung durch Einsicht der Akten Kenntniß nehmen und die ihm geeignet erscheinenden Anträge stellen.

Erachtet der Untersuchungs-Kommissar den Zweck der Voruntersuchung für erreicht, so übersendet er die Akten dem Konsistorium, welches dieselben, wenn es die Untersuchung für abgeschlossen erachtet, dem Vertreter der Anklage zur Stellung seiner Anträge vorlegt.

§. 25. Nach Beendigung der Voruntersuchung hat der Vertreter der Anklage bei dem Konsistorium entweder die Einstellung des Verfahrens oder die Verhängung einer Ordnungsstrafe oder die Anberaumung einer Sitzung zur Hauptverhandlung zu beantragen, auch im letzteren Falle die Anklageschrift einzureichen.

---

*) Ueber die Erzwingung des Zeugnisses in Disziplinar-Untersuchungen vgl. Unterr.-Centralbl. 1882 S. 331.

Erachtet das Konsistorium die Einstellung des Verfahrens oder die Verhängung einer Ordnungsstrafe für geboten, so hat es die Verhandlungen dem Evangelischen Ober-Kirchenrathe zur Beschlußfassung vorzulegen.

§. 26. Der Evangelische Ober-Kirchenrath kann mit Rücksicht auf den Ausfall der Voruntersuchung das Verfahren einstellen und geeigneten Falls eine Ordnungsstrafe verhängen.

Der Angeschuldigte erhält in beiden Fällen Ausfertigung des mit Gründen zu unterstützenden Beschlusses.

Das eingestellte Disziplinarverfahren kann wegen der nämlichen Anschuldigungspunkte nur auf Grund neuer Thatsachen oder Beweismittel wieder aufgenommen werden.

Ist eine Ordnungsstrafe verhängt, so findet eine Wiederaufnahme des Disziplinarverfahrens nicht statt.

§. 27. Wird das Verfahren nicht in Gemäßheit des §. 26 Abs. 1 erledigt, so wird der Angeschuldigte unter abschriftlicher Mittheilung der Anklageschrift zu einer von dem Vorsitzenden des Konsistoriums anzuberaumenden Sitzung zur Hauptverhandlung vorgeladen.

Der Angeschuldigte kann sich dabei des Beistandes eines Rechtsanwalts als Vertheidigers bedienen.

Dem letzteren ist Einsicht der Untersuchungsakten zu gestatten.

§. 28. Die Hauptverhandlung ist nicht öffentlich.

In derselben giebt zuerst ein vom Vorsitzenden der Behörde aus der Zahl ihrer Mitglieder ernannter Berichterstatter eine Darstellung der Sache, wie sie aus den bisherigen Verhandlungen hervorgeht.

Hierauf erfolgt die Vernehmung des Angeschuldigten, sowie die Vernehmung derjenigen Zeugen und Sachverständigen, deren Ladung zur Hauptverhandlung vom Konsistorium für erforderlich erachtet ist.

Zum Schlusse werden der Vertreter der Anklage sowie der Angeschuldigte und sein Vertheidiger mit ihren Ausführungen und Anträgen gehört.

Dem Angeschuldigten gebührt das letzte Wort.

§. 29. Das Konsistorium kann auf Antrag oder von Amtswegen die Vernehmung von Zeugen, sei es durch einen Kommissar oder vor der Behörde selbst, sowie die Herbeischaffung anderer Beweismittel anordnen.

Es beschließt über die Aussetzung der Hauptverhandlung, wenn es eine solche behufs weiterer Aufklärung der Sache oder beim Hervortreten erschwerender neuer Thatumstände oder rechtlicher Gesichtspunkte für angemessen erachtet.

§. 30. Die Hauptverhandlung findet statt, auch wenn der Angeschuldigte nicht erschienen ist.

Derselbe kann sich durch einen Rechtsanwalt vertreten lassen.

Dem Konsistorium steht es jedoch jeder Zeit zu, das persönliche Erscheinen des Angeschuldigten unter der Warnung anzuordnen, daß bei seinem Ausbleiben ein Vertreter nicht werde zugelassen werden.

§. 31. Bei der Entscheidung hat das Konsistorium nach seiner freien, aus dem Inbegriff der Verhandlungen geschöpften Ueberzeugung zu beurtheilen, in wie weit die Anschuldigung für begründet zu erachten ist.

Ist die Anschuldigung nicht begründet, so wird der Angeschuldigte freigesprochen.

Ist die Anschuldigung begründet, so kann die Entscheidung auch auf eine bloße Ordnungsstrafe lauten.

Die Entscheidung wird am Schlusse der Hauptverhandlung verkündet.

Eine Ausfertigung der mit Gründen versehenen Entscheidung ist dem Angeschuldigten von Amtswegen zuzustellen.

§. 32. Ueber die Hauptverhandlung ist ein Protokoll aufzunehmen und von dem Vorsitzenden und dem Protokollführer zu unterschreiben.

Dasselbe muß die Namen der Anwesenden und die wesentlichen Momente der Hauptverhandlung enthalten.

§. 33. Gegen die Entscheidung des Konsistoriums steht die Berufung an den Evangelischen Ober-Kirchenrath sowohl dem Vertreter der Anklage als dem Angeschuldigten offen.

§. 34. Eine Theilnahme des Generalsynodal-Vorstandes an der Erledigung der Disziplinarsachen durch den Evangelischen Ober-Kirchenrath erfolgt in Gemäßheit der Vorschriften des §. 36 der Generalsynodal-Ordnung vom 20. Januar 1876 (Ges.-S. S. 7) mit der Maßgabe, daß sie auch bei der Beschlußfassung über Einleitung des Verfahrens gegen einen Kirchenbeamten wegen Irrlehre insbesondere über einen bezüglichen Antrag eines Konsistoriums erfolgen muß.

In besonders dringenden Fällen ist der Evangelische Ober-Kirchenrath befugt, auch ohne Zuziehung des Generalsynodal-Vorstandes die Einleitung des Verfahrens zu verfügen.

Die Vorschriften der §§. 22 u. 31 finden bei Erledigung der Disziplinarsachen durch den Evangelischen Ober-Kirchenrath entsprechende Anwendung.

Ein Mitglied, welches bei der angefochtenen Entscheidung mitgewirkt hat, ist von der Theilnahme an der Verhandlung und der Entscheidung in der Berufungsinstanz ausgeschlossen.

§. 35. Die Berufung muß bei dem Konsistorium, welches die anzugreifende Entscheidung erlassen hat, zu Protokoll oder schriftlich eingelegt werden. Von Seiten des Angeschuldigten kann dies durch einen Bevollmächtigten geschehen.

Die Einlegungsfrist ist eine vierwöchige. Sie beginnt für beide Theile mit dem Ablaufe des Tages, an welchem dem Angeschuldigten die Ausfertigung der Entscheidung zugestellt worden ist.

§. 36. Zur schriftlichen Rechtfertigung der Berufung steht demjenigen, welcher sie rechtzeitig eingelegt, eine vom Ablaufe der Einlegungsfrist zu berechnende 14tägige Frist offen.

Die Schriftstücke über die Einlegung und die etwa erfolgte Rechtfertigung der Berufung sind, wenn der Vertreter der Anklage die Berufung erhoben hat, dem Angeschuldigten in Abschrift zuzustellen, oder, falls die Berufung Seitens des letzteren erhoben ist, dem Vertreter der Anklage in Urschrift vorzulegen.

Innerhalb 14 Tagen nach erfolgter Zustellung kann der Gegner eine Beantwortungsschrift einreichen.

Die Fristen zur Rechtfertigung und Beantwortung der Berufung können vom Konsistorium auf Antrag verlängert werden.

Neue Thatsachen, welche die Grundlage einer andern Beschuldigung bilden, dürfen in der Berufungsinstanz nicht vorgebracht werden.

§. 37. Nach Ablauf der in den §§. 35 und 36 bestimmten Fristen werden die Akten an den Evangelischen Ober-Kirchenrath eingesandt.

Der Evangelische Ober-Kirchenrath beschließt auf den Vortrag eines von dem Vorsitzenden ernannten Berichterstatters.

Er kann die zur Aufklärung der Sache etwa erforderlichen Verfügungen erlassen.

Er kann auch eine mündliche Verhandlung anordnen, zu welcher der Angeschuldigte zu laden und ein Vertreter der Anklage zuzuziehen ist.

Der letztere wird in diesem Falle von dem Vorsitzenden des Evangelischen Ober-Kirchenrathes ernannt.

Lautet die Entscheidung des Konsistoriums auf Freisprechung des Angeschuldigten oder nur auf Warnung oder Verweis, so kann der Evangelische Ober-Kirchenrath, wenn er den Angeschuldigten strafbar findet, nicht auf Dienstentlassung, sondern nur auf eine Ordnungsstrafe oder auf Versetzung oder Amtsenthebung (§. 9 Nr. 1 und 2) erkennen.

5. Kosten des Disziplinarverfahrens.

§. 38. Für das Disziplinarverfahren werden keine Gebühren, sondern nur baare Auslagen in Ansatz gebracht.

Insoweit im förmlichen Disziplinarverfahren der Angeschuldigte verurtheilt wird, hat er die vom Konsistorium festzusetzenden baaren Auslagen des Verfahrens einschließlich des Ermittelungsverfahrens ganz oder theilweise zu erstatten.

Ueber die Erstattungspflicht ist von der Disziplinarbehörde mit zu entscheiden.

II. Von der vorläufigen Dienstenthebung.

§. 39. Die vorläufige Dienstenthebung eines Kirchenbeamten (Suspension vom Amte) tritt kraft des Gesetzes ein:

1) wenn in einem gerichtlichen Strafverfahren seine Verhaftung beschlossen, oder gegen ihn ein noch nicht rechtskräftig gewordenes Urtheil erlassen ist, welches den Verlust des Amtes kraft des Gesetzes nach sich zieht;
2) wenn im Disziplinarverfahren eine noch nicht rechtskräftige Entscheidung ergangen ist, welche auf Dienstentlassung lautet.

§. 40. Im Falle des §. 39 Nr. 1 dauert die Suspension bis zum Ablauf des zehnten Tages nach Wiederaufhebung des Verhaftungsbeschlusses oder nach eingetretener Rechtskraft desjenigen Urtheils höherer Instanz, durch welches der angeschuldigte Beamte zu einer anderen Strafe als der bezeichneten verurtheilt wird.

Lautet das rechtskräftige Urtheil auf Freiheitsstrafe, so dauert die Suspension, bis das Urtheil vollstreckt ist. Wird die Vollstreckung des Urtheils, ohne Schuld des Verurtheilten, aufgehalten oder unterbrochen, so tritt für die Zeit der Verzögerung oder der Unterbrechung eine Gehaltsverkürzung (§. 42) nicht ein. Dasselbe gilt für die im ersten Absatze dieses Paragraphen erwähnte Zeit von zehn Tagen, wenn nicht vor Ablauf derselben die Suspension vom Amte im Wege des Disziplinarverfahrens beschlossen wird.

Im Falle des §. 39 Nr. 2 dauert die Suspension bis zu dem Zeitpunkte, in welchem die ergangene Disziplinarentscheidung in der Berufungsinstanz zu Gunsten des Angeschuldigten abgeändert wird, oder in welchem dieselbe die Rechtskraft erlangt.

§. 41. Die zur Einleitung der Disziplinaruntersuchung ermächtigte Behörde kann die Suspension, sobald gegen den Beamten ein gerichtliches Strafverfahren eingeleitet oder die Einleitung einer Disziplinaruntersuchung verfügt wird, oder auch demnächst im ganzen Laufe des Verfahrens bis zur rechtskräftigen Entscheidung verfügen.

§. 42. Der suspendirte Beamte behält während der Suspension die Hälfte seines Diensteinkommens.

Auf die für Dienstunkosten besonders angesetzten Beträge ist bei Berechnung des Diensteinkommens keine Rücksicht zu nehmen.

Der innebehaltene Theil des Diensteinkommens ist zu den Kosten, welche durch die Stellvertretung des Angeschuldigten verursacht werden, der etwaige Rest auf die Untersuchungskosten (§. 38) zu verwenden.

Einen weiteren Beitrag zu den Stellvertretungskosten zu leisten, ist der Beamte nicht verpflichtet.

§. 43. Der zu den Kosten (§. 42) nicht verwendete Theil des Einkommens wird dem Beamten nicht nachgezahlt, wenn das Verfahren die Entfernung aus dem Amte zur Folge hat.

Erinnerungen über die Verwendung des Einkommens stehen dem Beamten nicht zu, wohl aber ist ihm auf Verlangen eine Nachweisung über diese Verwendung zu ertheilen.

§. 44. Wird das Verfahren eingestellt (§. 26) oder wird der Beamte freigesprochen, so muß ihm der innebehaltene Theil des Diensteinkommens vollständig nachgezahlt werden.

Wird der Beamte nur mit einer Ordnungsstrafe belegt, so ist ihm der innebehaltene Theil, ohne Abzug der Stellvertretungskosten, nachzuzahlen, soweit derselbe nicht zur Deckung der Untersuchungskosten und der Ordnungsstrafe erforderlich ist.

§. 45. Wenn Gefahr im Verzuge ist, kann einem Beamten auch von solchen Vorgesetzten, die seine Suspension zu verfügen nicht ermächtigt sind, die Ausübung der Amtsverrichtungen vorläufig untersagt werden; es ist darüber aber sofort an die höhere Behörde zu berichten.

Diese Untersagung hat eine Kürzung des Diensteinkommens nicht zur Folge.

III. Von der Entziehung der Rechte des geistlichen Standes.

§. 46. Einem ordinirten Geistlichen, welcher kein Kirchenamt bekleidet, sind die Rechte des geistlichen Standes zu entziehen, wenn er sich durch sein Verhalten der Achtung, des Ansehens oder des Vertrauens unwürdig zeigt, welche der geistliche Beruf erfordert.

Auf das Verfahren finden die Vorschriften der §§. 17 bis 38 entsprechende Anwendung.

§. 47. Mit dem Verluste oder der Entziehung der Rechte des geistlichen Standes (§§. 5, 12, 46) verliert der davon Betroffene auch alle äußeren Rechte eines Geistlichen, sowie den Anspruch auf Ruhegehalt.

IV. Beamte auf Probe, Kündigung oder Widerruf.

§. 48. Die Entlassung der auf Probe, auf Kündigung oder sonst auf Widerruf angestellten Kirchenbeamten erfolgt durch Verfügung der denselben vorgesetzten kirchlichen Behörde.

Die Genehmigung des Konsistoriums ist dazu erforderlich, wenn dasselbe die Anstellung genehmigt oder bestätigt hat.

Dem auf Grund der Kündigung entlassenen Beamten ist bis zum Ablaufe der Kündigungsfrist sein volles Diensteinkommen zu gewähren. Derselbe kann jedoch schon vorher von der Ausübung seiner Dienstgeschäfte durch die vorgesetzte kirchliche Behörde entbunden werden.

V. Wiederanstellung aus dem Dienste geschiedener Kirchenbeamten.

§. 49. Zur Wiederanstellung von Kirchenbeamten, welche aus dem Kirchendienste unfreiwillig ausgeschieden sind, bedarf es der Genehmigung des Konsistoriums.

Die Wiederbeilegung der Rechte des geistlichen Standes an Geistliche, welche dieselben verwirkt oder freiwillig aufgegeben haben, bleibt der obersten Kirchenbehörde vorbehalten.

VI. Predigtamtskandidaten.

§. 50. Die Disziplinarvorschriften für die Kandidaten werden durch dieses Gesetz nicht berührt.

§. 51. Ein Kirchenbeamter, welcher in Folge eines körperlichen Gebrechens oder wegen Schwäche seiner körperlichen oder geistigen Kräfte zu der Erfüllung seiner Amtspflichten dauernd unfähig ist, soll in den Ruhestand versetzt werden. VII. Von der Versetzung in den Ruhestand.

Der Anspruch auf Ruhegehalt richtet sich nach den darüber erlassenen besonderen Vorschriften.

§. 52. Sucht der Beamte im Falle des §. 51 seine Versetzung in den Ruhestand nicht nach, so wird ihm von dem vorgesetzten Konsistorium unter Angabe des ihm zu gewährenden Ruhegehalts und der Gründe der Emeritirung eröffnet, daß der Fall seiner Versetzung in den Ruhestand vorliege.

Wenn der Beamte gegen diese Eröffnung innerhalb sechs Wochen keine Einwendungen erhoben hat, so wird gegen ihn in derselben Weise verfügt, als wenn er selbst um seine Versetzung in den Ruhestand nachgesucht hätte.

§. 53. Werden von dem Beamten gegen die Versetzung in den Ruhestand innerhalb der im §. 52 Abs. 2 erwähnten Frist Einwendungen erhoben, so ist darüber vom Konsistorium zu entscheiden.

Zur Erörterung streitiger Thatsachen, welche für die Entscheidung erheblich sind, hat das Konsistorium einen Untersuchungs-Kommissar zu bestellen.

Auf das Verfahren vor dem letzteren finden die Vorschriften der §§. 23 Abs. 2 bis 4 und 27 Abs. 2 und 3 entsprechende Anwendung.

Ausfertigung der Entscheidung des Konsistoriums, welche mit Gründen versehen sein muß, ist dem Betheiligten zuzustellen.

§. 54. Gegen die Entscheidung des Konsistoriums steht dem Beamten innerhalb einer Frist von vier Wochen nach Zustellung der Entscheidung die Berufung an den Evangelischen Ober-Kirchenrath zu.

Der Evangelische Ober-Kirchenrath entscheidet, geeignetenfalls nach Anordnung weiterer thatsächlicher Ermittelungen, endgültig.

Des Berufungsrechtes ungeachtet kann dem Beamten von dem Konsistorium sofort die Ausübung der Amtsverrichtungen vorläufig untersagt werden.

§. 55. Die baaren Auslagen für die durch unbegründeten Widerspruch des Beamten veranlaßten Ermittelungen sind demselben zur Last zu legen.

Der Anspruch auf das bisherige volle Amtseinkommen währt bis zum Ablaufe des Kalendervierteljahres, welches auf dasjenige folgt, in welchem dem Beamten die Verfügung (§. 52 Abs. 2) beziehungsweise die Entscheidung (§. 53) des Konsistoriums zugestellt worden ist.

§. 56. Einem Kirchenbeamten kann ein Amtsgehülfe beigeordnet werden, wenn er aus einem der im §. 51 angeführten Gründe nicht mehr im Stande ist, seinem Amte vollständig vorzustehen, ohne gleichwohl zur Erfüllung seiner Amtspflichten dauernd völlig unfähig zu sein. VIII. Von der Beiordnung eines Amtsgehülfen.

Die Vertheilung der Geschäfte zwischen dem Beamten und seinem Gehülfen hat das Konsistorium zu bestimmen.

Das dem Amtsgehülfen aus den Einkünften des Amts zu gewährende Gehalt ist von dem Konsistorium nach Anhörung des betheiligten Beamten, des Patronats und des Gemeinde-Kirchenrathes (Presbyteriums) in einem gewissen Betrage an Geld oder Naturalien festzustellen.

Auf das Verfahren finden die Bestimmungen der §§. 52 bis 55 entsprechende Anwendung.

Soll dem Amtsgehülfen die Nachfolge in das Amt zugesichert werden, so bedarf es daneben der Beobachtung der für die Verleihung des Amtes selbst maßgebenden Vorschriften.

IX. Allgemeine und Uebergangsbestimmungen.

§. 57. Die nach den Bestimmungen dieses Gesetzes erfolgenden Aufforderungen, Mittheilungen, Zustellungen und Vorladungen sind gültig und bewirken den Lauf der Fristen, wenn sie unter Beobachtung der für gerichtliche Zustellungen in Strafsachen vorgeschriebenen Formen Demjenigen, an den sie ergehen, zugestellt sind.

Die vereideten Verwaltungs-Beamten haben dabei den Glauben der Gerichtsvollzieher.

Hat der Angeschuldigte seinen dienstlichen Wohnsitz ohne Genehmigung der vorgesetzten Behörde verlassen, so kann die Zustellung auch in seiner letzten Wohnung an dem dienstlichen Wohnorte erfolgen.

Die Vorschriften der Strafgesetze sind auch für die Berechnung des Fristenlaufes maßgebend.

§. 58. Alle diesem Gesetze entgegenstehenden kirchlichen Vorschriften werden aufgehoben.

Dagegen wird durch dasselbe die Befugniß der Aufsichtsbehörden, im Aufsichtswege Beschwerden Abhülfe zu schaffen oder Beamte zur Erfüllung ihrer Pflichten in einzelnen Sachen anzuhalten und dabei Alles zu thun, wozu sie nach den bestehenden Gesetzen ermächtigt sind, nicht geändert.

Die zur Ausführung von §. 128 Zusatz 38 der Rheinisch-Westfälischen Kirchen-Ordnung von 1835 erlassenen Regulative für Westfalen vom 14. April 1855 und für die Rheinprovinz vom 30. Juni 1857 bleiben in Geltung.

Den Gräflich Stolberg'schen Konsistorien bleiben die Rechte der Provinzial-Konsistorien in Disziplinarsachen unter den in dem Erlaß vom 30. Dezember 1874 (Ges.-S. 1875 S. 2) getroffenen Beschränkungen gewahrt.

§. 59. Die Vorschriften der Rheinisch-Westfälischen Kirchen-Ordnung von 1835 über die Zulässigkeit von Suspension als Disziplinarstrafe und über die Befugniß des Moderamens der Kreissynode zur Ertheilung von Verweisen bleiben bis auf Weiteres in Geltung.

Die Aufhebung derselben erfolgt, sobald solche von beiden Provinzialsynoden für Rheinland und Westfalen oder von einer derselben beschlossen wird, durch landesherrliche Verordnung, welche in der dem §. 6 der Generalsynodal-Ordnung entsprechenden Form zu verkünden ist.

Urkundlich unter Unserer Höchsteigenhändigen Unterschrift und beigedrucktem Königlichen Insiegel.

Gegeben Schloß Mainau, den 16. Juli 1886.

(L. S.) **Wilhelm.**

Hermes.

Zu S. 220.

Sekten.

Ueber die Behandlung der Sekten vgl. den durch R. des Ev. Ob.K.raths v. 12. Oktbr. 1855 mitgetheilten Beschluß der evangel. Kirchen-Konferenz zu Eisenach vom Juni 1855, Aktenst. Heft 8 (2. Bd. 2. Hft.) S. 126 und das R. des Ev. Ob.K.raths v. 21. Febr. 1860, Aktenst. Bd. 5 Heft 11 S. 57 ff. (siehe Boche, der legale Pfarrer S. 234), sowie endlich das R. des Ev. Ob.K.raths v. 15. Dezbr. 1884, kirchl. Amtsbl. des Konsist. i. Posen 1884 S. 61 ff., betr. sektirerische Einflüsse und separatistische Regungen innerhalb der evangel. Landeskirche, kirchl. G. u. V.Bl. 1885 S. 1.

Zu S. 227.

Mischehen.

Beschluß des Kammergerichts (des höchsten Gerichtshofes für Vormundschaftssachen) v. 27. Oktbr. 1884, kirchl. Amtsbl. des Konsistorii der Rheinpr. 1884 S. 100, betr. die konfessionelle Erziehung der Kinder aus gemischten Ehen: Durch den Grundsatz des §. 78 L.R. II, 2 in Verbindung mit der Deklaration v. 21. Novbr. 1803 ist ausgesprochen, daß, wenn während der bestehenden gemischten Ehe die Kinder das Alter, in welchem ihnen Religionsunterricht zu ertheilen ist, erreichen, und der Vater mit der Mutter einig ist, die Kinder in der Religion der Mutter unterrichten zu lassen, Dritte nicht widersprechen können, wohl aber der Vater berechtigt ist, jeder Zeit davon abzugehen und die Kinder in seiner eigenen Religion unterrichten zu lassen. Stirbt also der Vater, bevor die Kinder das Alter erreicht haben, in welchem ihnen der Religionsunterricht ertheilt wird, so kann von einer Einigkeit zwischen den Eltern über den zu ertheilenden Religionsunterricht nicht die Rede sein und weder sein ausdrücklich abgegebenes Versprechen, die Kinder künftig in der Religion der Mutter erziehen zu lassen (Kab.ord. v. 17. August 1825), noch Handlungen, aus denen ein solcher Wille stillschweigend gefolgert werden könnte, wie z. B. die Taufe der Kinder in der Religion der Mutter, gestatten, von dem Gebot der Deklaration v. 21. Novbr. 1803, daß die Kinder jedes Mal in der Religion des Vaters unterrichtet werden sollen, und daß zu Abweichungen von dieser gesetzlichen Vorschrift kein Ehegatte den anderen durch Verträge verpflichten darf, abzuweichen. Es folgt aber auch aus dem Wortlaut des §. 78 a. a. O., daß, selbst wenn eine Einigung zwischen den Eltern darüber bestand, daß die Kinder in der Religion der Mutter unterrichtet würden, nicht angenommen werden kann, daß diese Einigung über den Tod des Vaters hinaus wirken kann. Denn nur „so lange" die Einigung bestand, sollte es dabei verbleiben. Da aber der Vater jeder Zeit von dieser Einigung abgehen kann, und nicht zu ermitteln ist, ob er bis zu dem Alter der Kinder, in welchem sie die Wahl haben, zu welcher Religion sie sich bekennen wollen, mit der Ehefrau einig bleiben werde, so tritt mit dem Tode des Vaters wieder die gesetzliche Vorschrift in Kraft, daß die Kinder in der Religion des Vaters zu unterrichten sind. Das Landgericht in E. hat diese Gesetze verletzt, indem es annimmt, daß im vorliegenden Falle, wo die betr. Kinder bei dem Tode des (evangelischen) Vaters das 3. Lebensjahr noch nicht überschritten hatten, die Eltern bereits über den ihnen zu ertheilenden Religions-Unterricht einig gewesen seien, und daß diese Einigung über den Tod des Vaters hinaus wirksam sei (welcher die gedachten Kinder zu seiner Zeit katholisch hatte taufen lassen). Kirchl. G. u. V.Bl. 1885 S. 16 ff.

Hiermit stimmt überein der Beschl. des Kammerger. v. 23. Febr. 1885, kirchl. G. u. V.Bl. 1886 S. 7 ff. Derselbe spricht sich gleichzeitig dahin aus, daß der §. 82 L.R. II, 2 im Interesse der Kinder, welche dauernd in einer bestimmten Konfession erzogen worden sind, sie vor einem plötzlichen Wechsel und den damit für die religiöse Erziehung überhaupt gegebenen Gefahren und Wirren habe sicher stellen wollen. Zwar setzt der §. 82 in seiner Fassung das im §. 76 a. a. O. ausgesprochene Prinzip voraus. Aus der Aufhebung des Prinzips des §. 76 in Folge der Deklaration v. 21. Novbr. 1803 folge aber nur, daß bei fernerer Anwendung des §. 82 von dem Prinzip der Deklaration v. 1803 ausgegangen werden muß, von welchem der §. 82 eine Ausnahme bildet, nicht aber, daß der §. 82 gänzlich aufgehoben worden sei. Die Bestimmung des §. 82 sei daher gegenwärtig dahin aufzufassen, daß, wenn der Vater wenigstens durch das ganze letzte Jahr vor seinem

Tode ein Kind in dem Glaubensbekenntnisse der Mutter hat unterrichten lassen, der Unterricht in eben der Art auch nach seinem Tode bis zum vollendeten 14. Lebensjahre des Kindes fortgesetzt werden muß. Vgl. Beschl. des Kammerger. v. 2. Novbr. 1885, kirchl. G. u. V.Bl. 1886 S. 32, und v. 24. Novbr. 1884, Entsch. Bd. 5 S. 65.

Vgl. auch die Denkschrift des Ev. Ob.K.raths über den Schutz der evang. Kirche auf dem Gebiete der gemischten Ehen, kirchl. G. u. V.Bl. 1883 S. 73 ff., und das R. des Ev. Ob.K.raths v. 11. April 1883, betr. die gemischten Ehen, a. a. O. S. 52 ff.

Zu S. 231.

Studium der Theologie.

Ueber die Nachprüfung in der hebräischen Sprache vgl. das R. des Ev. Ob.K.raths v. 8. Aug. 1884, kirchl. G. u. V.Bl. 1884 S. 31 (siehe auch das Regl. für die Abiturientenprüfung v. 4. Juni 1834 §. 28 und §. 42, v. Kamptz' Annal. Bd. 18 S. 375 ff., ferner Min.Bl. d. inn. V. 1866 S. 209 u. kirchl. G. u. V.Bl. 1878 S. 126).

In Betreff des Seminarbesuchs der Kandidaten des Predigtamts vgl. die Instruktion des Ev. Ob.K.raths v. 15. Aug. 1864, Aktenst. Heft 16 (5. Bd. 6. Hft.) S. 443—446, das R. des M. d. g. A. v. 13. Januar 1862, Aktenst. Heft 14 (5. Bd. 4. Hft.) S. 258, und das Unterr.Centr.bl. 1859 Nr. 351 S. 745, auch d. R. v. 30. Januar 1842, Min.Bl. d. inn. V. 1844 S. 64. (Jacobson, Kirchenr. S. 354.)

Die Konferenz deutscher evangelischer Kirchenregierungen zu Eisenach hat im J. 1882 über „Grundsätze für die wechselseitige Anerkennung der auf Grund theologischer Prüfungen ausgestellten Fähigkeitsatteste für das geistliche Amt" berathen und sich über bestimmte Vorschläge geeinigt. Das Nähere hierüber siehe in dem R. des Ev. Ob.K.raths v. 13. Juli 1883, kirchl. G. u. V.Bl. 1885 S. 21.

Ueber das Verfahren bei Anstellung eines in einem außerpreußischen Kirchengebiet ordinirten, aber noch nicht pro ministerio geprüften Kandidaten im Bereiche der evang. Landeskirche vgl. d. R. des Ev. Ob.K.raths v. 2. März 1885, kirchl. G. u. V.Bl. 1885 S. 24.

Zu S. 235.

Staatsexamen.

Zur Bekleidung eines geistlichen Amtes ist die Ablegung einer wissenschaftlichen Staatsprüfung ferner nicht erforderlich; vgl. Art. 1 des Ges. v. 21. Mai 1886.

Zu S. 246.

Militairdienst.

Vgl. d. R. des Ev. Ob.K.raths v. 20. Juni 1882, kirchl. G. u. V.Bl. 1882 S. 64: Aus einem Erlasse des Kriegsministers v. 29. März 1882 ist ersichtlich, daß die Entbindung im Amte stehender Geistlichen von den militairischen Kontrolversammlungen nach wie vor zulässig ist, jedoch die rechtzeitige Vorlage entsprechender Dispensationsgesuche bei dem vorgesetzten Landwehr-Bezirkskommando zur Voraussetzung hat.

Die einschlägigen Bestimmungen über die Militairdienstpflicht finden sich in einem Auszuge zusammengestellt in dem kirchl. Amtsbl. des Konsistor. d. Rheinprov. von 1876 Nr. 21.

Zu S. 268.

Reisekosten der Superintendenten bei Kirchen- u. Schul-Visitationen.

Die fortdauernde Geltung der Kab.ordre v. 18. Febr. 1820 (Trusen, K.R. S. 267) ist neuerdings durch den Min. der geistl. Ang. anerkannt worden (R. v. 4. Januar 1886 U. III.b. Nr. 8672), wenn auch seit dem 1. April 1885 den mit der nebenamtlichen Verwaltung von Kreisschulinspektionen beauftragten Geistlichen mit Rücksicht auf Dienstunkosten feste, laufende Remunerationen aus Staatsfonds bewilligt werden.

Zu S. 270.

Gehaltszuschüsse aus Staatsfonds.

In Bezug auf die Bewilligung der den evangelischen Geistlichen gewährten Zulagen zur Aufbesserung ihres Einkommens auf den ihrem Dienstalter entsprechenden Normalsatz (von 1800 ℳ, bez. 2400 ℳ, bez. 3000 ℳ neben freier Dienstwohnung) hat der Min. d. geistl. Ang. durch R. v. 11. Novbr. 1882 G. I Nr. 2080 folgende Grundsätze aufgestellt:

1. Alle persönlichen Zulagen für evang. Geistliche sind monatlich praenumerando zahlbar.
2. Der Zeitpunkt, von welchem ab die fraglichen Zulagen zu zahlen sind, richtet sich nach dem Akt der Einführung des Geistlichen in das Amt, nicht nach der Berufung für dasselbe.
3. Hat die Einführung am ersten eines Monats stattgefunden, so ist dem Geistlichen die ihm etwa bewilligte Zulage für den betr. Monat voll zu zahlen.
4. Hat die Einführung am zweiten eines Monats oder später stattgefunden, so erhält der Geistliche die ihm bewilligte Zulage vom ersten des nächstfolgenden Monats ab.

   Das R. des Min. d. g. A. v. 6. Dezbr. 1882 G. I. 2819 deklarirt das R. v. 11. Novbr. 1882 dahin, daß die Vorschrift unter Nr. 4 in denjenigen Fällen nicht Platz greift, in denen es sich um die erste Anstellung eines Geistlichen handelt, daß vielmehr in diesen Fällen die Staatszuschüsse vom Tage der Einführung in das Amt ab zu zahlen sind. Kirchl. Amtsbl. Posen 1883 S. 1.
5. Stirbt ein Geistlicher am ersten eines Monats oder später, so verbleibt seinen Hinterbliebenen die am ersten des betr. Monats fällig gewesene Monatsrate der dem Verstorbenen bewilligt gewesenen Zulage.

   Bezüglich der Weiterbewilligung solcher Zulagen auf die Gnadenzeit bewendet es bei der Bestimmung des R. v. 12. Januar 1876. (Trusen, Kirchenr. S. 531.)
6. Wird ein Geistlicher versetzt oder emeritirt, und verläßt er am ersten eines Monats oder später sein bisheriges Amt, so verbleibt ihm die am ersten des betr. Monats fällig gewesene Monatsrate seiner Zulage im vollen Betrage.

   Diese Anordnung findet auch auf die Bestimmung unter Abs. 2 des R. v. 14. Dezbr. 1875 G. I 6874 (woselbst es als unbedenklich bezeichnet ist, den im Laufe des Jahres emeritirten Geistlichen für die Monate, in welchen sie noch im Amte gestanden haben, den verhältnißmäßigen Theil der Zuschüsse zu zahlen,) entsprechende Anwendung.

7. Die Anwendung obiger Vorschriften hat vom 1. Januar 1883 ab zu erfolgen.

Bei Anträgen auf Bewilligung persönlicher Zulagen für evang. Geistliche ist der Zeitpunkt, von wann ab dieselben zahlbar zu machen sind, in Gemäßheit der Vorschrift unter Nr. 2 klar zu stellen.

R. d. Min. d. g. A. v. 26. Febr. 1878, kirchl. Amtsbl. Posen 1879 S. 49: Es ist wiederholt zur Sprache gebracht, daß Geistliche unter Aufgabe ihrer bisherigen Aemter sich um Stellen mit vergleichsweise niedrigerer Dotation in der Voraussetzung beworben haben, daß ihnen die zur Erreichung der Gehaltssätze v. 2400 ℳ oder 3000 ℳ. erforderlichen Zuschüsse unter allen Umständen aus Staatsfonds zu Theil werden müßten. Wo derartige Versetzungen vornehmlich aus persönlichen Beweggründen erstrebt worden, kann die Bewilligung von Staatszuschüssen nicht ohne Weiteres in Aussicht gestellt werden, zumal da die Anforderungen an den betr. Fonds in immer höherem Maaße ausgedehnt werden, und dem zu Folge die Durchführung der Aufbesserung in den bisher bezüglich der Gehaltssätze und Altersklassen festgehaltenen Grenzen gefährdet wird. Es muß deshalb auch in dieser Hinsicht wiederholt darauf aufmerksam gemacht werden, daß den Geistlichen ein rechtlicher Anspruch auf derartige Bedürfnißzuschüsse nicht zusteht. Die Geistlichen werden in ihrem eigenen Interesse darauf zu achten haben, daß die Gehaltsverhältnisse in Fällen der bezeichneten Art rechtzeitig geregelt und namentlich wegen etwaiger Weiterbewilligung der den früheren Amtsinhabern gewährten Zulagen vor der Bewerbung um die neue Stelle die ministerielle Entscheidung eingeholt wird.

R. des Min. d. g. A. v. 10. Juni 1886 G. I Nr. 977 G. II:

1. Sobald bei Wiederbesetzung vakanter Pfarrstellen die Weiterbewilligung früherer Aufbesserungszulagen oder bei besetzten Pfarrstellen die Bewilligung neuer bez. die Erhöhung bereits gewährter Aufbesserungszulagen in Frage kommt, ist das Pfründeneinkommen und zwar hinsichtlich der evang. Pfarrstellen Seitens der Kgl. Konsistorien . . . regelmäßig von Neuem festzustellen und die dem Dienstalter des Stelleninhabers entsprechende Aufbesserungszulage zu ermitteln.

   Der Antrag auf Bewilligung der letzteren ist an den Kultus-Minister zu richten und zwar . . . bezüglich der evang. Geistlichen Seitens der Kgl. Konsistorien durch Vermittelung der betr. Kgl. Regierung, damit letztere Gelegenheit erhält, die Prästationsfähigkeit der betheiligten Gemeinden zu prüfen und die Höhe der ermittelten Zulage zu begutachten.
2. Wird der Antrag auf Gewährung der Aufbesserungszulage diesseits für zutreffend erachtet, so erfolgt deren Bewilligung auf die Amtsdauer des Empfängers bez. die Lebenszeit des etwa vorhandenen Emeritus oder auf die Dauer der Pfründenabgabe an den Pensionsfonds. Von dieser Bewilligung hat alsdann die Kgl. Regierung dem Empfänger Kenntniß zu geben. Die betr. Zulagen sind nur bestimmt, den Geistlichen das ihrem Dienstalter entsprechende Jahreseinkommen zu erfüllen; daher bleibt bei einer nachhaltigen Veränderung des sonstigen Diensteinkommens die anderweitige Festsetzung der Zulage vorbehalten. Die den Empfängern von Aufbesserungszulagen bisher gemachte Eröffnung, wonach die Zulagen unter Vorbehalt jederzeitigen Widerrufs und ohne Gewähr eines rechtlichen Anspruchs erfolgten, hat künftig zu unterbleiben.

3. Da die Aufbesserungszulagen nur bestimmt sind, das dem Dienstalter der Empfänger entsprechende Jahreseinkommen zu erfüllen, so hat deren anderweitige Festsetzung auch während der Amtsdauer der Empfänger bez. der sonstigen Bewilligungsperiode zu erfolgen, sobald die Behörden von wesentlichen und nachhaltigen Veränderungen des sonstigen Diensteinkommens Kenntniß erlangen.
4. Eine solche Veränderung kann durch Kapitalzuwendungen, durch anderweitige Verpachtung von Ländereien, durch Verwerthung von Naturalien, durch Ablösungen oder sonstige Ursachen entstehen. Ebenso können die Pfarrbesoldungsbeiträge der Kirchenkassen bez. Gemeinden durch eine Verbesserung oder Verschlechterung ihrer Prästationsfähigkeit sich verändern.
5. Die Ausgleichung derartiger Veränderungen hat thunlichst bald, nachdem sie eingetreten, bez. den Behörden bekannt geworden sind, zu erfolgen. Die bezüglichen Anträge sind, namentlich gegen Schluß des Etatsjahres, so zeitig zu stellen, daß die etwaige Zurückziehung oder Erhöhung von Aufbesserungszulagen in der Rechnung des betr. Etatsjahres nachgewiesen werden kann. Spätere, auf das Vorjahr zurückgreifende Anträge haben auf Berücksichtigung nicht zu rechnen.
6. Eine Ausgleichung der Schwankungen bei den Pfarreinnahmen, wie sie alljährlich namentlich bei den unbeständigen Gefällen, den Accidentien und sonstigen Gebühren vorzukommen pflegen, findet nicht statt. Der nach 6jähriger Fraktion ermittelte Durchschnitt dieser Einnahmen muß vielmehr für die Amtsdauer des betr. Geistlichen bez. für die sonstige Bewilligungsperiode der Aufbesserungszulage, sofern nicht besondere Umstände eine Abweichung nothwendig machen, als feststehend betrachtet werden.

Die Zuschüsse zur Erhöhung des Einkommens der Geistlichen auf jährlich 3000 ℳ sind bisher ohne Betheiligung der Gemeinden gewährt. Es ergiebt sich dies aus dem Schlußsatze des R. v. 14. Febr. 1876, G. I. 1131, in welchem eine Heranziehung der leistungsfähigen Gemeinden nur hinsichtlich der Aufbesserung bis zu 2400 ℳ angeordnet worden ist.

Vgl. das Erk. des Ob.verw.ger. v. 14. Novbr. 1885, Entsch. Bd. 12 S. 184, kirchl. G. u. V.Bl. 1886 S. 45, betr. die Befugnisse der Kirchenregierung bei Errichtung neuer Pfarrstellen und Regulirung bez. Festsetzung ihrer Dotation. Dieses Erk. bez. sich zwar auf einen Parochialveränderungsfall aus Schleswig-Holstein. Indessen wird in demselben ausgeführt, daß das Erk. des Ob.verw.ger. v. 1. März 1880 (Trusen, K.R. S. 270) selbst dann nicht präjudiziren würde, wenn es sich um eine Pfarrveränderung (z. B. Errichtung eines zweiten Pastorats an einer Kirche) im Geltungsgebiete des Ges. v. 3. Juni 1876 handelte.

Zu S. 359.

Urlaub der Generalsuperintendenten.

Vgl. R. des Ev. Ob.K.raths v. 4. April 1883, kirchl. G. u. V.Bl. 1883 S. 51.

Zu S. 360.

Theilnahme evangelischer Geistlichen an den Feierlichkeiten der Juden.

In dem R. des M. d. g. A. v. 9. Juli 1821 Nr. 6082 wird unter Bezugnahme auf eine darin auszugsweise mitgetheilte Allerhöchste Willensäußerung die

Theilnahme christlicher Geistlichen an den gottesdienstlichen und religiösen Feierlichkeiten der Juden gemißbilligt.

Durch das R. des Min. d. g. A. v. 2. März 1822 Nr. 3081 sind, da des Königs Majestät sich auf's Neue mißbilligend über die Theilnahme christlicher Prediger an den jüdischen religiösen Feierlichkeiten geäußert haben, die Konsistorien angewiesen worden, das Cirkular v. 9. Juli 1821 (siehe oben) allen Predigern durch die Superintendenten mit einem bestimmten Verbote der Theilnahme bekannt zu machen.

Zu S. 367.

Dimissoriale.

Die im §. 428 L.R. II, 11 bezeichnete Obliegenheit der Pfarrer, gegen Empfang der Stolgebühren in den vorkommenden Einzelfällen zu Trauungen, Taufen und Begräbnissen Dimissorialien auszustellen, ist unbedingt, indem die Erlaubniß, welche nach §. 420 a. a. O. von den geistlichen Oberen nach Bewandniß der Umstände ertheilt werden kann, sich auf das Verhältniß bezieht, wenn Eingepfarrte um die allgemeine Gestattung bitten, behufs der sie betreffenden Religionshandlungen die Wirksamkeit eines anderen Geistlichen, als ihres ordentlichen Pfarrers in Anspruch zu nehmen; vgl. R. des Ev. Ob.K.R. v. 23. Septbr. 1859, Aktenst. Heft 11 (5. Bd. 1. Hft.) S. 34.

Zu S. 369.

Ehesachen.

Vgl. d. R. des Ev. Ob.K.raths v. 27. Januar 1882, kirchl. G. u. V.Bl. 1882 S. 34, betr. die seelsorgerische Thätigkeit der Geistlichen in Eheprozessen.

In Betreff der Allerhöchst gestifteten Ehejubiläums-Medaille vgl. amtl. Mitthl. des Konsistorii i. Berlin 1883 S. 15 u. 52 u. kirchl. Amtsbl. d. Rheinpr. 1883 S. 46. Laut R. des Min. d. g. A. v. 4. Oktbr. 1883 G. I. 2735 ist Allerhöchst bestimmt worden, daß die Uebergabe der Ehejubiläumsmedaille in den Fällen, in welchen eine kirchliche Feier des Ehejubiläums stattfindet, durch die Geistlichen zu erfolgen habe.

Zu S. 371.

Kirchenbuchführung.

Wenn sinnlose oder kirchlich anstößige Namen als Taufnamen gefordert werden und die nöthige seelsorgerische Einwirkung auf die Eltern fruchtlos geblieben ist, so empfiehlt es sich, bei der kirchlichen Handlung der Taufe den beanstandeten Namen wegzulassen, und die in Folge dessen mangelnde Uebereinstimmung des Kirchenbuches mit dem standesamtlichen Register durch einen entsprechenden Vermerk im Kirchenbuche aufzuklären. Vgl. kirchl. Amtsbl. des Konsistor. in Magdeburg 1884 S. 119.

Zu S. 371.

Taufe der Kinder. Taufe der Juden.

Ueber die Behandlung der Fälle, in welchen die Taufe für solche Kinder begehrt wird, bei denen vermöge ihres Alters nicht mehr diejenige Passivität stattfindet, welche die Voraussetzung der Kindertaufe ist, vgl das R. d. Ev. Ob.K.raths v. 4. April 1856, Aktenst. Heft 7 S. 73 ff. Es ergiebt sich daraus, daß die Entscheidung der Frage, ob das betr. Kind noch auf einer Stufe der Lebensentwickelung stehe, wo ihm die Taufe ohne weitere Vorbereitung auf Verlangen der Eltern und Pathen ertheilt werden kann, dem gewissenhaften Ermessen des Geistlichen überlassen bleibt, daß aber auch in denjenigen Fällen, wo die Taufe nicht ohne vorgängige Vorbereitung oder Unterweisung angezeigt erscheint, je nach der von dem Täufling erreichten oder ihm zugänglichen Stufe geistiger Entwickelung ein verschiedener Maaßstab anzulegen ist. Ist z. B. das Kind bereits in dem Alter und von der Verstandesreife, daß es die Hauptstücke des Katechismus, die 10 Gebote, den Glauben, das Gebet des Herrn und das Hauptstück von der Taufe fassen und verstehen kann, so wird es unstreitig dazu anzuleiten sein. Wo aber auch dies noch nicht zu erreichen ist, wird es doch nicht schlechthin nothwendig sein, die Taufe auszusetzen, wenn das Kind nur eine Vorstellung hat von einem himmlischen Vater, den es fürchten, lieben und anrufen muß, und von dem Heiland Jesus Christus, der ihm durch die heil. Taufe seine Hülfe zusagt und seinen Segen ertheilt. Das Allergeringste und bei einem nicht noch geistig völlig unentwickelten Kinde Unerläßliche dürfte die auf der Ahnung des Uebersinnlichen beruhende Unterscheidung einer ernsten und heiligen Handlung von gleichgültigen oder solchen sein, die nur auf sinnliche Befriedigung oder Zerstreuung berechnet sind.

Was die Taufe Erwachsener betrifft, so hat bezüglich der Juden eine (bei Boche, der legale Pfarrer, 1875 S. 502 abgedruckte) Cirkularverf. v. 7. Dezbr 1819 verordnet:

1. Der Aufnahme eines jüdischen Proselyten in die christliche Kirche muß ein gründlicher Unterricht in den Lehren der christlichen Religion vorhergehen.
2. Ueber die Zeit, wie lange dieser Unterricht dauern soll, kann zwar nichts allgemein festgesetzt werden, indem hierbei theils die äußeren Verhältnisse des Proselyten, theils dessen Fähigkeit, Bildung und schon erlangte Kenntniß von den Religionswahrheiten zu berücksichtigen sind. Jedoch muß in jedem Falle der Geistliche, welcher einen Proselyten zur Taufe angenommen, auf Erfordern sich darüber ausweisen können, daß es möglich gewesen ist, in derjenigen Zeit, welche er auf den Unterricht gewandt hat, denselben zu vollenden.
3. Obwohl es schicklich und vorzuziehen ist, daß die Taufe des Proselyten ebenso wie die Konfirmation der jungen Christen in der Regel öffentlich in der Kirche geschehe, so kann doch, wenn ein Proselyt im Hause getauft zu werden wünscht, ihm hierunter gewillfahrt werden.
4. Die Taufe eines Proselyten mag in der Kirche oder im Hause geschehen, so muß vor derselben der Geistliche, welcher den Täufling unterrichtet hat, mit diesem eine Unterredung halten, welche so einzurichten ist, daß die dabei Anwesenden sich überzeugen können, ob der Täufling die erforderliche Einsicht in die christlichen Heilslehren erlangt habe.

Zu S. 373.

Konfirmanden-Unterricht.

Vgl. das von dem Konsistorium zu Magdeburg erlassene Regulativ für den Konfirmanden-Unterricht v. 19. Juli 1886, Allgem. Kirchenbl. f. d. evang. Deutschl., Stuttgart 1886 S. 695.

Zu S. 379.

Nachträgliche Beurkundung solcher Geburten, Sterbefälle, Heirathen, welche vor dem Tage des Inkrafttretens des Ges. v. 6. Febr. 1875 bez. v. 9. März 1874 sich ereignet haben.

Vgl. hierüber das R. des Min. d. g. A. v. 26. Oktbr. 1880, kirchl. G. u. V.Bl. 1880 S. 141, 142, u. des Ev. Ob.K.raths v. 28. Januar 1881, a. a. O. 1881 S. 2.

Zu S. 380.

Zuständigkeit des (Militair-) Geistlichen zur Eintragung von Taufen in das Kirchenbuch.

Vgl. das R. des Ev. Ob.K.raths v. 19. Januar 1884, kirchl. G. u. V.Bl. 1884 S. 4.

Zu S. 381. 383.

Unentgeltliche Ausstellung pfarramtlicher Atteste.

In Betreff der unentgeltlichen Ausstellung von Taufzeugnissen zum Zwecke der Einschulung der Kinder vgl. die R. des Ev. Ob.K.raths v. 24. Mai u. 30. August 1884 und das des Min. d. g. A. v. 1. August 1884, kirchl. G. u. V.Bl. 1884 S. 28, 29.

Die in Gemäßheit des §. 102 des Unfallversicherungsges. v. 6. Juli 1884 zu ertheilenden pfarramtlichen Atteste sind gebührenfrei auszustellen; vgl. kirchl. Amtsbl. der Prov. Westfalen 1886 S. 42.

In Folge Allerh. Bestimmung sind die Geistlichen schon im J. 1827 angewiesen worden, die den Militair-Ersatzpflichtigen und Wehrmännern behufs des Ersatzgeschäftes auf schriftliche Requisition der zuständigen Behörden auszustellenden Taufatteste unentgeltlich auszufertigen. (Vgl. die Cirkular-Verfüg. der K. Regierung zu Posen v. 26. Juni 1821, 5. April 1831, 26. April 1835, Posener Reg.Amtsbl. 1821 S. 487, 1825 S. 142 u. 1835 S. 197 ff.)

Eine gleiche Anweisung erging im J. 1838 in Betr. der Ausfertigung von Todtenscheinen für verstorbene militairpflichtige Personen behufs Berichtigung der Aushebungslisten.

Vgl. die Min.Verf. v. 30. Novbr. 1838, v. Kamptz' Annal. 1838 S. 926. (Siehe auch a. a. O. pro 1827 S. 666.)

Dagegen sind die Geistlichen nach einem R. des Justizministers v. 29. Aug. 1868, Just.Min.Bl. 1877 S. 34 nicht verpflichtet, in unvermögenden Untersuchungssachen kirchliche Zeugnisse, um deren Ausstellung dieselben von den strafgerichtlichen Behörden ersucht worden sind, unentgeltlich zu ertheilen. (Vgl. das R. des Just.min. v. 30. Oktbr. 1876, Just.Min.Bl. 1877 S. 36, u. kirchl. Amtsbl. des Konsistorii zu Münster 1882 S. 82.) In solchen Fällen sind die Geistlichen vielmehr befugt, die stoltaxmäßigen Attestgebühren zu liquidiren.

Zu S. 387.

Rechtsweg gegen die Pensionsfestsetzung.

Vgl. Erk. des Reichsger. v. 26. Febr. 1883, Entsch. Bd. 8 S. 280, kirchl. G. u. V.Bl. 1883 S. 67, betr. die Unzulässigkeit des Rechtsweges gegen die von den kirchlichen Oberen festgesetzte, lebenslängliche Pension eines Kirchenbeamten.

Versetzung. Kündigung.

Aus den §§. 526 ff. L.R. II, 11 ergiebt sich, daß princ. jeder Geistliche bis zur Bestellung und Einweisung des Nachfolgers sein Amt zu verwalten hat, daß aber das Konsistorium ermächtigt ist, aus erheblichen Gründen einem Geistlichen die Niederlegung seines Amtes bez. den Antritt eines anderen zu einem früheren Zeitpunkte zu gestatten. Eine sog. „gesetzliche Kündigungsfrist" ist nirgends vorgeschrieben.

Zu S. 389.

Stolgebührenentschädigung bei der Pensionirung.

Der Min. d. g. A. hat durch R. v. 26. Juli 1884 G. I. Nr. 982 bestimmt, daß in allen Fällen, in welchen vom 1. April 1884 ab ein bis zur Emeritirung zu einer Stolgebührenentschädigung nach §. 54 Ges. v. 9. März 1874 berechtigter Geistlicher nach der neuen Ordnung des Kirchenges. v. 26. Januar 1880 pensionirt wird, die Quote dieser Entschädigung, welche ihm als Emeritus nach dem Erlasse v. 28. Febr. 1879 (Trusen, K.R. S. 387) zukommen würde, auf seine Lebensdauer an den Pensionsfonds der Landeskirche zu zahlen ist (da solchen Geistlichen der Pensionsfonds hinsichtlich ihres Gesammtanspruchs, einschließlich des aus Stolgebühren originirenden Einkommenstheiles, gerecht wird).

Die Regierungen haben in solchen Fällen die Anträge auf Festsetzung der Entschädigung unter Vorlegung einer Bescheinigung darüber, daß die Zahlung des Ruhegehaltes aus dem Pensionsfonds der Landeskirche erfolgt, zu formiren. Auch muß den Quittungen über die bezahlten Beträge eine Bescheinigung darüber beigefügt werden, daß der Emeritus sich noch am Leben befindet.

Zu S. 392.

Erhebung des Konfliktes.

Erk. des Ob.verw.ger. v. 4. Oktbr. 1881, Entsch. Bd. 8 S. 390: Die Erhebung des Konfliktes ist unzulässig, wenn die gerichtliche Verfolgung wegen einer von einem Geistlichen der anerkannten Religionsgesellschaften (insbes. der evangelisch-lutherischen Kirche der Provinz Hannover) in Ausübung seines kirchlichen Amtes vorgenommenen Handlung eingeleitet ist.

In den Gründen dieses Erk. wird ausgeführt: Die Frage, ob das nach §. 11 des Einführ.ges. zum Gerichtsverfass.ges. v. 27. Januar 1877 maßgebende Landesgesetz v. 13. Febr. 1854 auf die Geistlichen der vom Staate anerkannten Religionsgesellschaften, soweit sie als solche rein kirchliche Amtshandlungen im Gegensatze zu staatsamtlichen Funktionen verrichten, Anwendung finde, sei zwar von dem Gerichtshofe zur Entscheid. der Kompetenz-Konflikte in gleichmäßiger Praxis bejaht worden. J.M.Bl. 1859 S. 238.

Indessen sei anzuerkennen, daß überwiegende Gründe zum Aufgeben jener Praxis nöthigen.

Das Grundprinzip des Ges. v. 13. Febr. 1854 liefere der Art. 97 der Verfass.-Urkunde:

> „Die Bedingungen, unter welchen öffentliche Civil- und Militairbeamte wegen durch Ueberschreitung ihrer Amtsbefugnisse verübter Rechtsverletzungen gerichtlich in Anspruch genommen werden können, bestimmt das Gesetz. Eine vorgängige Genehmigung der vorgesetzten Dienstbehörde darf jedoch nicht verlangt werden."

Nach seinem Inhalte und nach Maßgabe der noch heute die Gesetzessprache darstellenden Terminologie des Allg. Landr. beziehe sich das Ges. v. 13. Febr. 1854 lediglich auf unmittelbare und mittelbare Staatsbeamte. Deshalb könne dasselbe auf Geistliche als solche nicht angewendet werden, wenn sie nicht unmittelbare oder mittelbare Staatsbeamte sind.

Der dem Gesetze zu Grunde liegende Gedanke wurzele in der Theorie von der Scheidung der Staatsgewalt in die gesetzgebende, die vollziehende und die richterliche, und von dem Rechte der vollziehenden und der richterlichen Gewalten und ihrer Organe auf gegenseitige völlige Unabhängigkeit. Daher hätte es einer klaren und ausdrücklichen Bestimmung in dem Gesetze bedurft, wenn der aus der Scheidung und Organisation der Staatsgewalten entnommene Gedanke auch auf die kirchlichen Aemter als solche, auf die rein geistlichen Funktionen in denselben, hätte ausgedehnt werden sollen. Bereits in dem Erk. des Ob.verw.ger. v. 24. April

1880, Min.Bl. d. inn. V. 1880 S. 162 sei hervorgehoben worden, wie kaum anzunehmen, daß es die Absicht des Gesetzgebers gewesen sei, ein so schwer wiegendes Recht, wie es die Hemmung des eingeleiteten, gerichtlichen Verfahrens darstelle, anderen als Staatsbehörden zu übertragen. (Vgl. Erk. des Gerichtsh. zur Entsch. d. Kompetenz-Konflikte v. 14. Febr. 1880, Min.Bl. d. inn. Verw. 1880 S. 162.)

Zu S. 395.

Strafanstaltsgeistliche. Gefängniß-Seelsorge.

Ein Formular zu der Berufungs-Urkunde für Strafanstaltsgeistliche, sowie zu der kirchlichen Konfirmations-Urkunde für neu anzustellende Geistliche an Straf- und Detentions-Anstalten findet sich in den Aktenst. d. Ev. Ob.K.raths Heft 7 S. 8 abgedruckt.

Vgl. das R. des Ev. Ob.K.raths v. 10. Juni 1856 und das des Justizministers v. 21. Febr. 1856, betr. den Gottesdienst und die Seelsorge in den gerichtlichen Gefängnissen, Aktenst. Heft 9 (2. Bd. 3. Heft) S. 154—158, sowie das von dem Justizmin. erlassene Reglement für die Gefängnisse der Justizverwaltung v. 6. März 1881; Beil. zu Nr. 11 des Just Min.Bl. 1881 S. 47. Ein Auszug aus diesem Reglement, soweit die seelsorgerliche Pflege der Detinirten in Betracht kommt, ist abgedruckt im kirchl. Amtsbl. des Konsist. zu Posen pro 1881 S. 33 ff., zu Berlin pro 1881 S. 57 ff.

Endlich vgl. die Anweisung des Ev. Ob.K.raths v. 24. Dezbr. 1858 für die bei den Gerichtsgefängnissen mit der gottesdienstlichen und seelsorgerischen Pflege der Gefangenen beauftragten evang. Geistlichen. Aktenst. Heft 10 (2. Bd. 4. Heft) S. 245—259.

Zu S. 396.

Umfang der Dienstpflichten eines Beamten.

Erk. des Gerichtsh. z. Entsch. d. Kompetenz-Konfl. v. 9. März 1867, Aktenst. Heft 18 (6. Bd. 2. Heft) S. 127: Ueber den Umfang der dienstlichen Verpflichtungen eines Beamten hat die demselben vorgesetzte Disziplinarbehörde zu entscheiden, und wenn die Entscheidung derselben dahin ausfällt, daß dem Beamten eine ihm angesonnene Verpflichtung (z. B. einem Glöckner die durch den Kirchenvorstand von ihm verlangte unentgeltliche Reinhaltung der Kirche) nicht obliege, so ist damit der Streit endgültig erledigt und eine Provokation auf richterliche Entscheidung desselben unstatthaft.

Zu S. 397.

Militair-Anwärter.

Vgl. die von dem Bundesrath am 7. u. 21. März 1882 festgestellten, am 1. Oktbr. 1882 in Kraft getretenen „Grundsätze für die Besetzung der Subaltern- und Unterbeamtenstellen bei den Reichs- und Staatsbehörden mit Militairanwärtern" nebst den für den Umfang der Preuß. Monarchie geltenden zusätzlichen Bestimmungen, sowie den Allerh. Erlaß v. 10. Septbr. 1882, durch welchen diesen Zusätzen die Allerh. Zustimmung ertheilt worden ist, im Just.Min.Bl. 1882 S. 325—350, Centralbl. für d. Deutsche Reich 1882 S. 123—144. Der Allerh. Erlaß v. 10. Septbr. 1882, J.M.Bl. S. 325 genehmigt die Aufhebung der §§. 1—9, 14—37 des am 20. Juni 1867 Allerhöchst bestätigten Reglements über die Civilversorgung und Civilanstellung der Militärpersonen vom Feldwebel abwärts, mit der Maßgabe jedoch, daß die §§. 8 u. 9, sowie die Anlage A nebst den ergangenen Nachträgen bis zur Festsetzung der neuen Stellenverzeichnisse in Kraft bleiben. Min.Bl. d. inn. V. 1882 S. 225 ff. Unterr.Centr.Bl. 1883 S. 349 ff.

Die Kab.ord. v. 30. Juni 1885, Just.Min.Bl. 1885 S. 315 genehmigt das a. a. O. S. 315 abgedruckte Verzeichniß der den Militäranwärtern im Preuß. Staatsdienste vorbehaltenen Stellen. Gleichzeitig bestimmt dieselbe unter Bezugnahme auf die Kab.ord. v. 10. Septbr. 1882, daß die §§. 8 u. 9, sowie die Anlage A des am 20. Juni 1867 Allerhöchst bestätigten Reglements über die Civilversorgung der Militairpersonen nebst den ergangenen Nachträgen nunmehr ebenfalls außer Kraft treten. A. a. O. finden sich auch die Bestimmungen des Kriegsministers v. 20. März 1885, betr. die Kommandirung bez. Beurlaubung der im aktiven Militairdienst befindlichen Militairanwärter im Interesse ihrer Civilversorgung.

Das Konsistor. zu Königsberg hat in der Verfüg. v. 13. Septbr. 1883 die Bestimmungen zusammengestellt, welche von den Gemeinde-Kirchenräthen bei der Besetzung der den Militairanwärtern vorbehaltenen Stellen zu beobachten sind; vgl. amtl. Mitth. d. Konsist. i. Königsberg 1883 S. 80.

Zu S. 398.

Pensionsrecht der weltlichen Kirchenbedienten.

Das Erk. des Ob.verw.ger. v. 30. April 1884 Entsch. Bd. 11 S. 138 nimmt an, daß aus den §§. 528, 529, 567 L.R. II. 11 sich ein Pensionsrecht für weltliche Kirchenbediente nicht ergiebt. Sie haben einen Anspruch auf Pension vielmehr nur dann, wenn sie eine Stelle bekleiden, mit welcher nach dem Gesetz oder der Verfassung der Korporation die Pensionsberechtigung verbunden ist oder wenn ihnen bei der Anstellung oder später die Pensionsberechtigung besonders durch die Vertreter der Korporation in rechtsverbindlicher Weise beigelegt worden ist.

Zu S. 559 ff.

Kirchenpolitische Gesetze.

Vgl. die zu den sog. Maigesetzen ergangenen Novellen, betr. Abänderung der kirchenpolitischen Gesetze, insbesondere die Gesetze v. 14. Juli 1880, 31. Mai 1882, 11. Juli 1883 u. namentlich v. 21. Mai 1886.

Zu S. 578. 579.

Ehemündigkeit.

Die nach §. 28 des Ges. über die Beurkundung des Personenstandes u. die Eheschließung v. 6. Febr. 1875 zulässige Dispensation ertheilt der Justiz-Minister. Vgl. V. v. 24. Febr. 1875, G.S. S. 97. Die betr. Dispensationsgesuche sind den (Amts-)Gerichten zu überreichen und von diesen mit gutachtlichem Berichte dem Justiz-Minister unmittelbar zu übersenden. Allg. Verf. des Just.min. v. 2. März 1875.

Eheverbot.

Die im Falle der Nr. 5 des §. 33 des Ges. v. 6. Febr. 1875 zulässige Dispensation ertheilt der Justizminister. Vgl. V. v. 24. Febr. 1875, G.S. S. 97. Die betr. Dispensationsgesuche sind bei denjenigen Behörden zu überreichen, bei welchen der Ehescheidungsprozeß in erster Instanz anhängig war, wenn diese Behörden aber dem Justizminister nicht untergeben sind, bei den für die Bittsteller zur Zeit zuständigen Ehegerichten erster Instanz. Im Gebiete des Appellationsgerichtes zu Köln treten an die Stelle der Gerichte die Ober-Prokuratoren. Die Gesuche sind von den Behörden, welchen dieselben übermittelt worden, mit gutachtlichem Berichte dem Justizminister unmittelbar zu übersenden. Allg. Verf. des Just.min. v. 2. März 1875.

Die nach §. 35 des Ges. v. 6. Febr. 1875 zulässige Dispensation ertheilte früher der Justizminister. Vgl. V. v. 24. Febr. 1875, G.S. S. 97. Durch die V. v. 17. Januar 1877, G.S. S. 4 ist die Ertheilung dieser Dispensation den Gerichten (erster Instanz) übertragen.

Zu S. 587.

Dienstalter der Geistlichen.

Kirchengesetz, betreffend das Dienstalter der Geistlichen. Vom 17. April 1886. Kirchl. G. u. V. Bl. 1886 S. 59.

Wir Wilhelm, von Gottes Gnaden König von Preußen u. s. w., verordnen unter Zustimmung der Generalsynode und nachdem durch die Erklärung Unseres Staatsministeriums festgestellt worden, daß gegen dieses Gesetz von Staatswegen nichts zu erinnern ist, für die evangelische Landeskirche der älteren Provinzen, was folgt:

§. 1. Das Dienstalter eines Geistlichen bestimmt sich durch die Dauer der Zeit, in welcher derselbe

1) nach empfangener Ordination durch Berufung, oder unter Bestätigung oder ausdrücklicher Zustimmung der zuständigen landeskirchlichen Behörde
   a. im geistlichen Amte einer der preußischen Landeskirche angehörigen oder einer ihr angeschlossenen ausländischen evangelischen Kirchengemeinde, einer Militärgemeinde oder Anstaltsgemeinde oder im Lehramte einer theologischen Lehranstalt der Landeskirche angestellt gewesen ist;
   b. in einem der zu a genannten Aemter als Vertreter (Vikar, Hülfsprediger, Hülfslehrer) verwendet worden ist;
   c. im Dienste von evangelischen Vereinen oder Anstalten für innere oder äußere Mission oder für sonstige Zwecke christlicher Liebesthätigkeit gestanden hat;
2) vor oder nach der Ordination vom vollendeten 25. Lebensjahre ab innerhalb Preußens
   a. in einem kirchenregimentlichen Amte oder in einem öffentlichen Schulamte fest angestellt war;
   b. als Lehrer an einer evangelisch-theologischen Lehranstalt des Staates thätig gewesen ist, mit der Maßgabe, daß auf die Stellung als Privatdocent nicht mehr als fünf Jahre angerechnet werden dürfen.

Für die, zur Zeit des Erscheinens dieses Gesetzes, in der Landeskirche angestellten Geistlichen wird die Zeit, während welcher sie in einer anderen deutschen evangelischen Kirchengemeinschaft als Geistliche angestellt gewesen sind, ihrer Dienstzeit zugerechnet, soweit sie nicht auf die Anrechnung ausdrücklich verzichtet haben.

§. 2. Die Zeit, während welcher ein ordinirter Geistlicher zum Militärdienst eingezogen wird, kommt bei Feststellung des kirchlichen Dienstalters mit in Anrechnung.

§. 3. Die Zeit, welche ein Geistlicher im Auftrage des Evangelischen Ober-Kirchenrathes im kirchlichen Dienste bei einer evangelischen Gemeinde außerhalb Deutschlands zugebracht hat, kann, soweit es sich um Gewährung eines bestimmten Diensteinkommens handelt, nach dem Ermessen dieser Behörde bis zum doppelten

Betrage in Anrechnung gebracht werden, wenn die betreffende Thätigkeit eine besonders anstrengende oder gesundheitsgefährdende gewesen ist.

In Betreff der Frage, in wie weit die Dienstzeit von Militärgeistlichen bei Anstellung im Civil-Pfarramt doppelt zu berechnen ist, verbleibt es bei den bestehenden Bestimmungen.

§. 4. Dem Evangelischen Ober-Kirchenrath wird vorbehalten, Bestimmung zu treffen, ob und in wie weit einem Geistlichen auch diejenige Zeit auf sein Dienstalter in Anrechnung zu bringen ist, welche derselbe früher zugebracht hat

1) in einer der zu §. 1 bezeichneten Stellungen vor seiner Ordination, oder ohne vorgängige ausdrückliche Genehmigung der zuständigen kirchlichen Aufsichtsbehörde;
2) im Dienste des Staats, des Königlichen Hauses oder einer inländischen öffentlichen Korporation;
3) in einem Amte des Reichs, eines andern Staates oder einer andern Kirchengemeinschaft.

§. 5. Alle diesem Kirchengesetz entgegenstehenden Bestimmungen treten außer Kraft.

Urkundlich unter Unserer Höchsteigenhändigen Unterschrift und beigedrucktem Königlichen Insiegel.

Gegeben Berlin, den 17. April 1886.

(L. S.) **Wilhelm.**

Hermes.

Cirkular-Erlaß des Evang. Ober-Kirchenraths, betr. das Kirchengesetz über das Dienstalter der Geistlichen. Vom 15. Mai 1886. Kirchl. G. u. V.Bl. 1886 S. 61.

Nach §. 5 des Kirchengesetzes vom 17. April d. J., betr. das Dienstalter der Geistlichen, welches in der heute ausgegebenen Nummer des Kirchlichen Gesetz- und Verordnungs-Blattes S. 59 veröffentlicht ist, treten alle diesem Gesetz entgegenstehenden Bestimmungen außer Kraft. Das neue Kirchengesetz kommt daher bei der Entscheidung über die Höhe des Dienstalters (cf. §. 4 Abs. 1 des Kirchengesetzes vom 15. März d. J. K. Ges.- u. V.-Bl. S. 39) zur Anwendung. Die §§. 1, 2 und 4 treten überdies an die Stelle des §. 5 des Kirchengesetzes, betr. das Ruhegehalt der emeritirten Geistlichen vom 26. Januar 1880 (K. Ges.- u. V.-Bl. S. 37). Die Ausnahmebestimmung des §. 3 kommt in dieser Beziehung nicht in Betracht, da sie lediglich Platz greift, soweit es sich um die Gewährung eines bestimmten Diensteinkommens bei der Anstellung handelt (cf. Begründung des Gesetz-Entwurfes K. Ges.- u. V.-Bl. pro 1885 S. 51).

Zu S. 587.

Ruhegehalt der Vereinsgeistlichen.

Behufs Erleichterung der den Konsistorien obliegenden, vorbereitenden Verhandlungen über Anträge, welche die Anwendung des Pensionsges. v. 26. Januar 1880 auf Geistliche von Anstalten oder Vereinen der inneren oder äußeren Mission bezwecken, hat der Ev. Ob.K.rath ein Formular für die Erklärungen der betr. Vorstände und Geistlichen entworfen und dasselbe sämmtlichen Konsistorien (R. v. 17. April 1882 Nr. 1589. E. O.) mit der Veranlassung zugehen lassen, von demselben, event. unter Vornahme der erforderlichen Aenderungen, bei eintretendem Bedürfnisse Gebrauch zu machen, auch gleichzeitig dabei bemerkt, daß jedes Abkommen der hier fraglichen Art nur auf die Emeritirungs-Verhältnisse des einzelnen Geistlichen, nicht aber der Anstaltsstellen als solcher Bezug hat. Der Antrag ist daher event. bei dem Antritt eines jeden neuen Anstaltsgeistlichen in Bezug auf diesen zu erneuern.

R. des Ev. Ob.K.raths v. 29. Mai 1884, kirchl. G. u. V. Bl. 1884 S. 14: Wenn ein Stadtmissionsverein nicht mit Korporationsrechten versehen ist, so findet der §. 3 Abs. 2 Ges. v. 26. Januar 1880 auf einen in den Dienst dieses Vereines eingetretenen Prediger keine Anwendung.

Zu S. 588.

Berechnung des Diensteinkommens bei Festsetzung der Pension.

R. des Ev. Ob.K.raths v. 19. Nov. 1884, kirchl. G. u. V.Bl. 1884 S. 69: Bei Festsetzung des Ruhegehaltes nach §. 4 des Ges. v. 26. Januar 1880 ist stets das ganze, an sich anrechnungsfähige Diensteinkommen zu berücksichtigen, auch soweit es in einem Theilbetrage unter 100 M. nicht zu versteuern war. Für die gegentheilige Annahme bieten die §§. 15 u. 12 ebenda keine genügende Unterlage.

An die Stelle des §. 5 des Pensionsges. v. 26. Januar 1880 ist das Ges. v. 17. April 1886 (§§. 1, 2, 4), betr. das Dienstalter der Geistlichen getreten. (Siehe dieses.)

Zu S. 589.

Nachtragsbeiträge zum Pensionsfonds.

Die Vorschrift des §. 13 des Ges. v. 26. Januar 1880 bezieht sich nicht auf den Fall, wo ein Geistlicher zur Zeit der Verkündigung des Pensionsgesetzes bereits in einem nach §. 1 a. a. O. Rechte auf Ruhegehalt gewährenden Amte gestanden hat, nach der Verkündigung des Gesetzes aber in ein anderes, nach §. 1 ebenfalls Rechte auf Ruhegehalt gewährendes geistliches Amt versetzt wird. Für diesen Fall ist vielmehr sedes materiae die Vorschrift im §. 19 alin. 2 Schlußsatz (vgl. den §. 19 u. im §. 13 alin. 1 in fine die Worte: durch den Etat des Staates oder einer inländischen Korporation).

Dagegen bezieht sich die Vorschrift im §. 13 beispielsweise auf den Fall, wo ein Geistlicher in ein nach §. 1 Rechte auf Ruhegehalt gewährendes Amt eintritt, nachdem er vorher im Dienste der inneren oder äußeren Mission gestanden hat und die Anrechnung dieser Dienstzeit von der Kirchenbehörde genehmigt bez. nachträglich gebilligt worden ist.

Wegen der Berechnung und der Höhe der Nachtragsbeiträge in diesem Falle vgl. Nr. 17 alin. 2 der Instruktion zum Pensionsgesetz, v. 29. Novbr. 1880.

Zu S. 590.

Berechnung des Diensteinkommens bei der Pensionirung.

Vgl. die Motive im kirchl. Ges. u. V. Bl. 1879 S. 114 Abs. 2, S. 117 Nr. 3 u. S. 138 zu §. 15 Nr. 1.

R. des Ev. Ob.K.raths v. 30. Dezbr. 1882, kirchl. G. u. V.Bl. 1883 S. 3: Eine persönliche Zulage, welche dem Geistlichen nicht als Pfarrer oder als Inhaber eines mit dem Pfarramte dauernd verbundenen kirchlichen Amtes auf Amtsdauer zustand, vielmehr nur für die Dauer der Ephoralverwaltung und unter Vorbehalt des Widerrufes gewährt war, kann nicht als ein gemäß §. 15 Nr. 1 des Ges. v. 26. Januar 1880 (vgl. Nr. 3) dem Pfründeneinkommen für Emeritirungszwecke hinzutretender Pfarr-Einkommenstheil betrachtet werden.

Zu S. 592.

Nachträglicher Anschluß an das Pensionsgesetz.

Kirchengeſ. v. 3. März 1886, betr. den nachträglichen Anschluß an das Pensionsgesetz v. 26. Januar 1880, kirchl. G. u. V. Bl. 1886 S. 23:

§. 1. (Hier wurde für den Antrag auf Anschluß an die neue Pensionsordnung eine weitere 6monatliche Frist eröffnet.)

§. 2. Die im §. 19 Abs. 4 des Kirchengeſ. v. 26. Januar 1880 vorgesehene Uebernahme von Ruhegehältern älteren Rechts findet unter den dort festgesetzten Bedingungen zu Gunsten derjenigen Geistlichen, welche für ihre Person der neuen Pensionsordnung angehören, weiterhin ohne Rücksicht darauf statt, ob die Anstellung des verpflichteten Geistlichen oder der Beginn der Verbindlichkeit in die Zeit vor oder nach dem 1. April 1881 fällt.

Während der Erledigung einer Pfarrstelle kann der Antrag von den Vertretern derselben gestellt werden.

Die Uebernahme des Ruhegehaltes auf den Pensionsfonds tritt, wenn die gesetzlichen Voraussetzungen erfüllt sind, mit dem Beginn des nächsten Kalendervierteljahres ein.

Die 8jährige Dauer der Leistung an den Pensionsfonds ist um drei Viertheile der vollen Jahre, während welcher das Ruhegehalt bereits unmittelbar an den Emeritus gezahlt ist, jedoch höchstens um vier Jahre, zu kürzen.

Vgl. hierzu den Ausführungserlaß des Ev. Ob.K.raths vom 26. März 1886, kirchl. G. u. V. Bl. 1886 S. 25.

R. des Min. d. geistl. Ang. v. 23. Novbr. 1886, Amtl. Mitthl. des Konsistor. d. Prov. Sachsen 1887 S. 18, betr. die Aufbringung der Pension für den Inhaber eines vereinigten Schul- und Kirchenamtes: Die ... Meinung, daß zur Aufbringung desjenigen Theiles der Pension des Inhabers eines vereinigten Schul- und Kirchenamtes, welcher über den von der Staatskasse zu leistenden und über den aus dem Stelleneinkommen zu entnehmenden Betrag hinausgehe, die Schulgemeinde und die Kirchengemeinde nach Verhältniß dessen, was der Stelleninhaber an Stelleneinkommen von der Schulgemeinde beziehe, zu demjenigen Theile der Dienstbezüge, welcher aus kirchlichen Quellen fließe, antheilig beizutragen verpflichtet seien, findet weder in den einschlägigen Bestimmungen des Pensionsgeſ. (§. 4 Abs. 5 u. §. 26, bez. §. 12), deren Sinn aus den Worten und dem Zusammenhange hinreichend deutlich erhellt, eine Begründung, noch in der Entstehungsgeschichte des Gesetzes einen Anhalt ....

Die Unterrichtsverwaltung ist stets von der Auffassung ausgegangen und hat solche in den an die Centralinstanz zur Entscheidung gelangten Fällen zur Geltung gebracht,

> daß das Diensteinkommen des Inhabers eines vereinigten Schul- u. Kirchenamtes als ein einheitliches Stelleneinkommen anzusehen u. zu behandeln, ohne Rücks. darauf, aus welchen Quellen dasselbe fließt u. ohne Unterscheidung zwischen demjenigen Theile desselben, welcher aus besonderem Schulvermögen oder aus den Beiträgen der gesetzlich Schulunterhaltungspflichtigen geleistet wird, u. demj. Theile, welcher aus kirchl. Mitteln fließt —, daß demgemäß auch bei der Versetzung des Inhabers eines vereinigten Schul- u. Kirchenamtes in den Ruhestand, insoweit bei Bemessung der Pension das Diensteinkommen in Betracht zu ziehen, der Berechnung der Pension das Gesammtdiensteinkommen der vereinigten Stelle zu Grunde zu legen —

daß die also bemessene bez. berechnete Pension, falls nicht ausdrückliche gesetzliche Vorschriften ein Anderes bestimmen, aus dem einheitlichen Stelleneinkommen zu entnehmen —

daß, insoweit letzteres hierdurch unter das dem Amtsnachfolger ad dies vitae emeriti zu gewährende Minimaleinkommen herabsinkt, das Fehlende in derselben Weise, wie die übrigen zur Unterhaltung der Schule, insonderheit zur Unterhaltung des Lehrers erforderlichen Mittel, allein von den Schulunterhaltungspflichtigen, insbesondere von den nach dem Gesetz bez. der Schulverfassung (zu vgl. dieserhalb Erk. d. K. Ob.Verw.ger. v. 12. Mai 1877, Centralbl. 1877 S. 376) zur Unterhaltung des Lehrers Verpflichteten aufzubringen ist, dergestalt, daß der Kirchengemeinde eine Verpflichtung hierzu beizutragen, nicht obliegt.

Diese in dem früheren, bis zur Emanation des Ges. v. 6. Juli 1885 geltenden Rechte begründete Auffassung liegt auch den einschlägigen Vorschriften des Ges. v. 6. Juli 1885 zu Grunde, mit d. Modifikation, daß die Pension bis zur Höhe von 600 ℳ von der Staatskasse zu leisten, daß die Heranziehung des Stelleneinkommens zur Aufbringung des über 600 ℳ hinausgehenden Betrages der Pension limitirt, und daß der Restbetrag der Pension von den zur Unterhaltung der Schule bez. des Lehrers gesetzlich oder nach der Schulverfassung Verpflichteten nicht mehr blos mittelbar, sondern unmittelbar zu leisten ist.

Es ergiebt sich dies Alles unzweideutig aus den Verhandlungen des Landtages über den von den Abgeordneten von Zedlitz u. Schmidt eingebrachten Gesetzentwurf, betr. die Pensionirung der Volksschullehrer . . . ., aus welchem zu entnehmen, daß bereits bei der Kommissionsberathung auf Grund der . . . Entscheidung des K. Ob.Verwalt ger. v. 30. April 1884 (Entsch. Bd. 11 S. 138, Centralbl. 1886 S. 407) konstatirt worden, daß eine gesetzl. Verpflichtung der Kirchengemeinde, dem dienstunfähigen Inhaber eines vereinigten Schul- und Kirchenamts in seiner Eigenschaft als weltlicher Kirchenbeamter eine Pension zu gewähren oder zur Aufbringung der Pension des dienstunfähigen Inhabers eines vereinigt. Schul- u. weltlichen Kirchenamtes beizutragen überhaupt, wenigstens im Gebiete des A.L.R., nicht bestehe, u. daher auch nicht . . . . in Aussicht genommen werden könne, in dem zu erlassenden Pensionsgesetze für Lehrer . . . an Volksschulen der Kirchengemeinde eine derartige bisher nicht bestandene Verpflichtung aufzulegen.

Daß auch dem von den Abgeord. Wolff u. von Rauchhaupt . . . gestellten Amendement . . ., aus welchem die schließliche Fassung des ersten Satzes des §. 26 des Ges. v. 6. Juli 1885 hervorgegangen, die Absicht fern gelegen hat, in Fällen der Pensionirung des Inhabers eines vereinigten Schul- u. Kirchenamtes (§. 4 Abs. 5 a. a. O.) der Kirchengemeinde eine Verpflichtung zur antheiligen Aufbringung der Pension aufzulegen, ergiebt sich aus der Motivirung des . . . Amendements . . . .

Denn diese Motivirung beruht lediglich auf der Unterstellung, daß, abgesehen von Ost- u. Westpreußen, in einem großen Theile der Monarchie, insbesondere in den alten Provinzen, zur Aufbringung der Pension v. Lehrern an Volksschulen gesetzlich Verpflichtete bisher überhaupt nicht vorhanden gewesen seien, — eine Unterstellung, welche übrigens mit den das Gegentheil darlegenden Entscheidungen des K. Ob.verw.ger. v. 30. April u. 17. Novbr. 1884 (Entsch. Bd. 11 S. 138 ff.

u. S. 47 ff.) im Widerspruche steht — u. auf der aus der gedachten Unterstellung gezogenen Schlußfolgerung, daß es einer besonderen Bestimmung darüber bedürfe, von wem der über die Leistung des Staates — bez. über den aus dem Stelleneinkommen zu entnehmenden Pensionsbetrag — hinausgehende Betrag, sofern sonstige bisher zur Aufbringung der Pension des Lehrers Verpflichtete nicht vorhanden, aufzubringen sei, u. zwar einer Bestimmung dahin, daß der gedachte Betrag in solchem Falle von den zur Unterhaltung des Lehrers während der Dienstzeit Verpflichteten zu tragen sei, letzteres mit Rücks. darauf, daß die Verpflichtung zur Unterhaltung der Schule öfters Anderen obliege, als Denjenigen, welche zur Unterhaltung des Lehrers verpflichtet seien.

Anlangend das Verhältniß des §. 12 des Ges. v. 6. Juli 1885 zu den §§. 1 bis 11 u. 26, so bezieht sich der §. 12 lediglich auf diejenigen verhältnißmäßig seltenen Fälle, in welchen der Inhaber eines vereinigten Kirchen- u. Schulamtes in seiner Eigenschaft als Kirchenbeamter auf Grund einer besonderen gesetzlichen Vorschrift oder etwa auch eines in anerkannter Geltung stehenden besonderen Gewohnheitsrechtes einen Anspruch auf Leistung einer besonderen Pension aus kirchl. Mitteln hat, wie beispielsweise die Geistlichen der evang. Landeskirche, mit deren kirchlichem Amt ein Schulamt verbunden ist, einen solchen Anspruch haben (G. v. 15. März 1880 — G.S. S. 216 — in Verbind. mit §. 15 Ziffer 4 des Kirchenges., betr. das Ruhegehalt der emeritirt. Geistl. v. 26. Januar 1880) . . .

In Fällen solcher Art findet die Vorschrift des §. 26 des Ges. v. 6. Juli 1885 wegen Aufbringung der Pension überhaupt nur auf den Betrag der Differenz zwischen der gemäß §. 12 aus kirchl. Mitteln zu beanspruchenden und der gemäß §. 4 Abs. 5 zu gewährenden Pension Anwendung, da der Betrag der aus kirchl. Mitteln zu beanspruchenden Pension nach Vorschr. des §. 12 auf die nach den Vorschriften des Ges. v. 6. Juli 1885 zu gewährende Pension in Anrechnung zu bringen ist.

Nach dem Allen kann nicht in Zweifel gezogen werden, daß in dem §. 26 des gedacht. Ges. auch in Fällen des §. 4 Abs. 5 a. a. O. die Kirchengemeinde weder unter den bisher zur Aufbringung der Pension des Lehrers, noch unter den bisher zur Unterhaltung des Lehrers während der Dienstzeit Verpflichteten als mit einbegriffen zu verstehen ist, daß vielmehr mit den dergestalt bezeichneten Verpflichteten lediglich die Schulinteressenten d. h. die nach dem Gesetz bez. nach der Schulverfassung zur Schulunterhaltung, insonderheit die während des Aktivitätsstandes des Lehrers zu dessen Unterhaltung Verpflichteten gemeint sind.

Die K. Regierung veranlasse ich deshalb, Ihre Verfüg. v. . . , insoweit durch dieselbe der Kirchengemeinde N. N. die Auflage gemacht worden ist, zu dem Restbetrage v. 657 ℳ der auf jährlich 1835 ℳ festgesetzten Pension des in den Ruhestand versetzten Lehrers u. Küsters N. N., von welcher 600 ℳ aus der Staatskasse gezahlt, 578 ℳ aus dem Stelleneinkommen entnommen werden, einen antheiligen Betrag zu leisten, zurückzunehmen u. dahin Anordnung zu treffen, daß der gedachte Restbetrag v. der Schulgemeinde N. N. aufzubringen, ...

Selbstverständlich schließen die lediglich die öffentliche rechtliche Verpflichtung zur Aufbringung der Pension normirenden Vorschriften des Ges. v. 6. Juli 1885 die Zulässigkeit v. Vereinbarungen zwischen Schulgemeinde und Kirchengemeinde, mittelst deren letztere die Gewährung eines Beitrages zu dem von der ersteren zu leistenden Pensionsbetrage übernimmt, nicht aus, auch steht nichts im Wege, in dazu geeigneten Fällen auf solche Vereinbarungen hinzuwirken. Zur

Gültigkeit desfallsiger Beschlüsse der kirchl. Gem.Organe bedarf es aber der Genehmigung sowohl der staatlichen, wie der kirchl. Aufsichtsbehörde, gemäß §. 22 Abs. 3 u. §. 47 der Kg.O. v. 10. Septbr. 1873, Art. 24 Ziffer 8 des Ges. v. 3. Juni 1876 u. Art. III Ziffer 4 d. V. v. 9. Septbr. 1876.

... In solchen Fällen, in welchen die Aufbringung des der Schulgem. obliegenden Pensionsbetrages über deren Leistungskräfte geht, steht es der K. Regier. frei, mit den zur Gewährung v. Staatsbeihülfen zu den Lehrerbesoldungen bestimmten, bei dem (betr.) Fonds ... des Prov.Etats zu Ihrer Verfüg. stehenden Mitteln nach Bedürfniß helfend einzutreten.

Chronologisches Register.

Erklärung der Abkürzungen.

A.E. = Allerhöchster Erlaß.
Anweis. = Anweisung.
Arb. = Reskript des Ministers für öffentl. Arbeiten.
Bek. = Bekanntmachung.
Dekl. = Deklaration.
E. = Edikt.
E.O. = Reskript des Evangel. Ober-Kirchen-Rathes.
F.M. = Reskript des Finanz-Ministers.
G. = Gesetz.
H.M. = Reskript des Handels-Ministers.
J.M. = Reskript des Justiz-Ministers.
Instr. = Instruktion.
K.G. = Erkenntniß des Gerichtshofs zur Entscheidung der Kompetenz-Konflikte.
K.M. = Reskript des Kriegs-Ministers.
K.O. = Kabinets-Ordre.
L.M. = Reskript des Ministers für Landwirthschaft, Domainen und Forsten.
M.J. = Reskript des Ministers des Innern.
O.T. = Erkenntniß des Kgl. Ober-Tribunals.
O.V. = Erkenntniß des Ober-Verwaltungsgerichts.
Publ. = Publikandum.
R. = Reskript des Ministers der geistl. Angelegenheiten.
R.G. = Erkenntniß des Reichsgerichts.
Regl. = Reglement.
Regul. = Regulativ.
St.M.Beschl. = Staats-Ministerial-Beschluß.
V. = Verordnung.

1884.

1885.

1886.

Sachregister.

Die Zahlen bezeichnen die Seiten.

A.

B.

D.

E.

H.

J.

L.

T.

U.

V.

W.

Z.

Otto Hauthal (G. Pätz'sche Buchdr.) Naumburg a/S.

FSC
www.fsc.org
MIX
Papier | Fördert gute Waldnutzung
FSC® C083411

Kolibri 360 GmbH
Ferdinand-Jühlke-Straße 7
99095 Erfurt, Deutschland
produktsicherheit@kolibri360.de